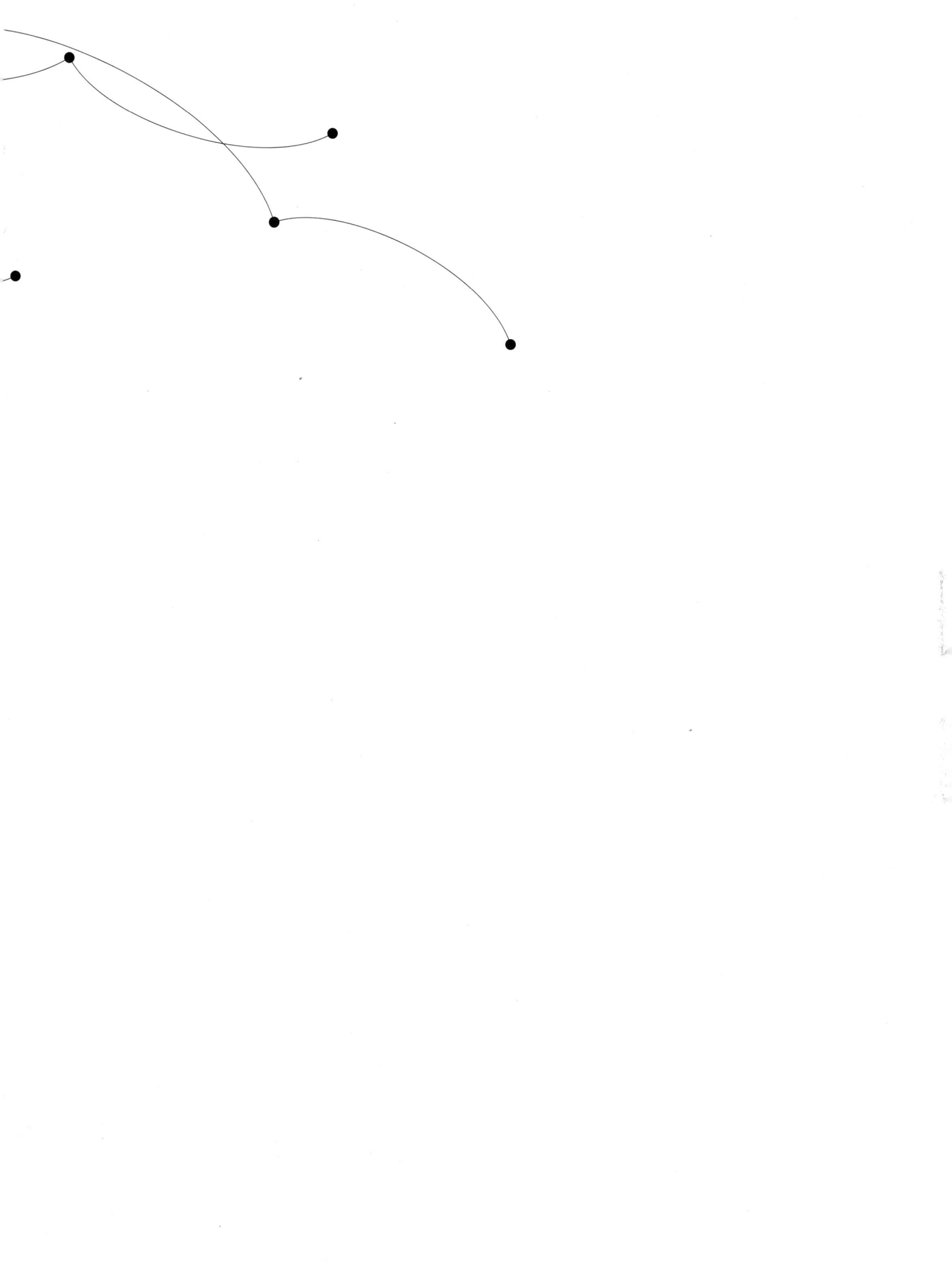

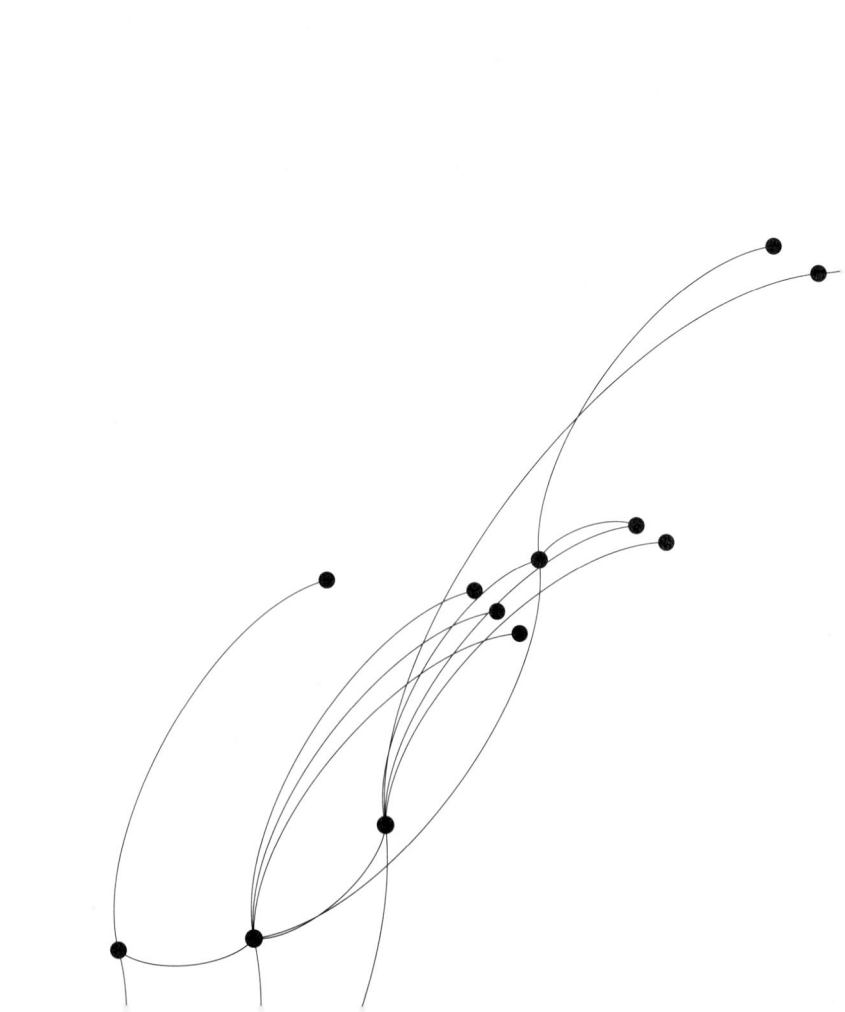

瓣香

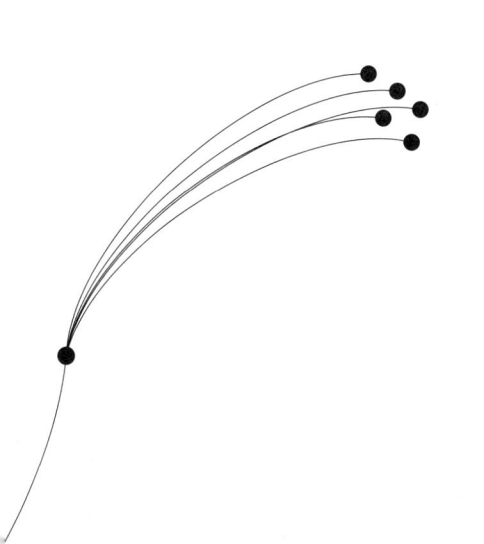

犹言一瓣香

中国画师承师法关系数据谱

王征　陈风明　著

中国社会科学出版社

</ 目录 >

</1. 绪论 / 风雅衣钵　> 001 -

</2. 丹青有后生　> 007 -

    2.1　师承师法关系的数字构建　> 012 -

    2.2　基于"度中心性"排序　> 030 -

    2.3　基于"三度影响力"排序　> 040 -

</3. 闻道与传灯 / 中国历代画家数据谱　> 079 -

No.001	黄公望	> 081 -
No.002	恽寿平	> 094 -
No.003	倪　瓒	> 106 -
No.004	王　翚	> 117 -
No.005	董　源	> 127 -
No.006	沈　周	> 137 -
No.007	陈　淳	> 146 -
No.008	王原祁	> 154 -
No.009	米　芾	> 162 -
No.010	吴　镇	> 170 -
No.010	文徵明	> 178 -
No.012	董其昌	> 186 -
No.013	王　蒙	> 194 -
No.014	巨　然	> 201 -
No.015	王时敏	> 209 -
No.016	米友仁	> 217 -
No.017	王　鉴	> 225 -
No.018	徐　渭	> 233 -
No.019	赵孟頫	> 240 -
No.020	华　喦	> 246 -
No.021	马　远	> 252 -
No.022	文　同	> 258 -
No.022	李公麟	> 264 -
No.024	李　成	> 270 -
No.025	石　涛	> 276 -
No.026	吴道子	> 282 -
No.027	陈洪绶	> 288 -
No.028	郭　熙	> 294 -

</4.　后记　> 647 -

No.029　夏　圭　> 300 -	No.054　黄　慎　> 421 -	No.083　文伯仁　> 535 -
No.030　关　仝　> 306 -	No.054　吴　历　> 425 -	No.083　钱　杜　> 539 -
No.031　荆　浩　> 312 -	No.059　蒋廷锡　> 429 -	No.087　顾恺之　> 543 -
No.032　金　农　> 318 -	No.059　任　颐　> 433 -	No.087　上官周　> 547 -
No.033　苏　轼　> 323 -	No.061　扬无咎　> 437 -	No.087　王　绂　> 551 -
No.034　高克恭　> 327 -	No.061　王　宸　> 441 -	No.087　朱　偁　> 555 -
No.035　黄　筌　> 331 -	No.063　李思训　> 445 -	No.087　黄　鼎　> 559 -
No.035　唐　寅　> 335 -	No.063　钱　载　> 450 -	No.092　梁　楷　> 563 -
No.037　仇　英　> 339 -	No.063　改　琦　> 455 -	No.092　边文进　> 567 -
No.038　郑　燮　> 343 -	No.063　费丹旭　> 459 -	No.092　赵　昌　> 571 -
No.038　奚　冈　> 347 -	No.067　盛　懋　> 463 -	No.095　林　良　> 575 -
No.040　李　唐　> 351 -	No.067　周　昉　> 467 -	No.095　马元驭　> 579 -
No.041　蓝　瑛　> 355 -	No.067　吴昌硕　> 471 -	No.095　任　熊　> 583 -
No.041　王　维　> 359 -	No.070　朱　耷　> 475 -	No.095　髡　残　> 587 -
No.041　徐　熙　> 364 -	No.071　李　鱓　> 479 -	No.095　汤贻汾　> 591 -
No.044　戴　进　> 369 -	No.071　李昭道　> 483 -	No.095　方　薰　> 595 -
No.044　戴　熙　> 373 -	No.071　周之冕　> 487 -	No.095　龚　贤　> 599 -
No.046　赵伯驹　> 377 -	No.071　王　武　> 491 -	No.102　王庭筠　> 603 -
No.047　范　宽　> 381 -	No.071　赵孟坚　> 495 -	No.102　陆探微　> 607 -
No.047　曾　鲸　> 385 -	No.071　郑思肖　> 499 -	No.102　赵令穰　> 611 -
No.049　陆　治　> 389 -	No.077　徐崇嗣　> 503 -	No.102　吴博垕　> 615 -
No.049　吴　伟　> 393 -	No.077　罗　聘　> 507 -	No.102　边寿民　> 619 -
No.049　王　冕　> 397 -	No.077　弘　仁　> 511 -	No.107　陈　书　> 623 -
No.049　王学浩　> 401 -	No.077　钱慧安　> 515 -	No.107　赵之谦　> 627 -
No.049　管道昇　> 405 -	No.077　吕　纪　> 519 -	No.107　方从义　> 631 -
No.054　高其佩　> 409 -	No.077　夏　昶　> 523 -	No.107　丁云鹏　> 635 -
No.054　李流芳　> 413 -	No.083　张僧繇　> 527 -	No.107　杨　晋　> 639 -
No.054　张　熊　> 417 -	No.083　宋　旭　> 531 -	No.107　谭　铭　> 643 -

画家名次基于"度中心性"排序

</1. 绪论 / 风雅衣钵 >

／ 2013年笔者在北京交通大学计算机学院做博士后研究工作时，曾对"信息时代下中国画的价值评估"这一课题产生了较浓厚的兴趣。2014年，笔者在《艺术百家》上发表过一篇题为《模糊数学在中国书画评估体系下的应用与研究》的论文，从比较宏观的角度来探讨使用新技术、新手段介入传统书画价值评估的可行性。2021年发表了《基于社会网络分析的明四家影响力研究》，探讨了通过不同社会关系还原历史社会网络，进而分析艺术家的社会影响力与历史评价之间的关系，为数字人文视角打开美术史研究提供了实证。●

／ 随着阿尔法围棋（AlphaGo）在围棋领域以巨大优势战胜人类顶尖棋手，近年来机器学习和人工智能成为计算机研究领域的新宠。这些研究成果的逐渐成熟在不远的未来或将对中国书画实现机器评估提供理论和技术支撑。但这种美好期待的基础则是中国书画信息数据整理与信息数据库的建设。自此，笔者开始着手进行"中国历代美术家信息数据库"的规划与构建。随后，由于志趣相投，同事陈凤明老师加入这个研究课题。之后，笔者的硕士研究生张芫铭、段文好、付慧琳，程序员邵磊、申麐也相继进入课题组，从技术、内容上共同推进、落实该项研究计划。

／ 从古至今，中国画家数不胜数，作品真伪、水平高低、价格真实性等问题成为初涉收藏领域藏家们的巨大壁垒。自古以来，中国画水平的文野高低都是由文化或专业圈中的专家作出判断及品评的。北宋黄修复曾作《益州名画录》，以列传体形式记载了自孙位至邱文晓等58位画家的小传及壁画作品，按"逸""神""妙""能"四格编排，以此作为评定画家艺术成就高下的标准。

／ 历代重要的画论、品录或近代美术辞典通常会列举历代著名画家辞条，除简略生平介绍外都会详细描述其师承师法关系，便于后人了解其绘画艺术风格的源流传承与发展演变。笔者在对古代典籍进行数字化处理和数据结构搭建的过程中，发现历代相关文献中所明确记载的师承师法关系，可以通过统计方法提取后再加入数据库中进行量化处理。这种量化分析研究的方法能够把上下千年的中国绘画史以动态、立体的数字方式呈现出来。截至目前，数据库的一期建设以文字信息为主，首期数据来源书目基于以下资料：

[1] 俞剑华：《中国美术家人名词典》，上海人民美术出版社1980年版。
[2] 周振宇：《中国画名家大典》（上），人民日报出版社2013年版。

● 陈凤明，王征：《基于社会网络分析的明四家影响力研究》，南京艺术学院学报（美术与设计），2021年第5期，第81-86页。

[3] 沈柔坚等:《中国美术辞典》,人民辞书出版社1987年版。
[4] 陈师曾:《陈师曾讲绘画史》,凤凰出版社2010年版。
[5] 李峰,汤钰林:《苏州历代人物大辞典》,上海辞书出版社2016年版。

另有部分画家年表的整理、录入工作,这部分内容大多来自国内外官方机构为某位艺术家举办展览所公开发布的艺术家生平、经历等内容,具体来源如下:

[1] 董其昌和他的时代:明末清初的连绵趣味 [E],东京国立博物馆,日本东京,2017.01.02-2017.02.26。
[2] 且饮墨渖一升——吴昌硕的篆刻与当代印人的创作展 [E],国家图书馆典籍博物馆,北京,2016.12.08-2017.01.06。
[3] "其命惟新"广东美术百年大展 [E],中国美术馆,北京,2017.07.08-2017.07.23。
[4] 故宫博物院藏四僧书画展 [E],故宫博物院,北京,2017.04.28-2017.07.26。

另外,数据中部分画家的艺术年表也参考了近年来国内相关的博士、硕士论文与期刊论文,具体内容见参见附录。数据库共收录中国古代画家29843人。笔者团队通过数据分析,发现师承师法关系是中国绘画传承发展背后的一张隐形关系网,尝试通过计算机统计并借助社会网络分析法来定量地展现各个画家在中国绘画史这一整张"隐形网络"中的作用。在所有画家简述中,存有明确文字记载的在绘画上对后辈画家产生影响并被后辈画家对其师承师法进行过描述的画家共计1786人,占数据库画家总人数的5.98%。依据这一原则,共统计出直接师承数据2523条,直接师法数据9671条。这从师承师法的传承关系上确立了这1786位画家的艺术地位,同时也意味着这些画家在当下数据统计上成为支撑中国绘画艺术传承的"主干网络"中的各个关键节点。

评价艺术家的艺术水平是一个非常复杂的问题,其中涉及艺术天赋(包括笔墨生命力、造型生命力、艺术格调与艺术趣味等)、文化精神学养、笔墨功力、技法与变革创新(例如技法上包括"六法"标准加上技法创新等因素)、个人风格等诸多方面。[*]每位画家处于这诸多因素中的评价权重也有所不同,如何建立一个可以包含这些复杂因素而又能达到准确平衡的评价体系则是此项研究的终极目标。

本书使用了数字技术和量化方法为历代中国画师承师法关系的梳理提供了新思路并且获得了新成果。成果中除数据库构建外,也设计了微信小程序[**],可以便捷地查阅(扫描书中画家的二维码)任意一位画家的基本

[*] 王征,曹田泉:《模糊数学在中国书画评估体系下的应用与研究》,《艺术百家》2014年第3期。
[**] 微信小程序"艺象数据"。

资料，且能够通过数据挖掘了解其师承师法、弟子后学、亲属关系、友人关系等社交关系数据。

/ 当然现有的量化方法也存在一定的局限性。如年代久远的重要画家因为古代相关文献资料的缺失，无法在师承师法的排名中得到完全或准确体现。如魏晋时期的顾恺之等便是明显的例子。作为决定中国书画审美及发展走向的重要画家之一，他的直接弟子与后学画家有14人，仅位居85名。从历代画家的统计中可看到自唐宋至明清时期的相关文献史料较为完整，因此这段时期的数据研究结果相对而言更加精确。

/ 再如画史中有相当一部分后学画家的师古对象并不明确。文字记载中经常会用诸如"画拟六朝""得北宋遗意""花鸟饶元人逸致""浸淫于清初诸大家"等相对含糊词语来描述模仿对象的绘画风格，由于指向范围过于宽泛，导致这部分"转益多师"的后学画家难以被列入到具体的师承师法关系数据谱中，在数据统计中自然也会有一定的缺失。如，

"詹俨〔明〕字以宽，休宁（今安徽休宁）人。……画马师唐人，工而少韵，……。〔东图玄览、詹氏小辨〕"
"吴坤（一六九六—一七七七）〔清〕号西谷，长洲（今江苏苏州）人。山水，花卉，浑厚高古，深得宋人意趣。……〔墨林今话〕"
"杜之策〔明〕字如房，京口（今江苏镇江）人。工画诸家山水。〔画髓元诠〕"

/ 由于史料对这一类后学画家的师法对象描述模糊，不能轻易把他们归到某位具体画家之后，这给具体统计数值的精准性带来了一定的挑战。本书从历代画家的师承师法关系入手，把古籍、辞典中的师承师法描述文字转换为结构化数据进行定量分析，整个过程历时5年。其中的数据错漏难以避免。虽然从大数据角度来看，个别数据错漏不会影响整体的结论与趋势，但笔者仍然希望能够做到数据的精确，也望各位同行予以指正。

</2. 丹青有后生 >

/ "师古人"与"师造化"是每一个中国画家都要面对的课题，也是贯穿画家一生的修行。黄宾虹提倡古人"朝斯夕斯，终日伏案，不遑少息，藏焉修焉，优焉游焉，以至于成功"的临摹精神，甚至说"画不师古，未有能成家者"。在他看来，临摹是学习前人理法，"由旧翻新"的必由之路，而且是一个长期过程，"不可求脱太早"。●

/ "师古人"表明学习中国画重要的方法之一就是对经典画家及其作品的临摹与研习，其之所以重要在于后学者在临习过程中逐步对乃师的画理与笔墨丹青的程式技法有所理解，从而达到"外师造化，中得心源"的境地，才算基本掌握了乃师从认识到表达的态度与方法。与西方传统绘画不同的是，中国的绘画没有那么注重直观和再现，而强调对现实对象加以提炼，将其简化为笔墨符号或笔墨程式，这势必融入了画家更多的主观意志，画家的主观意志又受到哲学理念、文化学养及个人精神等诸多因素的浸润与影响，所以后学者在"师古人"与"师造化"的学习过程中乃师的和经典作品的师范引导作用不容忽视，这一点在师徒授受中可以说极为重要。中国画在此基础上进行传承与发展。而这种笔墨技法的运用与绘画风格的传承在绘画史上往往以后学画家师法某位甚至多位前辈画家为线索，从而能够在该画家的作品中反映出相对清晰的艺术风格源流演变过程。历代重要的画论、品录或近代美术辞典通常会列举历代著名画家辞条，除简略介绍其生平外大都会详细描述其师承师法关系，以便于后人了解其绘画艺术风格的源流传承与发展。

/ 社会学家潘光旦在《中国画家的分布、移殖与遗传》（上）中提出对画家的研究可从三方面入手，其三便是"从文化学的立脚点来研究。一种人才的产生，一定有师承，及其既经产生，一定会有派别；这种师承和派别的研究，便属于第三方面了"●●。《中国绘画史的"地域研究"意识》一文提及"对古代画家之间的交谊、师承关系等方面的研究，可以更逼近中国古代绘画发展的真实场景"●●●。画史上较早对师承师法关系给出较详细源流梳理的是张彦远，其于《历代名画记》卷二《叙师资传授南北时代》中谈及：

"若不知师资传授，则未可议乎画。今粗陈大略云：至如晋明帝师于王廙，卫协师于曹不兴，顾恺之张墨荀勖师于卫协，史道硕王微师于荀勖卫协，戴逵师于卫协范宣，逵子勃、勃弟顒师于父，陆探微师于顾恺之，探微子绥弘肃并师于父，顾宝光袁倩师于陆，倩子质师于父，顾骏之师于张墨，张则师于吴暕，吴暕师于江僧宝，刘胤祖师于晋明帝，胤祖弟绍祖子璞并师于胤祖，姚昙度子释惠觉师于父，蘧道愍师于章继

● 邵绍君，黄宾虹：《黄宾虹临古画稿》，浙江人民美术出版社2016年版。
●● 潘光旦：《中国画家的分布、移殖与遗传》（上），《人文月刊》1930年12月第1卷第10期。
●●● 郭建平：《中国绘画史的"地域研究"意识——一种研究思路的提出》，《艺术百家》2007年第3期。

伯，道愍甥僧珍师于道愍，沈标师于谢赫，周昙妍师于曹仲达，毛惠远师于顾，惠远弟惠秀子棱并师于惠远，袁昂师于谢张郑，张僧繇子善果儒童并师于父，解倩师于聂松，蘧道愍焦宝愿师于张谢，江僧宝师于袁陆及戴，田僧亮师于董展，曹仲达师于袁，郑法士师于张，法士弟法轮子德文并师于法士，孙尚子师于顾陆张郑，陈善见师于杨郑，李雅师于张僧繇，王仲舒师于孙尚子，二阎师于郑张杨展，范长寿何长寿并师于张。"•

/ 历代画史对师承师法关系的文字表述也不尽相同，与师承关系较接近的有"师从、受业于、问业、师事、得某某真传"等。

"沈球〔清〕，字汉瑾，号玉田，自称花隐山人，先世居江苏吴江，迁吴县（今苏州）遂入吴籍。怀祖子。庠生。精楷法，善山水，受业于王井东（诘）。〔墨香居画识〕"

/ 与师法关系类似的词语为"宗、法、酷肖、宗尚、近似、髣髴、得某某正派、得某某意、得某某遗意"等，如：

"王云〔清〕，字汉藻，号清痴，一字雯庵，号竹里，江苏高邮人。斌子。楼台、人物近似仇英，康熙时驰名江、淮。写意山水，得沈周遗意。〔高邮州志、桐阴论画、画传编韵〕"
"欧树德〔清〕，字培元，号桐山，江苏太仓人。金鹤筹高弟，花卉禽虫，摹仿恽寿平酷肖。〔墨香居画识〕"
"沈贞吉，明长洲（今江苏苏州）相城人。字恒吉，号同斋。……文艺精致，诗体裁清丽，爱诵范成大诗。画山水宗尚王蒙一派，擅设色和水墨，王穉登推为神品。著有《同斋稿》。
"黄翰〔明〕，字汝申，华亭（今上海市松江）人。永乐十年（一四一二）进士，宣德（一四二六—一四三五）中为山东按察使。诗文豪健、敏捷，字画亦遒劲。善隶书，尤工章草，以行草题署得名。笔力雄健而有则，与宋仲温（克）相髣髴。〔松江志、海上墨林、书史会要〕"

/ 还有少量使用的则是"瓣香、私淑"等特别带有崇敬、崇拜和师法意味的词语，如：

"谷清〔清〕，字少廉，号梦山，道光十一年（一九三一）举人。官元江州学正。楷一欧、褚，行、草瓣香其昌。究心金石，工铁笔，有味秋吟馆红书。〔云南通志、滇南书画录、滇贤生卒考〕"
"黄丕承〔清〕，字绪初，别署惭鸥，江苏无锡人。布衣。工书，寝馈于汉、魏、晋、唐碑帖者数十年，苦力临摹，寒暑无间。私淑邓石如、包世臣，篆、隶、行、草具工，性鲠介，富贵人求书，故昂其值以却之，遇知己则挥毫不吝。〔梁汉小志〕"

• 张彦远：《历代名画记》，景印文渊阁《四库全书》第812册，台湾商务印书馆1986年版，第291页。

此外还有一类则是带有家族传承意味的师承师法关系表达，如克承家学、不失家传、世父学、得家传等。

"沈爱薆〔清〕，字琴伯，浙江嘉兴人。道腴子，克承家学，尤工篆刻，出入秦、汉，古雅浑厚，专讲奏刀。其边款必署明用单刀法，或用舞刀法之类，亦创例也。〔广印人传、梅里备志〕"

"华浚〔清〕，字贞木，一字绳武，临江（今福建长汀）人（按嵒为福建上杭人，应作上杭人）。嵒子。乾隆二十五年（一七六〇）举人，不仕。书画得家传。〔福建通志、画传编韵、福建画人传〕"

上述列举的词条虽使用了不同的用词方式来表达"师古"的不同程度与方式方法，但却同样地明确了该画家与前人画家间的师承师法关系，且这种关系往往不是一对一的，有时会是一对多。

明代周亮工评价陈洪绶作品时说"老莲人物，深得古法"，陈洪绶的"古法"可由唐人溯源至六朝和两汉。[•]这也恰恰说明"师古"的对象往往是多个，所谓转益多师或者博采众长。

"陈洪绶……所画人物，躯干伟岸，衣纹清圆，细劲，兼有李公麟、赵孟頫之妙。设色学吴道子法。〔国（清）朝画征录、静志居诗话、绍兴府志、明画录、无声诗史、越画见闻、桐阴论画〕"

传统画史中在讨论某一时代或某一画派的源流研究时也常常会以某位开宗立派的标志性画家为核心，再以其前后的师承师法关系为线索展开考证。如俞剑华在《中国绘画史》中曾对元初画家的师承师法关系做过梳理。

"元初山水画除赵孟頫学赵伯驹仍延南宋李唐刘松年青绿工整一派之绪外，其余作者亦莫不竞以古人为师，列表于下：

（1）学李昭道者：胡廷晖，李立。
（2）学荆浩、关仝者：张衡，李冲。
（3）学李成者：商琦—（弟）璹，乔达，朱裕，李冲，李端，陶铉，刘伯希，徐恺。
（4）学范宽者：曾瑞。
（5）学沈士元者：信世昌。
（6）学武元直者：韩绍晔。
（7）学董源、巨然者：黄公望，王蒙，倪瓒，吴镇，郑禧，张文俶，霍元镇，赵元，李士安，李师孟，赵雍，释本诚。
（8）学郭熙者：朱德润，刘熙，吴古松，沈麟，卢师道，杜士元，从子龙，尚雨，刘宗海，阎让，姚彦卿，

[•] 胡太南：《浅谈陈洪绶人物画的风格特征与传统的师承关系》，《美术教育研究》2012年第3期。

里道行，曹知白——（侄）庆孙——（仆）夏汲清。

（9）学米芾者：高克恭，朱璟，郭畀，李良心，陈公才，张今，周如齐，霍元镇，柴浩，倪骧，徐贻。

（10）学马远、夏圭者：孙君泽，陈君佐，张远，沈月溪，张观，丁野夫，金润夫——（弟）质夫。……"

由于受限于资料的繁杂和纯人工整理方式的单一技术手段，原有的师承师法追溯仅限于这种点到点的"父子"结构关系，且可供分析的时间跨度有限。若想把这种师承师法关系追溯放大到更深远广阔的历史进程来考量，传统的研究方式就显得有些力不从心。中国本土最早倡导历史统计学的史学家梁启超提出了"历史统计学"的概念，并称其功能为"观其大较"，即可以观察各种事物发展的平均状况。•

• 宋学勤：《梁启超对历史统计学的倡导与实践》，《史学理论研究》2006年第3期。

</ 2.1 师承师法关系的数字构建 >

/ 近年来,"历史统计学"发展为计量史学。计量史学"侧重的是研究历史真实方面,包括研究历史社会中的数量、数量关系及数量结构,按照科学程序对历史现象和历史进程进行定量分析。能够实现更高层次的宏观研究"[1]。计量史学的发展与近些年出现的"数字人文"研究领域出现了较多学科交叉。"数字人文"的前身是"人文计算",它被认为是"使用计算机进行量化分析的一种人文研究方法,体现出的是方法论上的一种革新;之后,随着网络技术的发展和数字化技术的广泛应用,利用计算机技术强大的计算和存储能力,使得研究者的历史视野变得更加开阔、研究空间更加立体。强调数字技术文化和环境中的人文研究,将人文问题与数字技术与媒介研究结合起来,讨论复杂的数字环境中的人文知识发展状态和问题,在研究方法上更加强调跨学科性、动态性和混杂性"[2]。

/ "历史现象和历史过程中的数量、数量关系和梳理结构具有显性和隐性两种形式。显性数据是指历史文献上有明确数字记录的信息。另一类隐性数据,并未在文献中用具体数字记载,而是隐藏在某些记述的背后。"[3]如历代相对重要的美术来源书目中所明确记载的师承师法关系,可以通过统计方法提取后再加入数据库中进行量化处理。这种研究方法能够把上下千年的中国绘画史以动态、立体的数字方式呈现出来。本课题研究的所有词条来源于以下参考资料:

[1] 绘画史工具类书籍:《中国美术家人名词典》[4]《中国美术辞典》[5]《中国画名家大典(上)》[6]《陈师曾讲绘画史》[7]《苏州历代人物大辞典》[8]等。

[2] 某些词条的补充信息来自聚焦某位画家、某类画家群体的研究文章,如《明代中期苏州地区书画鉴藏家群体研究》[9]等。

[3] 某些扩展信息来自重要博物馆、美术馆举办的展览信息。如2017年日本东京国立博物馆"董其昌和他的时代:明末清初的连绵趣味",2017年故宫博物院举办的"故宫博物院藏四僧书画展"等展览的展示内容都被列入数据库中。

[1] 霍俊江:《计量史学研究入门》,北京大学出版社2013年版,第9页。
[2] 陈静:《历史与争论——英美"数字人文"发展综述》,《文化研究》2014年第2期。
[3] 霍俊江:《计量史学研究入门》,北京大学出版社2013年版,第15页。
[4] 俞剑华:《中国美术家人名词典》,上海人民美术出版社1980年版。
[5] 沈柔坚:《中国美术辞典》,人民辞书出版社1987年版。
[6] 周振宇:《中国画名家大典(上)》,人民日报出版社2013年版。
[7] 陈师曾:《陈师曾讲绘画史》,凤凰出版社2010年版。
[8] 李峰,汤钰林:《苏州历代人物大辞典》,上海辞书出版社2016年版。
[9] 黄朋:《明代中期苏州地区书画鉴藏家群体研究》南京艺术学院博士论文。

/ 笔者将这些显性数据和隐性数据进行结构化梳理后,设计出含有26张数据表且各表间互有关联属性的关系数据库。截至2021年5月4日,数据库共收录中国历代画家29843人。通过对他们进行数据分析,发现师承师法关系是中国绘画传承发展背后的一张隐性关系网,通过计算机统计并借助社会网络分析法来定量地展现各个画家在中国绘画史这一整张"隐性网络"中的作用。所有画家简述中,带有明确文字记载的在绘画上对后学画家产生影响并被后学画家进行师承师法描述的画家共计1786人,占数据库画家总人数的5.98%(图1)。依据这一原则,共统计出直接师承数据2523条,直接师法数据9671条。从师承师法数据可以看出,这1786位可以被称为"师"的画家组成了历代中国画家的学习源头,直接受影响的后学画家有近1万人,占数据库中被统计画家的1/3。这从某种程度上也确立了这1786位画家的艺术地位，同时也意味着这些画家在数据上成为撑起中国绘画史艺术传承的脊梁。他们各自的艺术创新、发展及相互间的传承足以代表中绘画千年发展的源流与脉络。根据这1786位画家的生卒信息，经统计后，他们分布于以下时期与朝代（图2）：

■ 数据库收录的画家人数
■ 有后人师法的画家人数
/ % 占数据库中所收录同时期画家总数之比

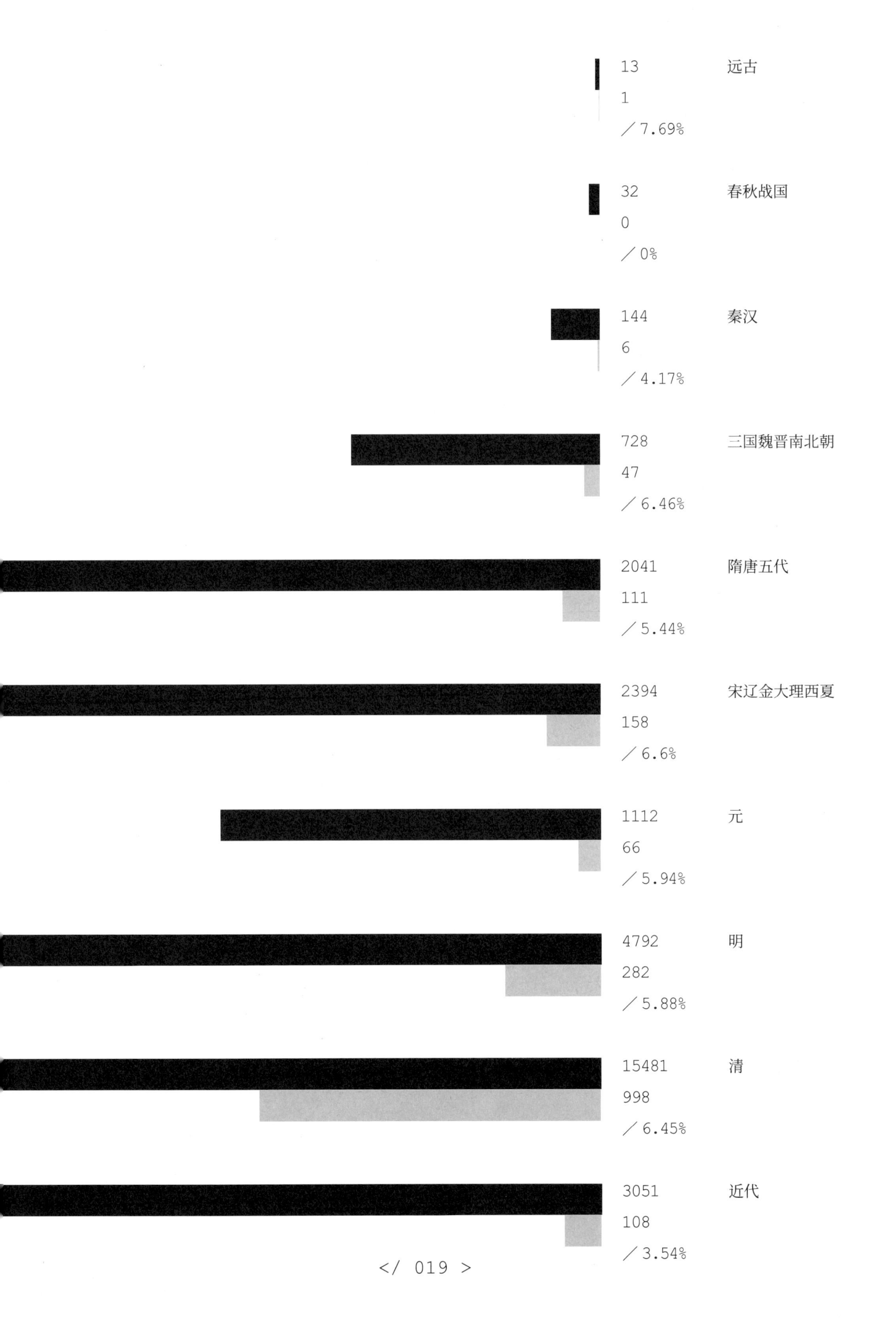

数量	占比	时期
13 / 1	7.69%	远古
32 / 0	0%	春秋战国
144 / 6	4.17%	秦汉
728 / 47	6.46%	三国魏晋南北朝
2041 / 111	5.44%	隋唐五代
2394 / 158	6.6%	宋辽金大理西夏
1112 / 66	5.94%	元
4792 / 282	5.88%	明
15481 / 998	6.45%	清
3051 / 108	3.54%	近代

/ 存在文字记载有后学画家师承师法的画家人数占该时期总画家人数的比例从秦汉时期的 4.05% 到清代的 6.51%，这说明了每个时期被作为师法榜样的优秀画家比例较为接近，差距并不明显。

图 2
数据库收录画家人数及存在后学的画家人数的各时期分布图

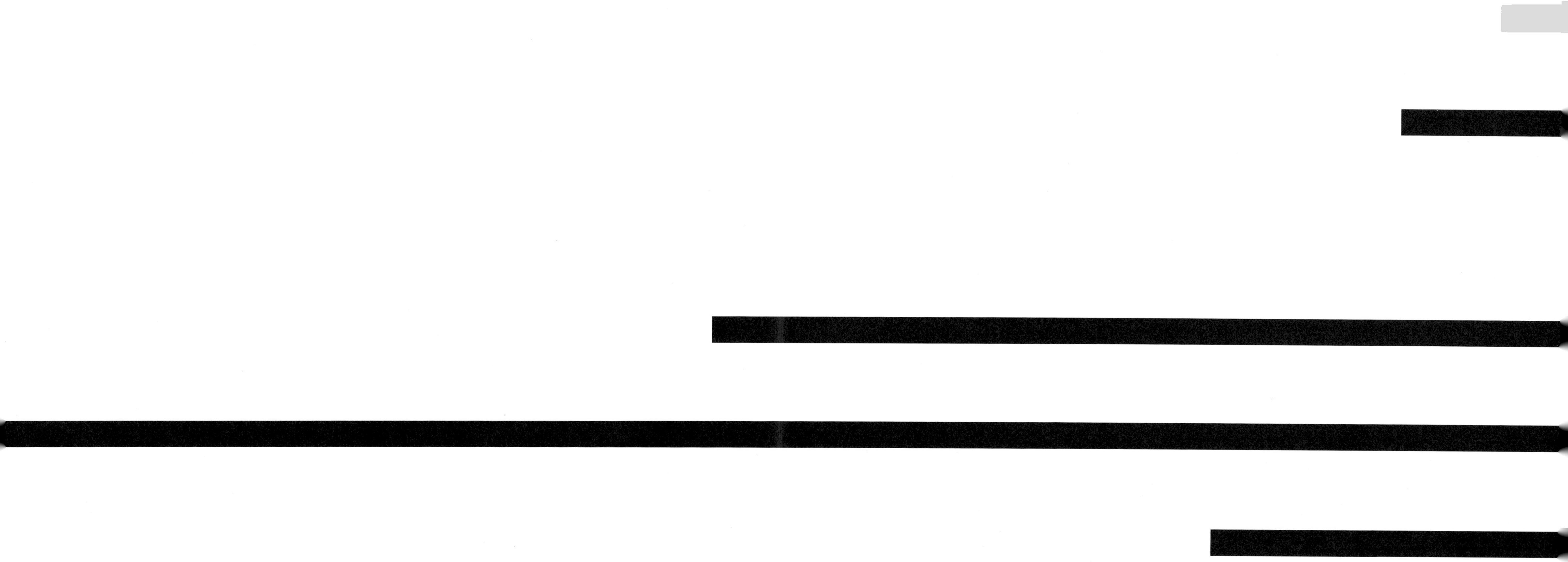

／ 图2数据中，有3个时期的占比数据并不精确，难以完全反映当时的真实情况，原因如下：第一，远古时期记载的画家总体样本数量较少，仅为13人，只有1名画家被后学师法，二者占比关系较难反映当时情况；第二，春秋战国时期的画家也仅被收录32人，较难反映当时绘画发展的全貌；第三，由于近代距当今的时间距离较短，所收录画家样本人数不足或部分画家仍处于创作阶段而未有定论，因此这一时期的画家数据仍有待未来的持续更新、补充与完善。

29843
1786
5.98%

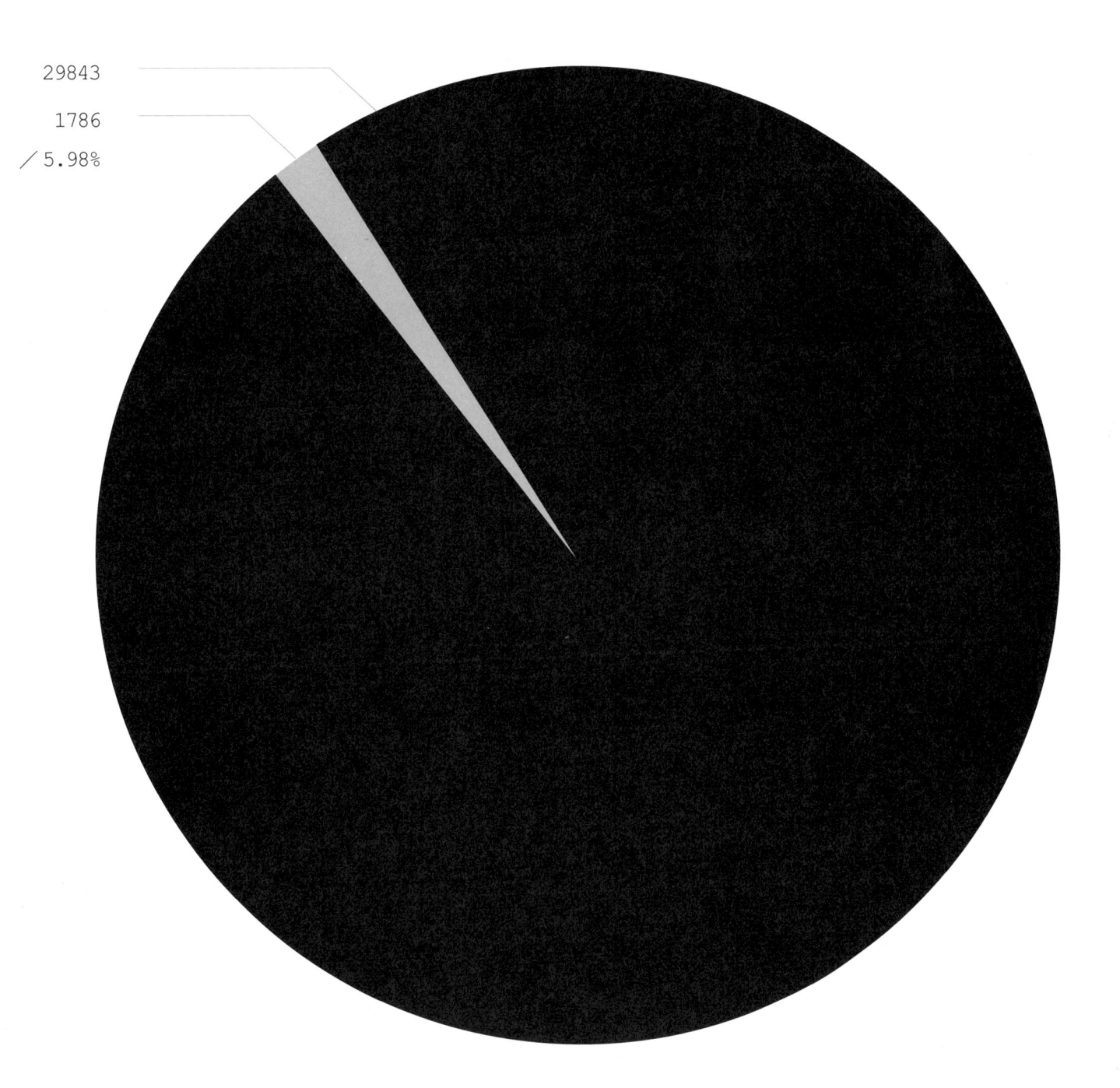

图 1 数据库收录的画家与有后人师法的画家数据图

/ 若使用社会网络分析法把这29843位历代画家及其师承师法关系绘制出来，可以把每位画家看成一个节点，某位画家（节点B）直接师承师法另一位画家（节点A），那么就用一条边把A、B两个节点联系起来，表示AB间存在着师承师法关系。

/ 在图论中，度表示一个节点的邻居节点个数，即每个节点可连接边的条数。若以清代画家沈宗敬为例，数据库中共有3人直接师法他，分别是沈保滋、沈映晖和王鼐。

"沈保滋……善画，偶作疏柯竹石，渴笔苍秀，得沈宗敬意"，"沈映晖……山水清矫拔俗，传宗敬一脉"，"王鼐……山水宗沈宗敬"。〔俞剑华：《中国美术家人名词典》，上海人民美术出版社1980年版〕

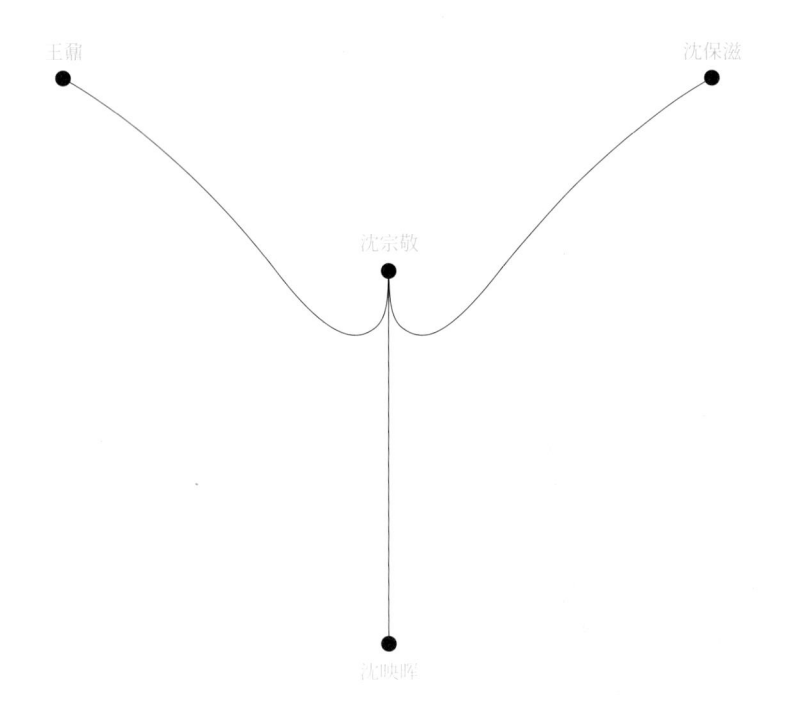

图3. 直接师法沈宗敬的后学画家关系图

/ 在历代画家的这张师承师法关系网络图中，每一条边表示存在一位后学画家师承师法了该名画家的技法或风格。每一个画家节点的度则表示在关系图中直接师承师法该画家的弟子或后学画家的总体数量。在图3中，沈宗敬节点共有3条边，其度数为3，说明有3位后学画家直接师承或师法沈宗敬。而这个后学画家的数量在社会网络中被称为"度中心性"，它能够测量网络中一个节点与所有其他节点相联系的程度。在一个拥有n个节点的师承师法关系图中，节点i的度中心性是i与其他n-1个节点的直接联系总数。

/ 图4正是笔者使用"Gelphi"软件绘制的中国历代画家师承师法关系图,其中每个节点代表了一位画家,共计29843个节点。图中心汇集的带有关联性连接线的节点正是1786位有明确后学画家的画家节点,图中周围厚厚一圈的数万个孤立节点则为没有明确师承师法关系的画家节点。

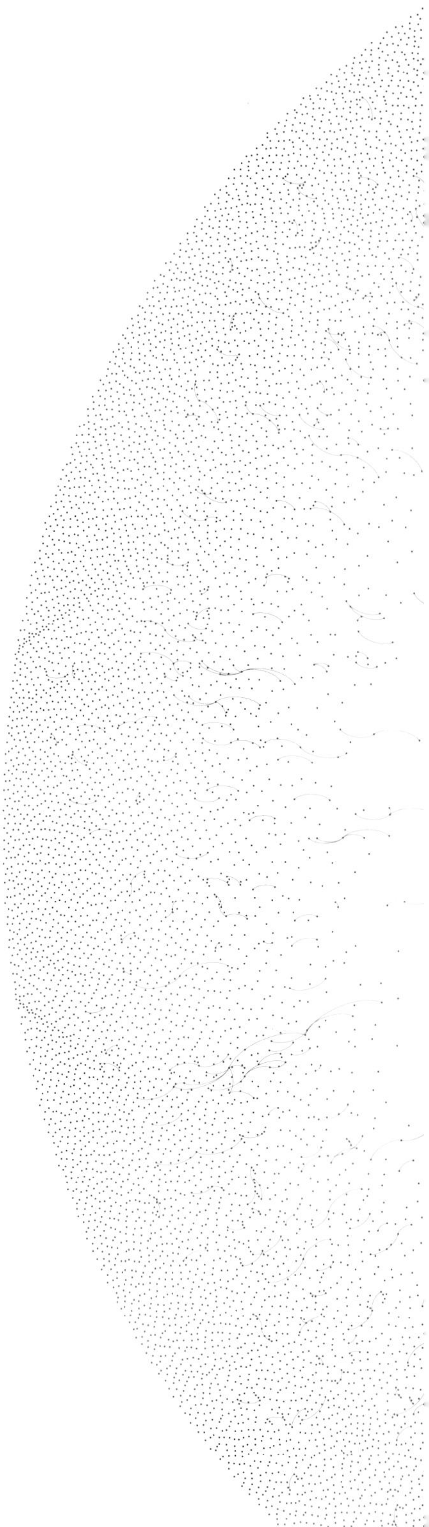

图4:中国历代画家师承师法关系图
下页:图5:中国历代画家师承师法关系图中心细节

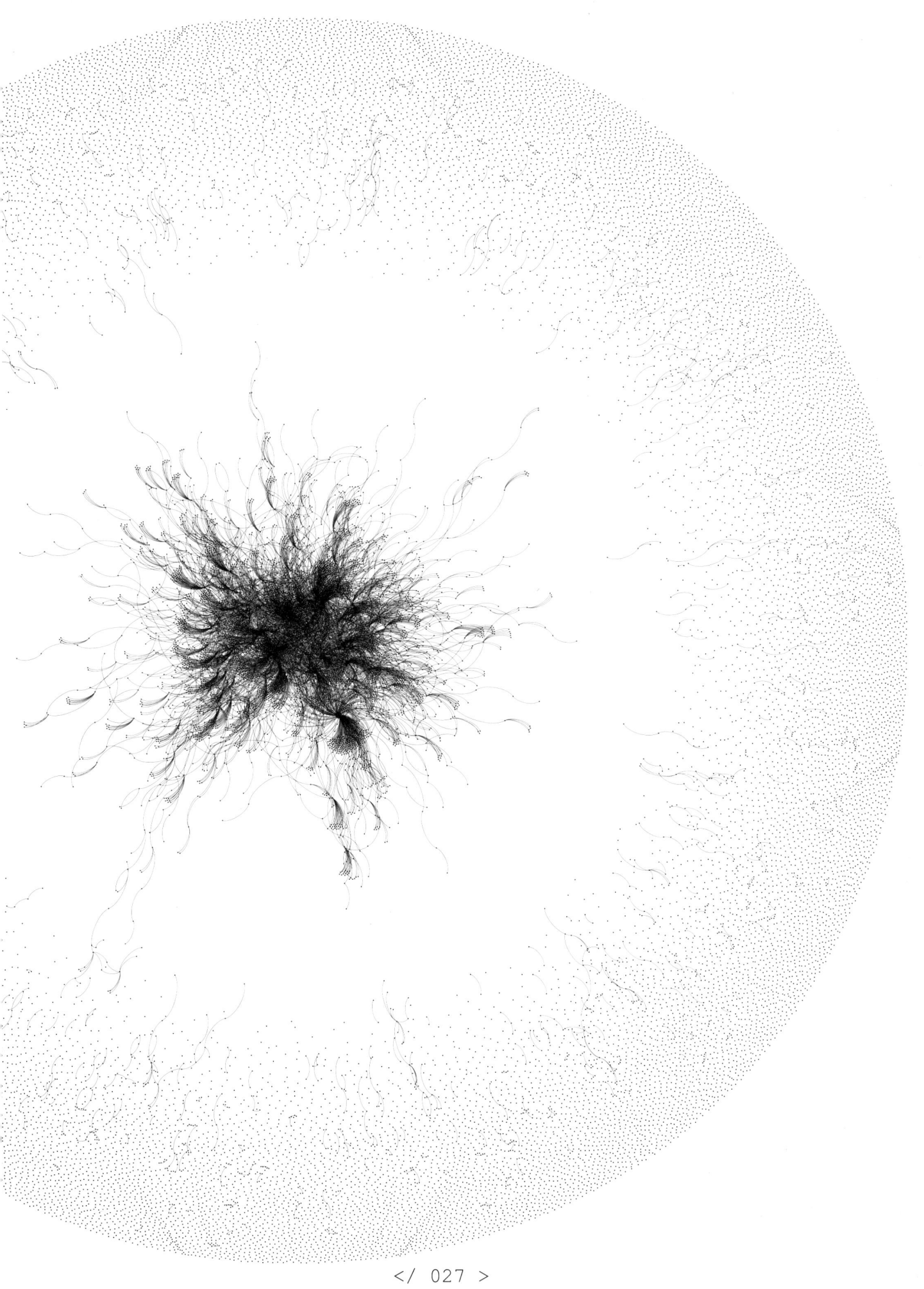

</ 027 >

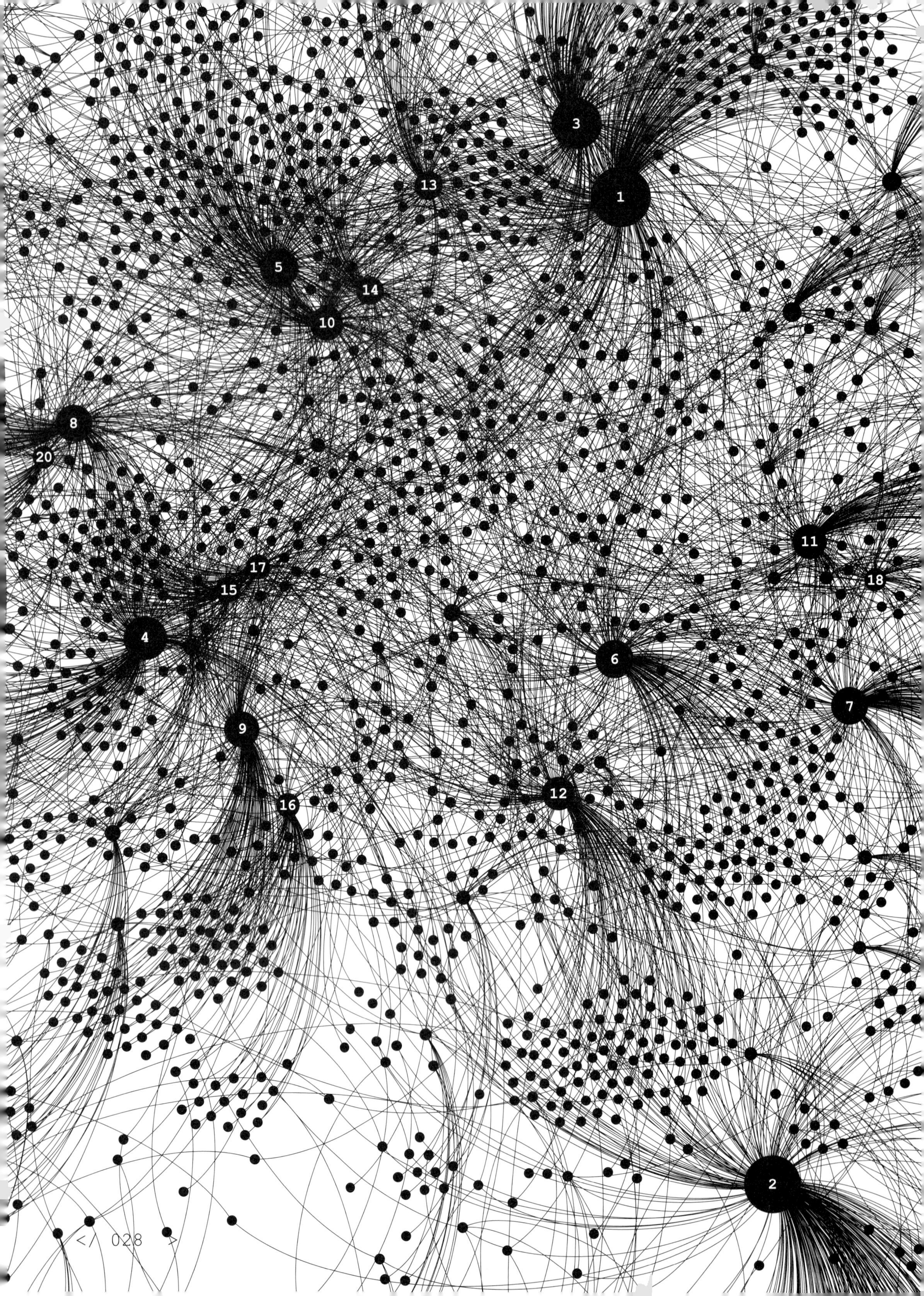
3
13
1
5
14
10
8
20
11
18
17
15
4
6
7
9
12
16
2

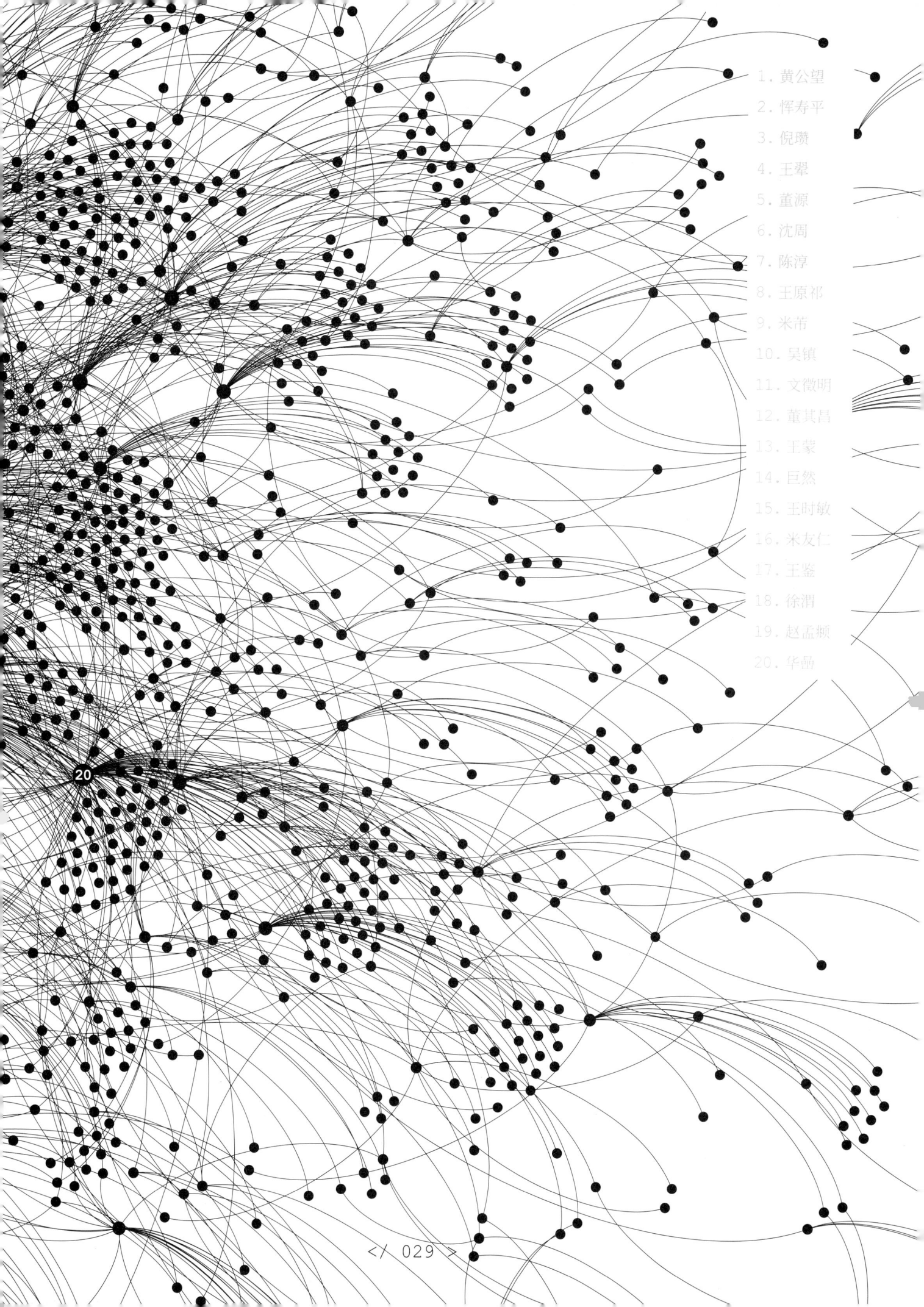

1. 黄公望
2. 恽寿平
3. 倪瓒
4. 王翚
5. 董源
6. 沈周
7. 陈淳
8. 王原祁
9. 米芾
10. 吴镇
11. 文徵明
12. 董其昌
13. 王蒙
14. 巨然
15. 王时敏
16. 米友仁
17. 王鉴
18. 徐渭
19. 赵孟頫
20. 华嵒

2.2 基于"度中心性"排序

　　在历代画家师承师法关系网络图中，以度的大小为依据对各节点进行排序，经统计，度数（即弟子或后学人数）大于0的画家节点数共有1786个。在图4中心的部分正是这1786个存在师法关系的节点，围绕圆周一圈的孤立节点则是其弟子或后学为0的画家。

　　图5中节点的尺寸大小由度的大小决定，度的数值越大则节点直径越大，说明直接师承师法该画家的后学人数越多。

　　若把弟子或后学画家人数达到10人或10人以上的节点画家作为一个分界线，经统计，在这29843位画家中，度数达到或超过10以上的节点共计111个，即历史上存在直接师承师法关系的后学画家人数达到10或10人以上的画家共计112人。以时间顺序来统计，魏晋南北朝3人，隋唐五代11人，宋19人，元11人，明23人，清45人。这112位画家的具体名单如下页图。

下页：图6. 师承师法关系的后学画家人数图表

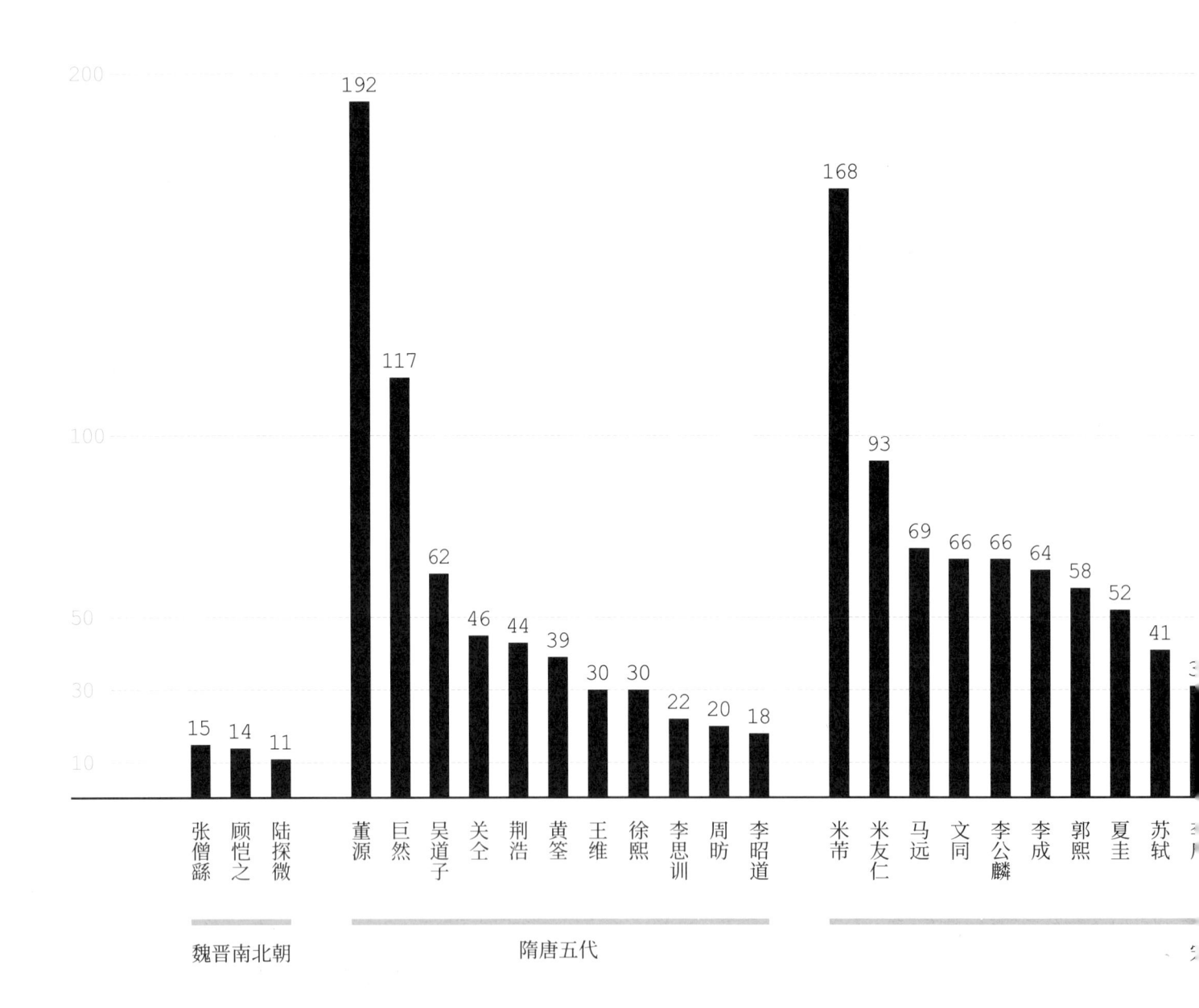

画家	数量
张僧繇	15
顾恺之	14
陆探微	11
董源	192
巨然	117
吴道子	62
关仝	46
荆浩	44
黄筌	39
王维	30
徐熙	30
李思训	22
周昉	20
李昭道	18
米芾	168
米友仁	93
马远	69
文同	66
李公麟	66
李成	64
郭熙	58
夏圭	52
苏轼	41

魏晋南北朝　　隋唐五代

</ 032 >

/ 根据后学画家人数的数量级,可以把上述画家数据简单划分为几个层级:

/ 后学画家有300人及以上的有2位,后学画家有200—300人的有2位,后学画家有100人—200人的有10位,后学画家有50—99人的共计15位,30—49人的共计14位,10—29人的共计69人,10人以下的共计1662人。

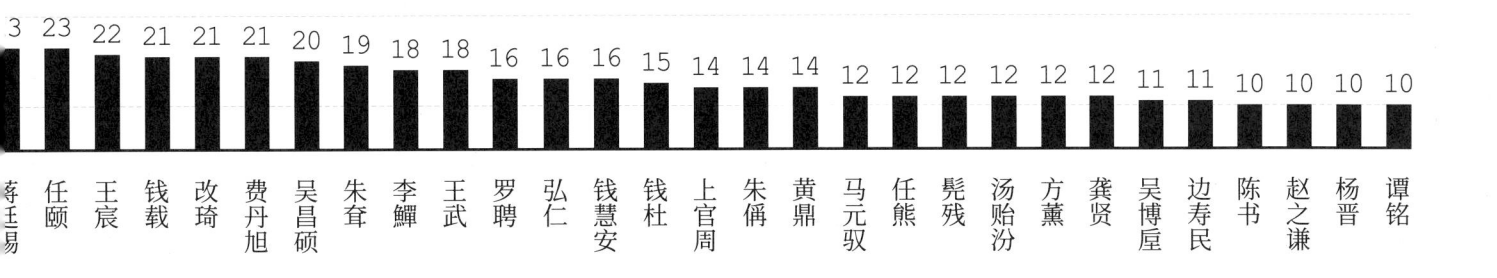

蒋壬旸	任颐	王宸	钱载	改琦	费丹旭	吴昌硕	朱耷	李鱓	王武	罗聘	弘仁	钱慧安	钱杜	上官周	朱偁	黄鼎	马元驭	任熊	髡残	汤贻汾	方薰	龚贤	吴博垕	边寿民	陈书	赵之谦	杨晋	谭铭
3	23	22	21	21	21	20	19	18	18	16	16	16	15	14	14	14	12	12	12	12	12	12	11	11	10	10	10	10

清

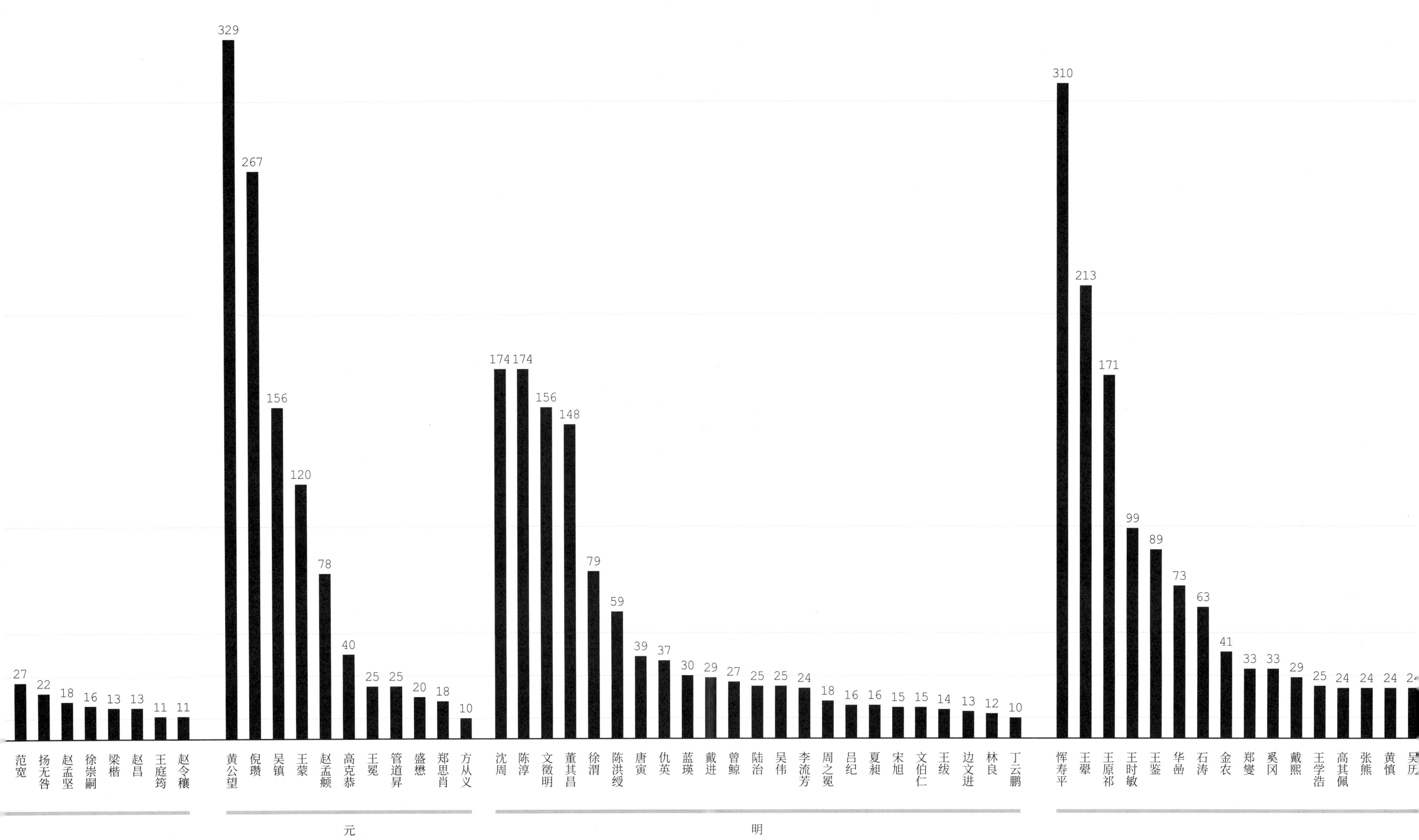

画家	数量
范宽	27
扬无咎	22
赵孟坚	18
徐崇嗣	16
梁楷	13
赵昌	13
王庭筠	11
赵令穰	11

元

画家	数量
黄公望	329
倪瓒	267
吴镇	156
王蒙	120
赵孟頫	78
高克恭	40
王冕	25
管道昇	25
盛懋	20
郑思肖	18
方从义	10

明

画家	数量
沈周	174
陈淳	174
文徵明	156
董其昌	148
徐渭	79
陈洪绶	59
唐寅	39
仇英	37
蓝瑛	30
戴进	29
曾鲸	27
陆治	25
吴伟	25
李流芳	24
周之冕	18
吕纪	16
夏昶	16
宋旭	15
文伯仁	15
王绂	14
边文进	13
林良	12
丁云鹏	10

画家	数量
恽寿平	310
王翚	213
王原祁	171
王时敏	99
王鉴	89
华喦	73
石涛	63
金农	41
郑燮	33
奚冈	33
戴熙	29
王学浩	25
高其佩	24
张熊	24
黄慎	24
吴历	24

后学画家人数300人及以上

/ 元代黄公望与清代恽寿平的直接后学人数分别高达到329人和310人，这二位也是画史中明确记载师承师法关系的后学人数能够达到300人及以上级别的中国古代画家。

/ 黄公望，"元四家……以黄公望为冠""幼聪敏，应神童科……山水宗法董源、巨然，曾受赵孟頫教导。晚年变其法，自成一家"。根据时期划分，黄公望所有后学分布于元代5人、明代85人、清代232人、近代7人。

/ 恽寿平作为清代花鸟画大家，其作品"一洗时习，独开生面，海内宗之"。最后一个词表明了师法他的后学很多，但其直接后学人数能排在第2位仍然出乎大多数人的意料。比较特别之处在于其310名后学中，女性画家高达40人，占总后学人数的12.9%，远高于数据库中女画家5.17%的比例。这与恽寿平绘画作品的题材、淡雅画风有极大的关联。

后学画家人数200人及以上

/ 直接后学人数分别达到200人及以上级别的也是2位，分别是倪瓒的267人和王翚的213人。

/ 作为"元四家"之一，倪瓒以董源为师，后法荆浩、关仝，其画风对明清文人画影响极大。"江南人以家中有无倪画判雅俗。"从数据上看，300人及以上的黄公望、200人及以上的倪瓒，以及吴镇的直接后学画家155人、王蒙的直接后学画家120人，"元四家"对中国画传承的直接影响力是绘画史上最高的。

/ 清"四王"的整体排名都靠前，师法王翚者共计213人，是四人中排名最高的。之后是王原祁影响171人，排名第8；王时敏影响99人，排名第15；王鉴影响89人，排名第17。无论不同时代对"四王"的尊崇与诋毁，师承师法数据印证了4人在300年来清代山水画领域的统领地位。

后学画家人数100人及以上

/ 该级别中共含10位画家。

/ 包括南宗山水画大家"董巨"中的董源（后学画家192人，排名第5）和巨然（后学画家117人，排名第14）。

/ "明四家"中的沈周（后学画家174人）、文徵明（后学画家156人，排名第10）2人排在前10名。另外明代花鸟大家陈淳的后学画家为174人，与沈周并列第6。

/ 清初"四王"中的王原祁（后学画家171人）排名第8，王时敏的后学画家为99人，排名第15。

/ 宋米芾的后学画家人数达到168人，在"度中心性"排名中位列第9。米芾之子米友仁排名也相当靠前，位列第16，其后学画家有93人。米氏父子所构建的"米氏云山"开创了文人画的基本样式和气韵格局。

</ 2.3 基于"三度影响力"排序 >

/ 直接师承师法关系节点度数的度中心性是社会网络衡量节点中心性的指标之一，在师承师法关系网中可以看作一位画家在传承过程中的重要性指标。这种统计方法，强调了与某画家相连的弟子或后学画家的节点数量，却没有注重后学画家节点的质量。因为每位后学画家节点在师承师法关系网中自身的度数存在极大差异，那么在艺术传承的真实过程中所带来的影响力亦有巨大差别，同时对其师承师法的父级画家节点的影响力传播贡献也不一样。

/ 在社会关系网中，一个节点的重要性既取决于其邻居节点的数量（即该节点的度），也取决于其邻居节点的重要性。影响力在社会网络上的传播遵循着一定的规律，称之为"三度影响力原则"（Three Degrees Of Influence Rule）。我们所做或所说的任何事情，都会让网络泛起涟漪，影响我们的朋友（一度）、我们朋友的朋友（二度），甚至我们朋友的朋友的朋友（三度）。换句话说，"三度影响力"兼顾了所谓"名师出高徒"中高徒对名师影响力的扩散作用。三度影响力中的度并非指节点的度中心性，而是指两个节点间最短路径的距离。

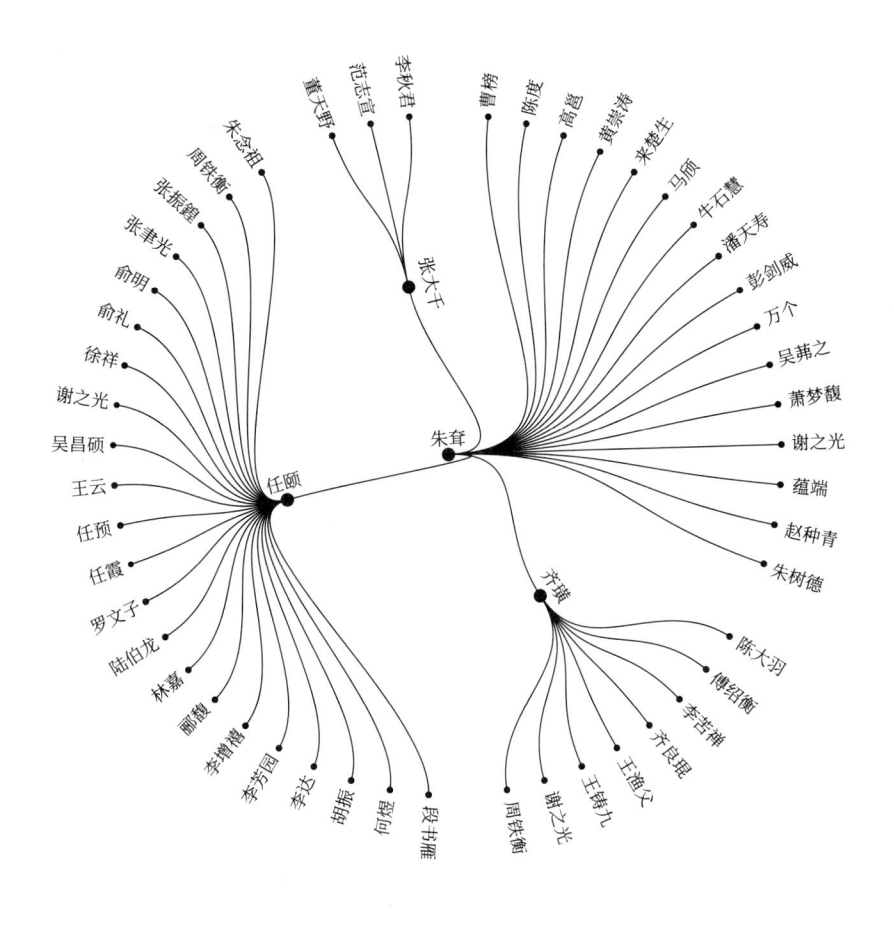

图7. 朱耷的"二度"弟子后学画家树状图

/ 基于数据库的29843条人物数据,以朱耷为例(如图7),他的一度弟子与后学画家有19人。任霞等23人是任颐的一度后学画家,同时是朱耷的二度后学画家;陈大羽等8人是齐璜的一度后学画家,同时是朱耷的二度后学画家;范志宣等3人是张大千的一度后学画家,同时是朱耷的二度后学画家。从图7中可以发现谢之光既是任颐的一度后学画家又是齐璜的一度后学画家。本书中针对这种情况做了特别数据处理,避免了重复统计。"如果超出三度分隔,我们的影响就逐渐消失。"创新思想似乎也按照三度影响力进行传播。● 社会网络的研究成果和统计结果表明,如果一度影响力为1,那么二度、三度影响力会逐层减半衰减,超过三度后将接近于零。这说明三度以外的后学画家在影响力传递上的贡献几乎为零。历代画家师承师法的传播与创新思想的传播方式相类似,因此可以借用上述方法归纳出某位画家的三度影响力公式。

/ 依据上述理论,若用N_i代表第i度的弟子与后学画家数量,那么某位画家的三度影响力公式可以表示为: $\sum_{i=1}^{3} N_i \times (0.5)^{i-1}$

/ 用上述公式统计出来的具体影响力数据如下所示:

● 尼古拉斯•克里斯塔基斯,詹姆斯•富勒:《大连接》,北京联合出版公司2017年版,第39页。

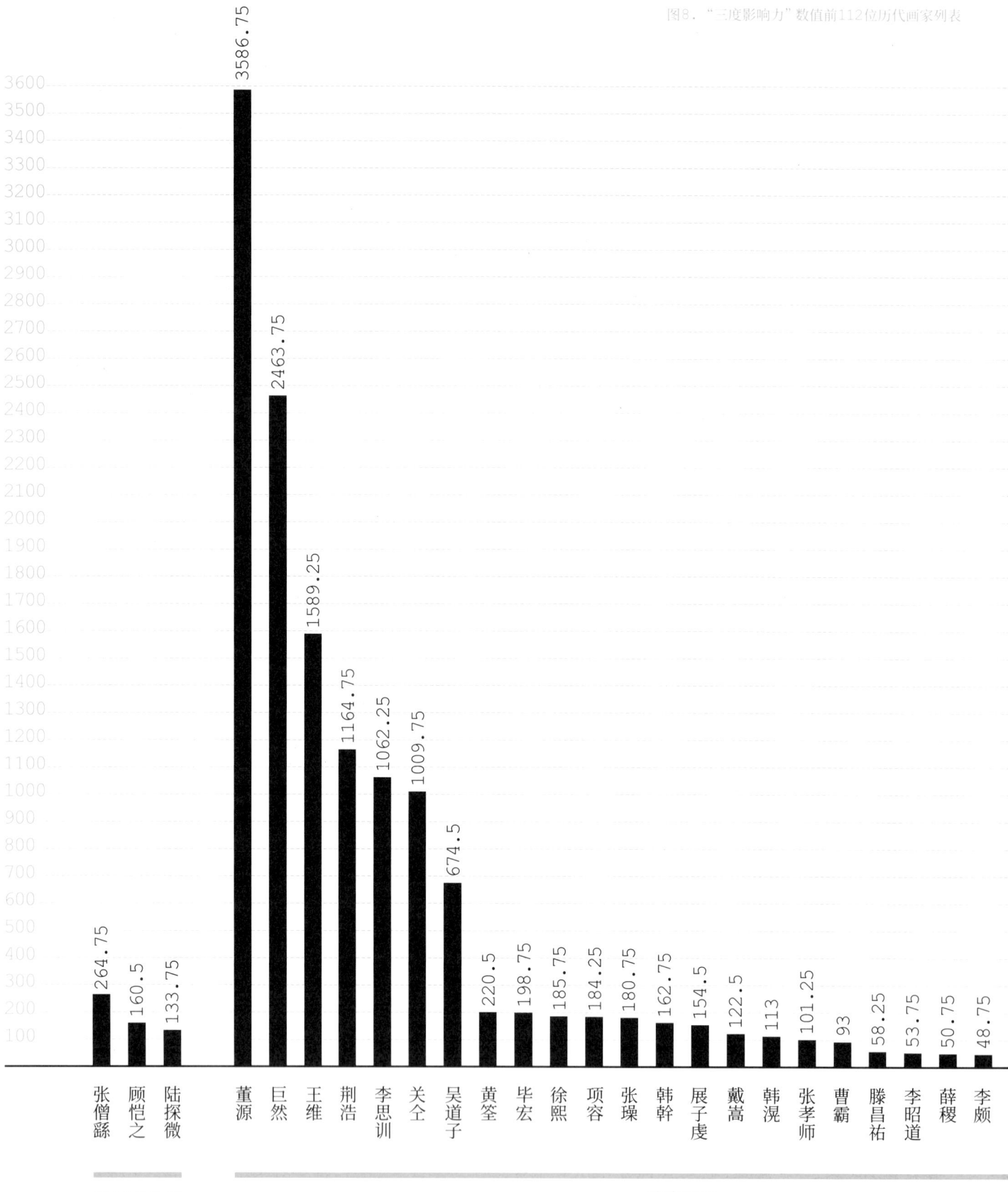

图8．"三度影响力"数值前112位历代画家列表

画家	数值
张僧繇	264.75
顾恺之	160.5
陆探微	133.75
董源	3586.75
巨然	2463.75
王维	1589.25
荆浩	1164.75
李思训	1062.25
关仝	1009.75
吴道子	674.5
黄筌	220.5
毕宏	198.75
徐熙	185.75
项容	184.25
张璪	180.75
韩幹	162.75
展子虔	154.5
戴嵩	122.5
韩滉	113
张孝师	101.25
曹霸	93
滕昌祐	58.25
李昭道	53.75
薛稷	50.75
李颇	48.75

魏晋南北朝　　隋唐五代

</ 042 >

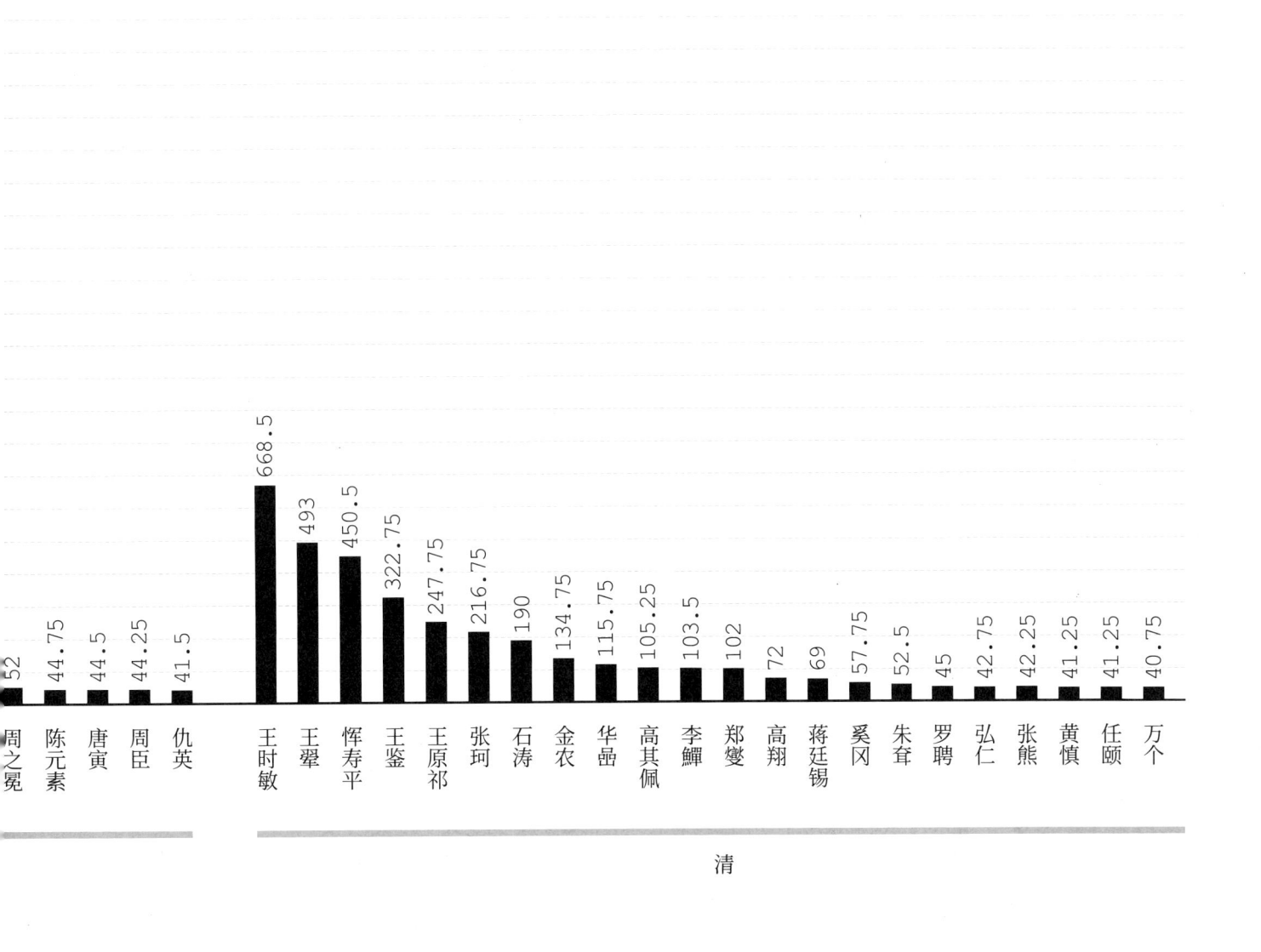

画家	数值
周之冕	52
陈元素	44.75
唐寅	44.5
周臣	44.25
仇英	41.5
王时敏	668.5
王翚	493
恽寿平	450.5
王鉴	322.75
王原祁	247.75
张珂	216.75
石涛	190
金农	134.75
华嵒	115.75
高其佩	105.25
李鱓	103.5
郑燮	102
高翔	72
蒋廷锡	69
奚冈	57.75
朱耷	52.5
罗聘	45
弘仁	42.75
张熊	42.25
黄慎	41.25
任颐	41.25
万个	40.75

清

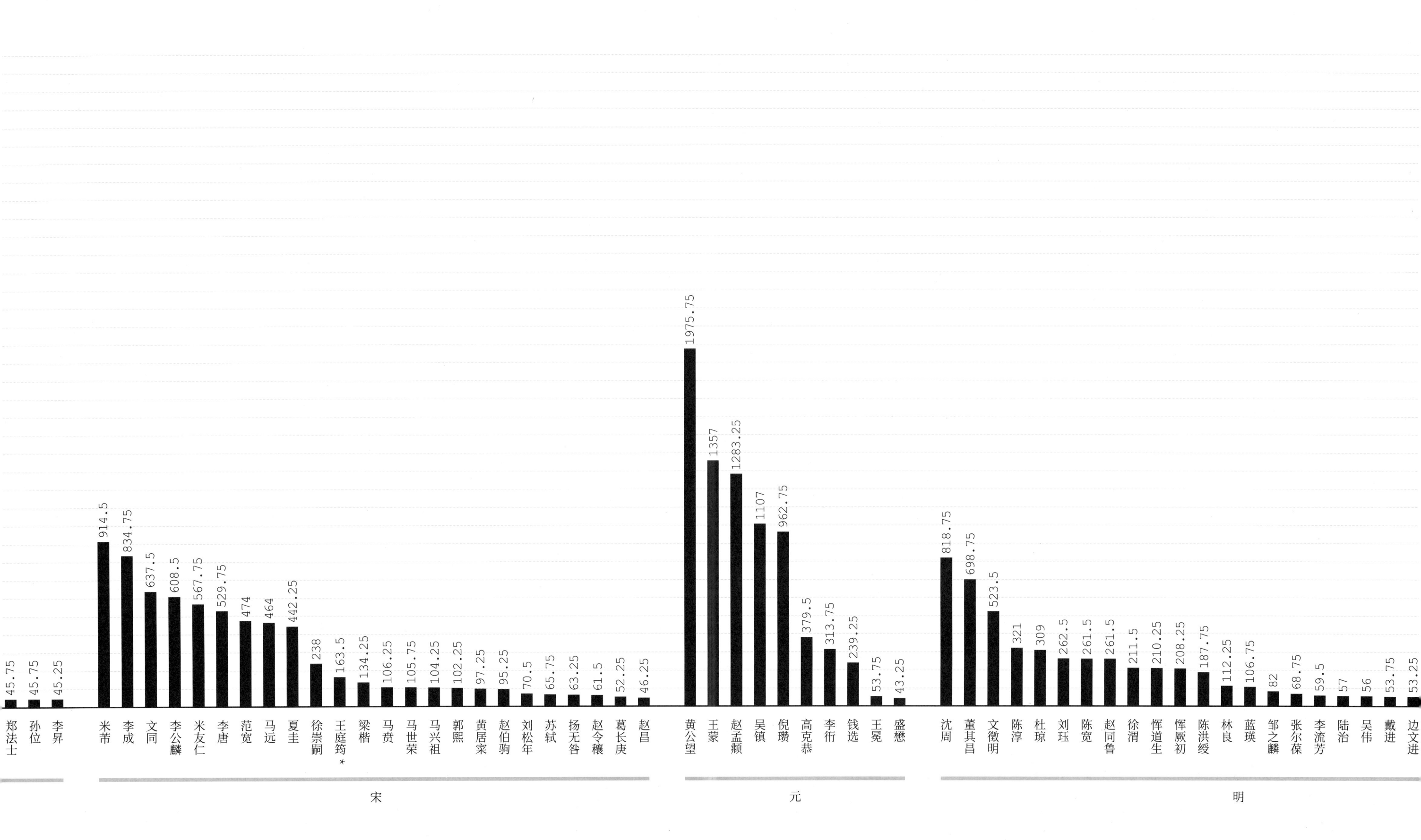

宋

画家	数值
郑法士	45.75
孙位	45.75
李昇	45.25
米芾	914.5
李成	834.75
文同	637.5
李公麟	608.5
米友仁	567.75
李唐	529.75
范宽	474
马远	464
夏圭	442.25
徐崇嗣	238
王庭筠 *	163.5
梁楷	134.25
马贲	106.25
马世荣	105.75
马兴祖	104.25
郭熙	102.25
黄居寀	97.25
赵伯驹	95.25
刘松年	70.5
苏轼	65.75
扬无咎	63.25
赵令穰	61.5
葛长庚	52.25
赵昌	46.25

元

画家	数值
黄公望	1975.75
王蒙	1357
赵孟頫	1283.25
吴镇	1107
倪瓒	962.75
高克恭	379.5
李衎	313.75
钱选	239.25
王冕	53.75
盛懋	43.25

明

画家	数值
沈周	818.75
董其昌	698.75
文徵明	523.5
陈淳	321
杜琼	309
刘珏	262.5
陈宽	261.5
赵同鲁	261.5
徐渭	211.5
恽道生	210.25
恽厥初	208.25
陈洪绶	187.75
林良	112.25
蓝瑛	106.75
邹之麟	82
张尔葆	68.75
李流芳	59.5
陆治	57
吴伟	56
戴进	53.75
边文进	53.25

/ 从图9的人数分布来看，在师承师法数据网络中，基于"三度影响力"理论的画家影响力排名较"度中心性"理论的算法不同，导致被师法的前111位画家在各时期的分布出现较大变化。"三度影响力"的优势在于考虑了弟子与后学画家对师法画家的影响力传承，但从另一角度讲，由于某些"三度"在时间跨度上长达数百年，导致近代甚至清代、明末画家因距离当代时间过近，其大量近现代弟子与后学画家暂未统计入库，所以排名下降较多。

□ 基于度中心性的画家人数
■ 基于三度影响力的画家人数

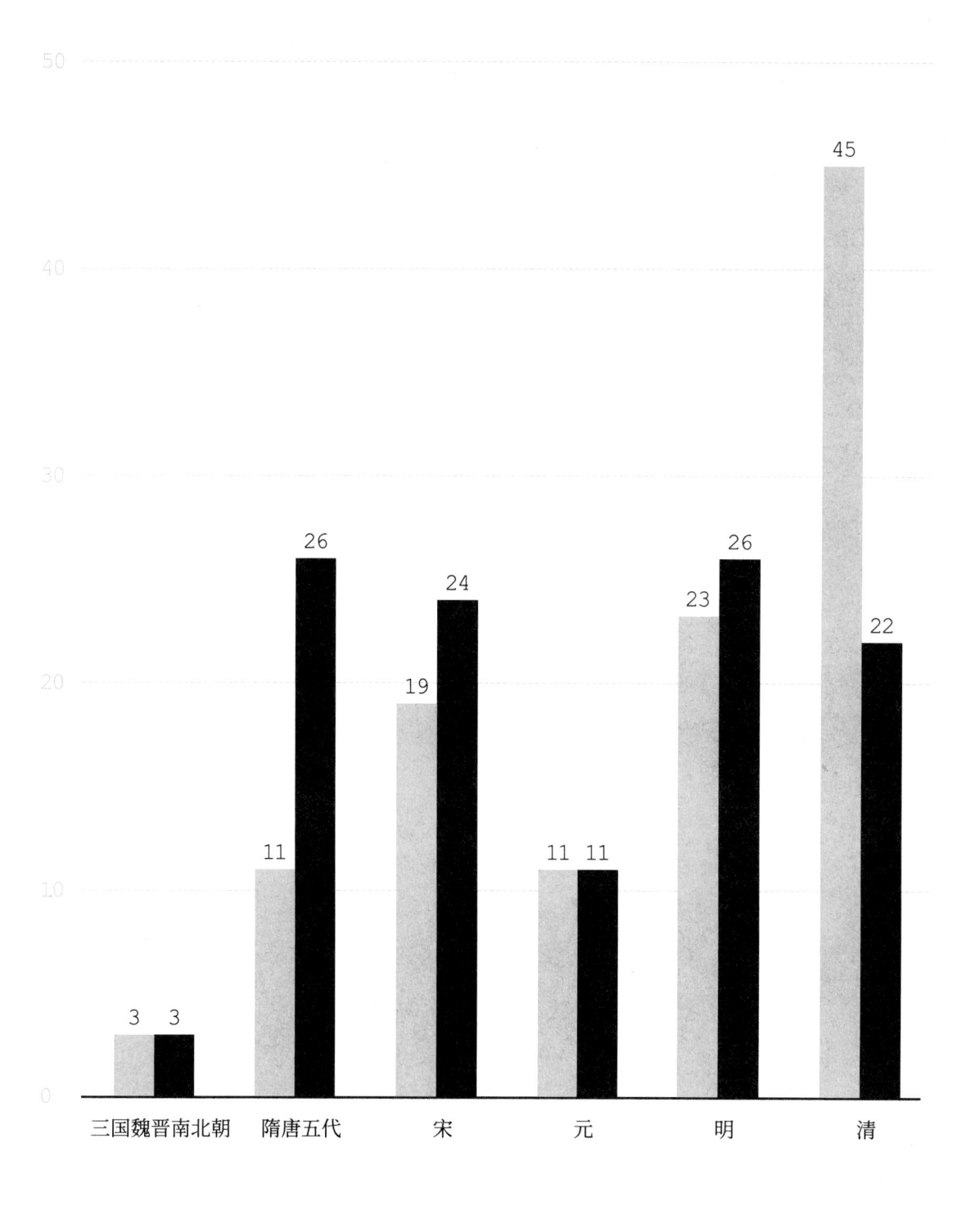

图9. 度中心性与三度影响力下排序的前112位画家在各时期人数分布

</ 2.3.1　三国魏晋南北朝 >

/　图10的统计结果表明，两种排序下，三国魏晋南北朝时期人数均为3人。本时期距当今最远，张僧繇、顾恺之和陆探微的"三度影响力"在整体排名上较"度中心性"都有不同程度的提高。以张僧繇为例，他从83位上升至33位。原因是直接师承师法张僧繇的弟子后学画家虽仅为15人，但其中李公麟、吴道子和蓝瑛三人的弟子与后学分别达到65、62和32人。

图10. 两种排名方式下的三国魏晋南北朝时期画家排名

1　2　3　4　5　6　7　8　9　10　11　12　13　14　15　16　17　18　19　20　21　22　23　24　25　26　27　28　29　30　31　32　33　34　35　36　37　38　39　40　41　42　43　44　45　46　47　48　49　50

① 张僧繇　　　　　　　　　　　　　　　　　　　　　　　　　　259.5 ↑
　 张僧繇

② 顾恺之
　 顾恺之

③ 陆探微
　 陆探微

"李公麟〔宋〕……绘事集顾恺之、陆探微、张僧繇、吴道子及先世名手所善……〔宋史本传、画品、画鉴、画系、画史、画继、宣和画谱、广川画跋、避暑录话、桯史、妮古录、寓意编、山谷集、东坡集、洞天清禄、画禅室随笔〕"

"吴道子〔唐〕……以其下笔有神，谓是张僧繇后身……〔雍录、两京旧传、京洛寺塔记、历代名画记、唐朝名画录、宣和画谱、广川画跋、海岳画史、杜工部集、苏东坡集、黄山谷集〕"

"蓝瑛〔明〕其青绿山水仿张僧繇没骨法……"〔周振宇，《中国画名家大典》，人民日报出版社〕

/ 上述三人对张僧繇的直接师法关系让张僧繇的二度影响力与三度影响力人数迅速增加到176和626人，直接催升了张僧繇的"三度影响力"。

图例：
— 三度影响力排名
— 度中心排名
▼ 画家三度影响力数值
▼ 画家度中心性数值
❶ 两种排名方式下的画家排名
1234 名次
↑ ↓ 排名上升或下降

2.3.2 隋唐五代

两种统计方法下,本时期的画家排名差距非常大。"度中心性"方式下,拥有弟子或后学画家超过10名的111名画家中隋唐五代的有11人,而"三度影响力"方式下则高达26人,且有6人进入"三度影响力"的前10名。董源、巨然、王维、荆浩、李思训、关仝位分别位居"三度影响力"画家的第1、2、4、7、9和10名。但是在"度中心性"排序下,本时期仅有董源排第5、巨然排第14,而其余几位都在30至60多名。说明相比"三度影响力"而言,直接师法排序靠前的隋唐五代画家的后学画家人数并不是很多。究其原因,也和隋唐时期画家留存下来的传世作品较少,后学们大多只能间接了解他们的作品。同时由于该时期画家拥有较多高质量的弟子后学,随着时间推移，影响着大量再传弟子，最终导致两种排序方法下的结果并不一致。

/ 以李思训为例，其"度中心性"排名61，他的直接弟子与后学画家为22人。但后学中有数名"度中心性"极高的画家，包括董源（其后学画家191人）、赵孟頫（其后学画家78人）、李公麟（其后学画家65人）、李唐（其后学画家31人），直接导致李思训的"三度影响力"提升至第9位。

"董源〔五代·南唐〕……着色如李思训……〔十国春秋、江表志、宣和画谱、图画见闻志、海岳画史、画史会要、梦溪笔谈、云烟过眼录、东图玄览、辍耕录、妮古录、容台集、莫是龙画谈、画谱拾遗、宋元明清书画家年表〕"

"赵孟頫〔元〕……少时步武李思训、王维、李成皆缣素渲染之笔……〔元史本传、杨载撰翰林学士赵公状、湖州府志、书史会要、辍耕录、真迹日录、艺苑卮言、澹圃画品、容台集、主齐集、白云遗稿、六砚斋三笔、云烟过眼录、严氏书画记、潜溪集、困学斋集、书学传授、广印人传〕"

"李公麟〔宋〕……山水似李思训……〔宋史本传、画品、画鉴、画系、画史、画继、宣和画谱、广川画跋、避暑录话、桯史、妮古录、寓意编、山谷集、东坡集、洞天清禄、画禅室随笔〕"

"李唐〔宋〕……其山水初学李思训后加变化…〔画继、图绘宝鉴、画鉴、清河书画舫、广川画跋、澹圃画品、云烟过眼录、格古要论〕"

	画家	排名值
1	董源 / 董源	3586.75 ↑ / 192
2	巨然 / 巨然	2463.75 ↑ / 116
3	王维 / 吴道子	1589.25 ↑ / 62
4	荆浩 / 关仝	1164.75 ↑ / 45
5	李思训 / 荆浩	1062.25 ↑ / 43
6	关仝 / 黄筌	1009.75 ↑ / 39
7	吴道子 / 王维	674.5 ↑ / 30
8	黄筌 / 徐熙	220.5 ↓ / 30
9	毕宏 / 李思训	198.75
10	徐熙 / 周昉	185.75 ↓
11	项容 / 李昭道	184.25
12	张璪	180
13	韩幹	
14	展子虔	

图11. 两种排名方式下的隋唐五代画家排名-1

1 2 3 4 5 6 7 8 9 10 11 12 13 14 15 16 17 18 19 20 21 22 23 24 25 26 27 28 29 30 31 32 33 34 35 36 37 38 39 40 41 42 43 44 45 46 47 48 49 50

- ⑮ 戴　嵩
- ⑯ 韩　滉
- ⑰ 张孝师
- ⑱ 曹　霸
- ⑲ 滕昌祐
- ⑳ 李昭道
- ㉑ 薛　稷
- ㉒ 李　颇
- ㉓ 刁光胤
- ㉔ 郑法士
- ㉕ 孙　位
- ㉖ 李　昇

图12：两种排名方式下的隋唐五代画家排名-2

| 54 | 55 | 56 | 57 | 58 | 59 | 60 | 61 | 62 | 63 | 64 | 65 | 66 | 67 | 68 | 69 | 70 | 71 | 72 | 73 | 74 | 75 | 76 | 77 | 78 | 79 | 80 | 81 | 82 | 83 | 84 | 85 | 86 | 87 | 88 | 89 | 90 | 91 | 92 | 93 | 94 | 95 | 96 | 97 | 98 | 99 | 100 | 101 | 102 | 103 | 104 | 105 | 106 | 107 | 108 | 109 | 110 |

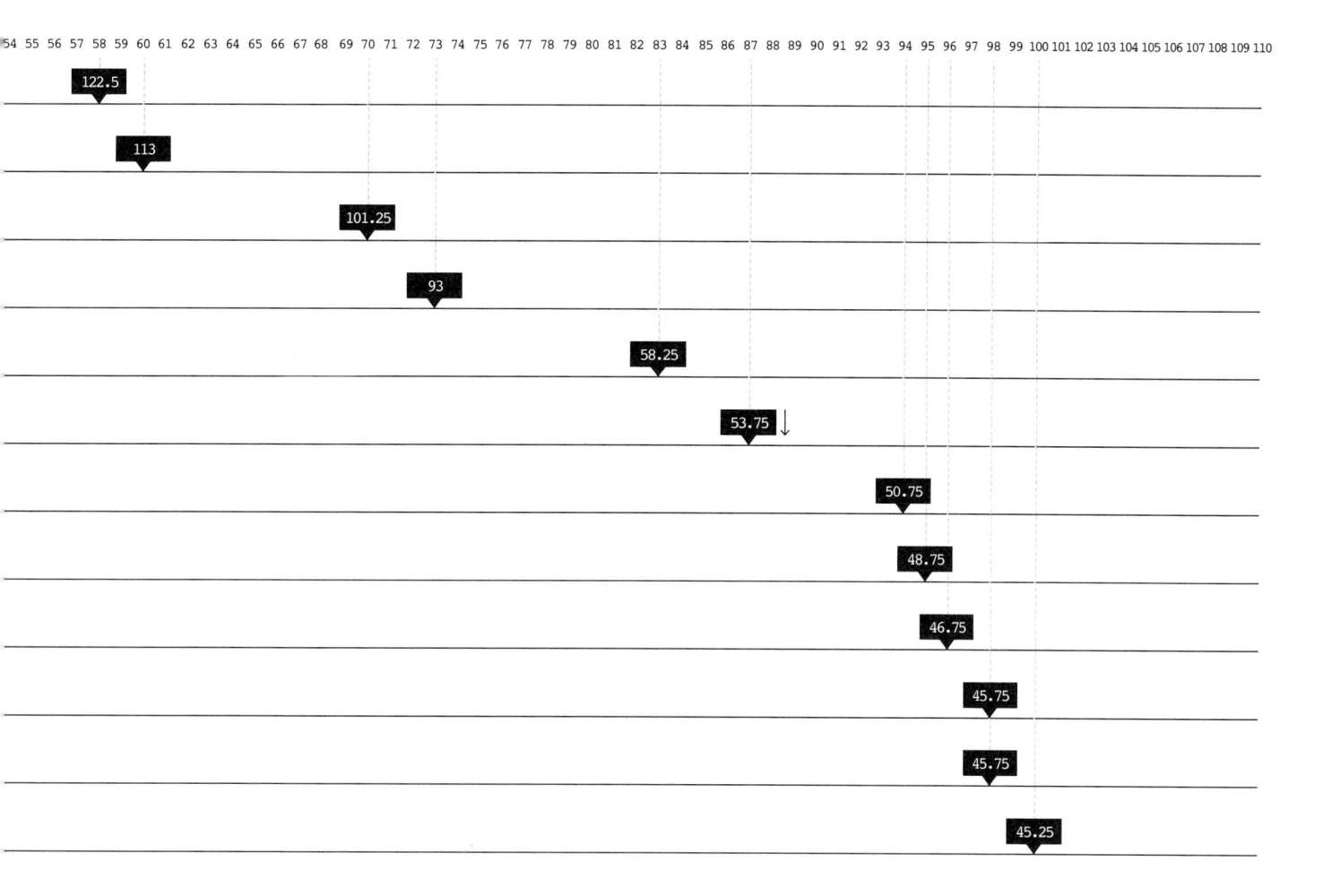

- 122.5
- 113
- 101.25
- 93
- 58.25
- 53.75 ↓
- 50.75
- 48.75
- 46.75
- 45.75
- 45.75
- 45.25

</ 2.3.3　宋金 >

/　在"度中心性"排名下，宋金共有19位画家其后学画家人数达到10人以上。在"三度影响力"下，却有24位进入到前111名。相较"度中心性"排名，米芾、米友仁、马远、赵昌在"三度影响力"的排名略有下降，郭熙、苏轼、赵伯驹、扬无咎的"三度影响力"排名则有数十位的明显下降。赵孟坚的18位直接后学画家中，只有钱杜和马守真两人有自身的后学画家，分别为15人和2人，这导致赵孟坚直接跌出了"三度影响力"榜单。

/　"三度影响力"榜单上新增了马贲、马世荣、马兴祖、黄居寀及刘松年5位画家。其中，马贲、马兴祖、马世荣3人自身的"度中心性"数值较低，其直接后学画家分别只有3、1、2人。他们能进入"三度影响力"榜单的共同原因在于排名第25位的马远（一度后学画家69人，二度后学画家275人）是他们的一度后学画家。作为马远的曾祖父、祖父、父亲，马远在绘画上继承家学，间接提升了马氏家族中这三位宫廷画家的"三度影响力"。

/ 黄居寀的3位直接后学画家徐崇嗣、王渊、徐崇矩各自的后学画家分别为16、6、1人，导致黄居寀进入"三度影响力"榜单。
/ 刘松年有9位直接后学画家，其中唐寅（后学画家39人）、仇英（后学画家37人）与周臣（后学画家4人）在数据上提高了刘松年在"三度影响力"的排名。

"唐寅〔明〕……学刘松年、李唐之皴法……〔明史本传、明史艺文志、明画录、无声诗史、丹青志、清河书画舫、尔雅楼书画记、澹圃画品、严氏书画记、艺苑卮言、祝氏集略、珊瑚网、式古堂书画汇考〕"
"仇英〔明〕……仇英的山水画多学赵伯驹、刘松年……〔周振宇，《中国画名家大典》，人民日报出版社〕"
"周臣〔明〕……取法李唐、刘松年……〔沈柔坚，《中国美术辞典》，上海辞书出版社〕"

图13．两种排名方式下的宋金画家排名-1

排名	画家（黑）	分值	画家（灰）	分值
1	米芾	914.5 ↓	米芾	168
2	李成	834.75 ↑	米友仁	93
3	文同	637.5 ↑	马远	69
4	李公麟	608.5 ↑	李公麟	66
5	米友仁	567.75 ↓	文同	66
6	李唐	529.75 ↑	李成	64
7	范宽	474 ↑	郭熙	58
8	马远	464 ↓	夏圭	52
9	夏圭	442.25 ↑	苏轼	41
10	徐崇嗣	238 ↑	李唐	31
11	王庭筠	—	赵伯驹	28
12	梁楷	—	范宽	27
13	马贲	—	扬无咎	—

	1 2 3 4 5 6 7 8 9 10 11 12 13 14 15 16 17 18 19 20 21 22 23 24 25 26 27 28 29 30 31 32 33 34 35 36 37 38 39 40 41 42 43 44 45 46 47 48 49 50
⑭	马世荣 / 赵孟坚
⑮	马兴祖 / 徐崇嗣
⑯	郭　熙 / 赵　昌
⑰	黄居寀 / 梁　楷
⑱	赵伯驹 / 赵令穰
⑲	刘松年 / 王庭筠
⑳	苏　轼
㉑	扬无咎
㉒	赵令穰
㉓	葛长庚
㉔	赵　昌

图14．两种排名方式下的宋金画家排名-2

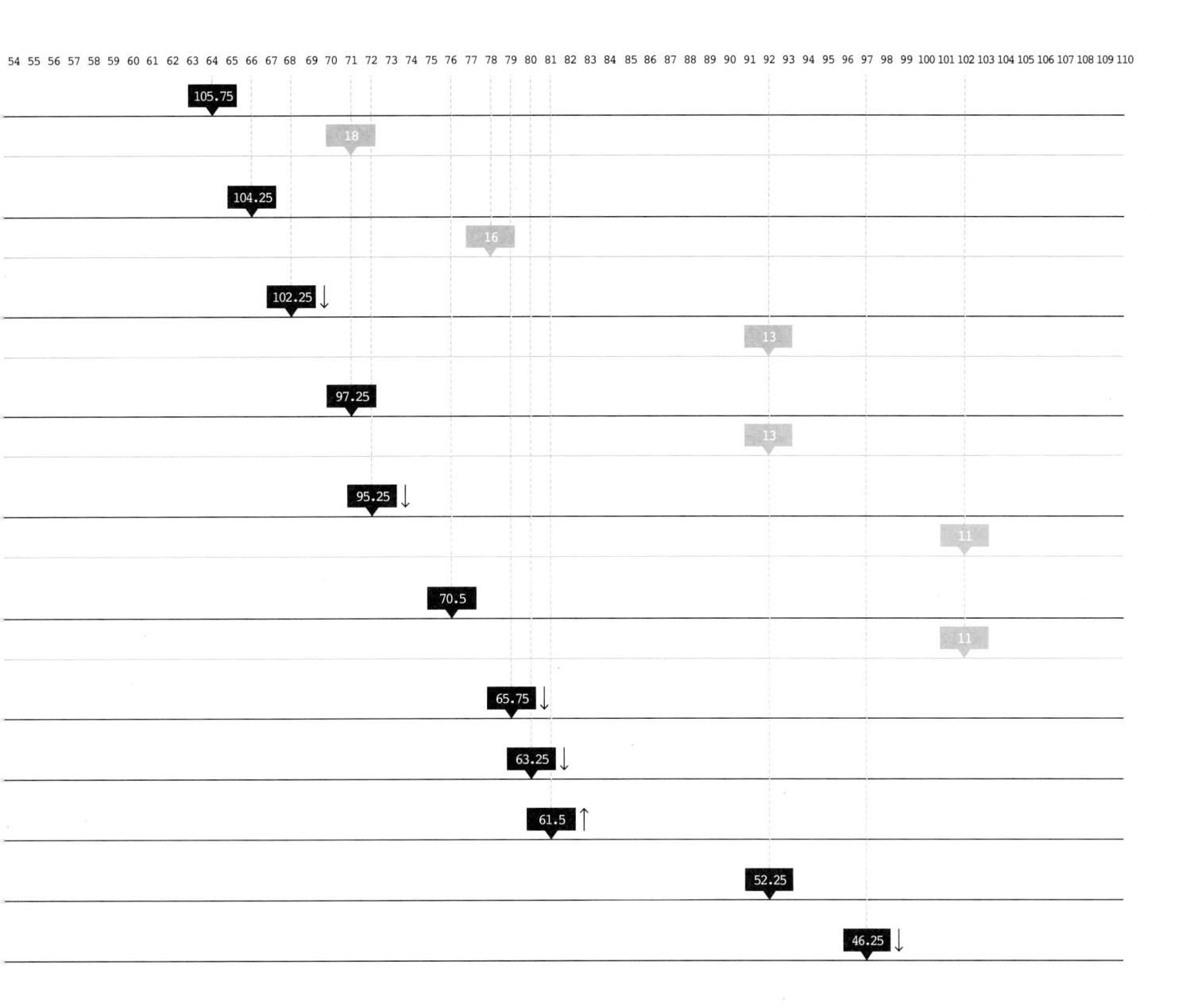

</ 2.3.4 元 >

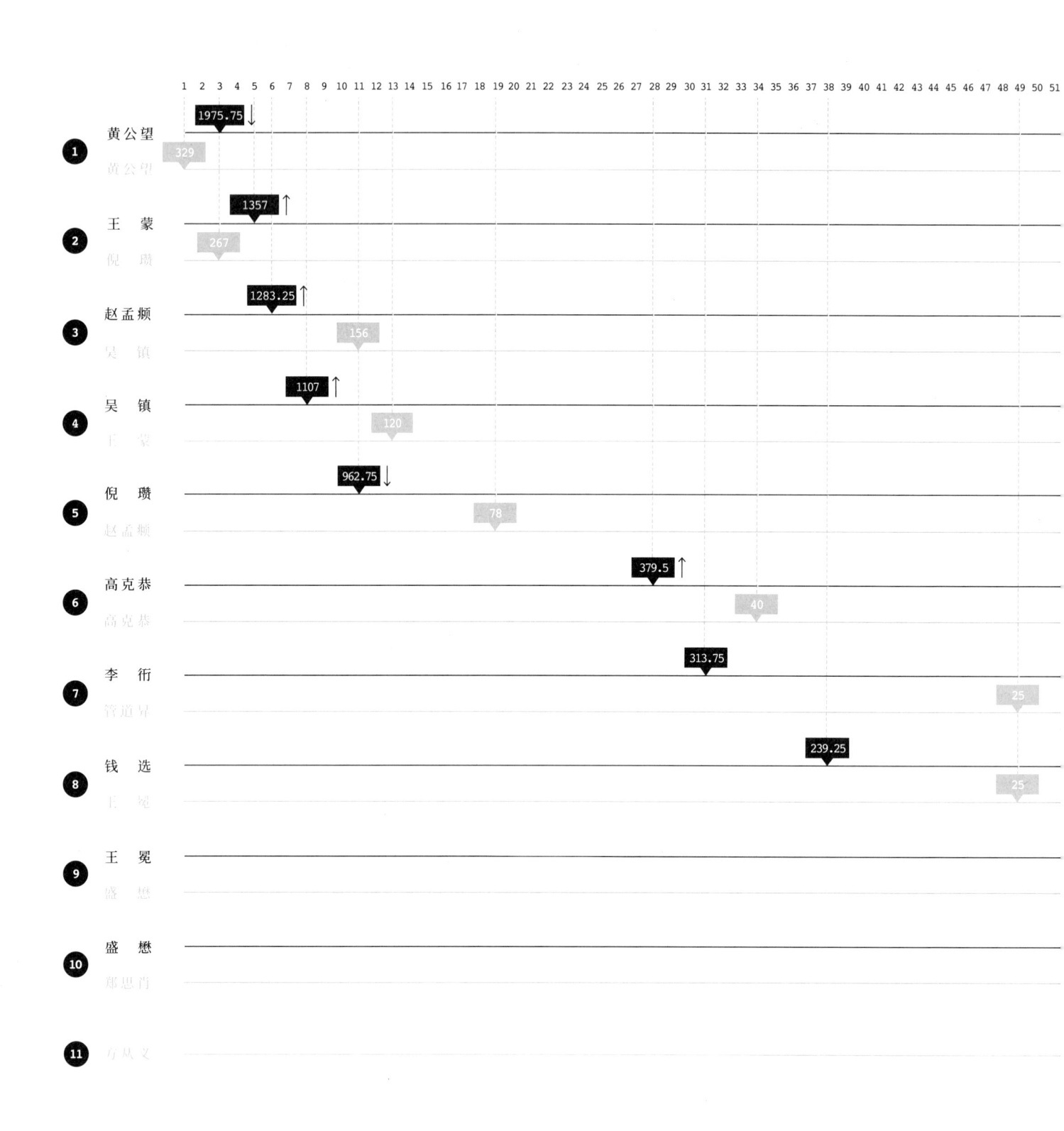

排名	画家	分数
1	黄公望 / 黄公望	1975.75 ↓ / 329
2	王 蒙 / 倪 瓒	1357 ↑ / 267
3	赵孟頫 / 吴 镇	1283.25 ↑ / 156
4	吴 镇 / 王 蒙	1107 ↑ / 120
5	倪 瓒 / 赵孟頫	962.75 ↓ / 78
6	高克恭 / 高克恭	379.5 ↑ / 40
7	李 衎 / 管道昇	313.75 / 25
8	钱 选 / 王 冕	239.25 / 25
9	王 冕 / 盛 懋	—
10	盛 懋 / 郑思肖	—
11	方从义	—

图15. 两种排名方式下的元代画家排名

/　　两种排名方式下，元代画家的人数变化不大。但值得一提的是在"度中心性"下排名第49位的管道昇（直接后学画家25人），她是整个师承师法关系网络中排名第一的女画家。管道升的25位弟子后学画家中，只有其子赵雍、马守真、傅纯、许友4位存在自身的后学画家数据，但他们各自分别只有5、2、1、1位后学画家。这直接导致管道昇的"三度影响力"数值急剧降低，跌出"三度影响力"榜单。从师承师法角度反映出她对后学画家的学术影响力十分有限。

</ 2.3.5 明 >

/ "三度影响力"统计下,与"度中心性"排名相比,明代画家数量增加了3位。但对比具体的画家名单,除林良、边文进的排名略有上升外,其余明代画家的"三度影响力"较"度中心性"排名都有不同程度的下降。"明四家"中的唐寅、仇英2人的"三度影响力"直接退到百名以外,这说明虽然他们的直接后学画家人数不少,但缺乏高质量的后学画家。

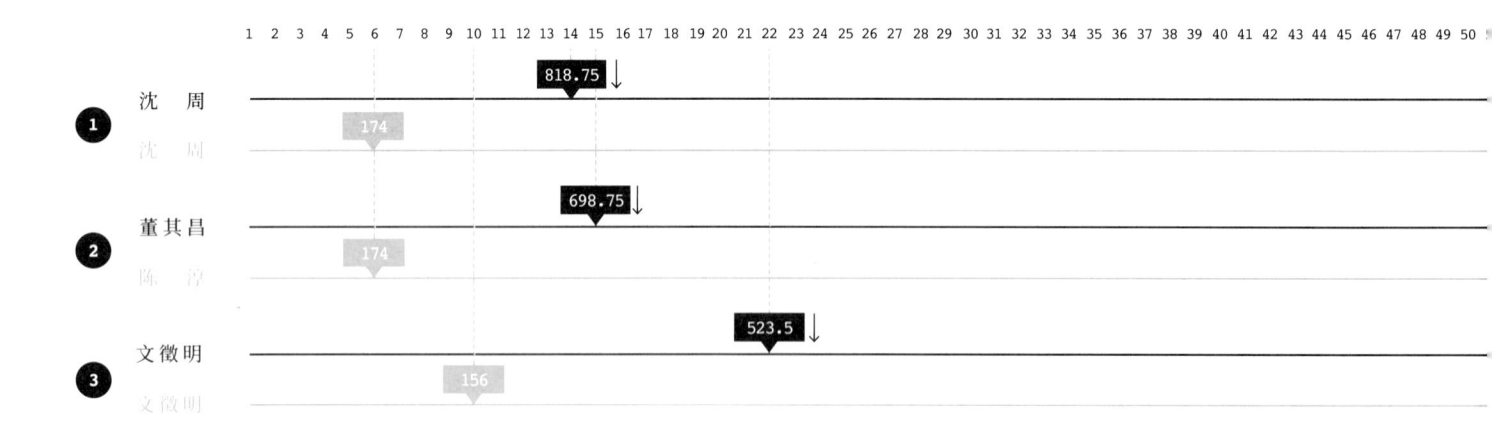

图16. 两种排名方式下的明代画家排名-1

/ "三度影响力"排名第32—35位的4位明代画家杜琼、张僧繇、刘珏、陈宽，他们各自的直接后学画家仅为4、2、1和1人，因此在"度中心性"上的排名靠后。他们四人能够上榜，都源于沈周为他们的弟子。由于沈周有着明代最多的直接后学画家——174人，因此导致杜、刘、陈、赵4人的"三度影响力"数值大幅提升。在两种统计方式下，这4位画家的数值存有较大差异。

/ 类似情况亦发生在来自江苏常州的明代画家恽道生和恽厥初，他们各自的后学画家仅为3和1，但由于他们共同的弟子——清初画家恽寿平（恽道生之侄）有着清代最多的直接后学画家——310人，导致恽道生和恽厥初的"三度影响力"位居第43、44位。

	画家	排名值
4	陈 淳 / 董其昌	321 / 148
5	杜 琼 / 徐 渭	309 / 79
6	刘 珏 / 陈洪绶	262.5 / 59
7	陈 宽 / 唐 寅	261.5 / 39
8	赵同鲁 / 仇 英	261.5 / 36
9	徐 渭 / 蓝 瑛	211.5 / 30
10	恽道生 / 戴 进	210.25 / 29
11	恽厥初 / 曾 鲸	208.25 / 27
12	陈洪绶 / 陆 治	187.75 / 25
13	林 良 / 吴 伟	— / 25
14	蓝 瑛 / 李流芳	
15	邹之麟 / 周之冕	
16	张尔葆 / 夏 昶	

图17：两种排名方式下的明代画家排名-2

	1 2 3 4 5 6 7 8 9 10 11 12 13 14 15 16 17 18 19 20 21 22 23 24 25 26 27 28 29 30 31 32 33 34 35 36 37 38 39 40 41 42 43 44 45 46 47 48 49 50
17	李流芳
	吕 纪
18	陆 治
	宋 旭
19	吴 伟
	文伯仁
20	戴 进
	王 绂
21	边文进
	边文进
22	周之冕
	林 良
23	陈元素
	丁云鹏
24	唐 寅
25	周 臣
26	仇 英

图18：两种排名方式下的明代画家排名-3

</ 070 >

</ 2.3.6 清 >

/ 相较"度中心性"排名,清代画家人数在"三度影响力"榜单上大幅"缩水"。除李鱓从第70名上升到第67名,王时敏从第15名略降到第17名外,位居"度中心性"榜单中的清代画家排名于"三度影响力"都存在不同程度的下降。主要共因是由于清距今的时间跨度太小,难以积累多层级后学画家。虽然有这一客观限制因素的存在,

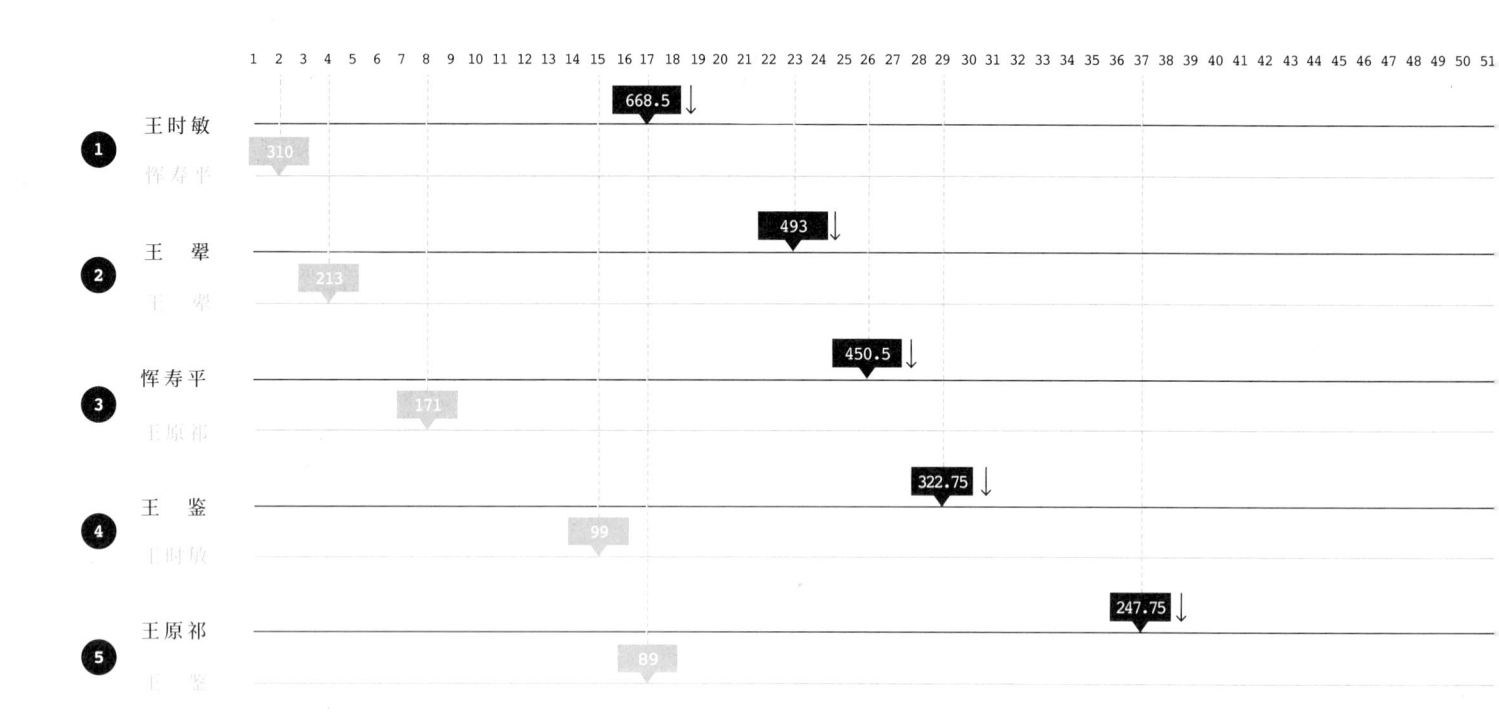

1	王时敏 / 恽寿平	310 → 668.5 ↓
2	王翚 / 王翚	213 → 493 ↓
3	恽寿平 / 王原祁	171 → 450.5 ↓
4	王鉴 / 王时敏	99 → 322.75 ↓
5	王原祁 / 王鉴	89 → 247.75 ↓

图19. 两种排名方式下的清代画家排名-1

但从数据中仍能看出"清初四王"在清代的"统治性"影响力。

	1 2 3 4 5 6 7 8 9 10 11 12 13 14 15 16 17 18 19 20 21 22 23 24 25 26 27 28 29 30 31 32 33 34 35 36 37 38 39 40 41 42 43 44 45 46 47 48 49 50
6	张　珂 / 华　喦 — 73 (20) — 216.75 (41)
7	石　涛 / 石　涛 — 63 (25) — 190 ↓ (46)
8	金　农 / 金　农 — 41 (32)
9	华　喦 / 奚　冈 — 33 (38)
10	高其佩 / 郑　燮 — 33 (38)
11	李　鱓 / 戴　熙 — 29 (44)
12	郑　燮 / 王学浩 — 25 (49)
13	高　翔 / 黄　慎
14	蒋廷锡 / 张　熊
15	奚　冈 / 吴　历
16	朱　耷 / 高其佩
17	罗　聘 / 任　颐
18	弘　仁 / 蒋廷锡

图20. 两种排名方式下的清代画家排名 -2

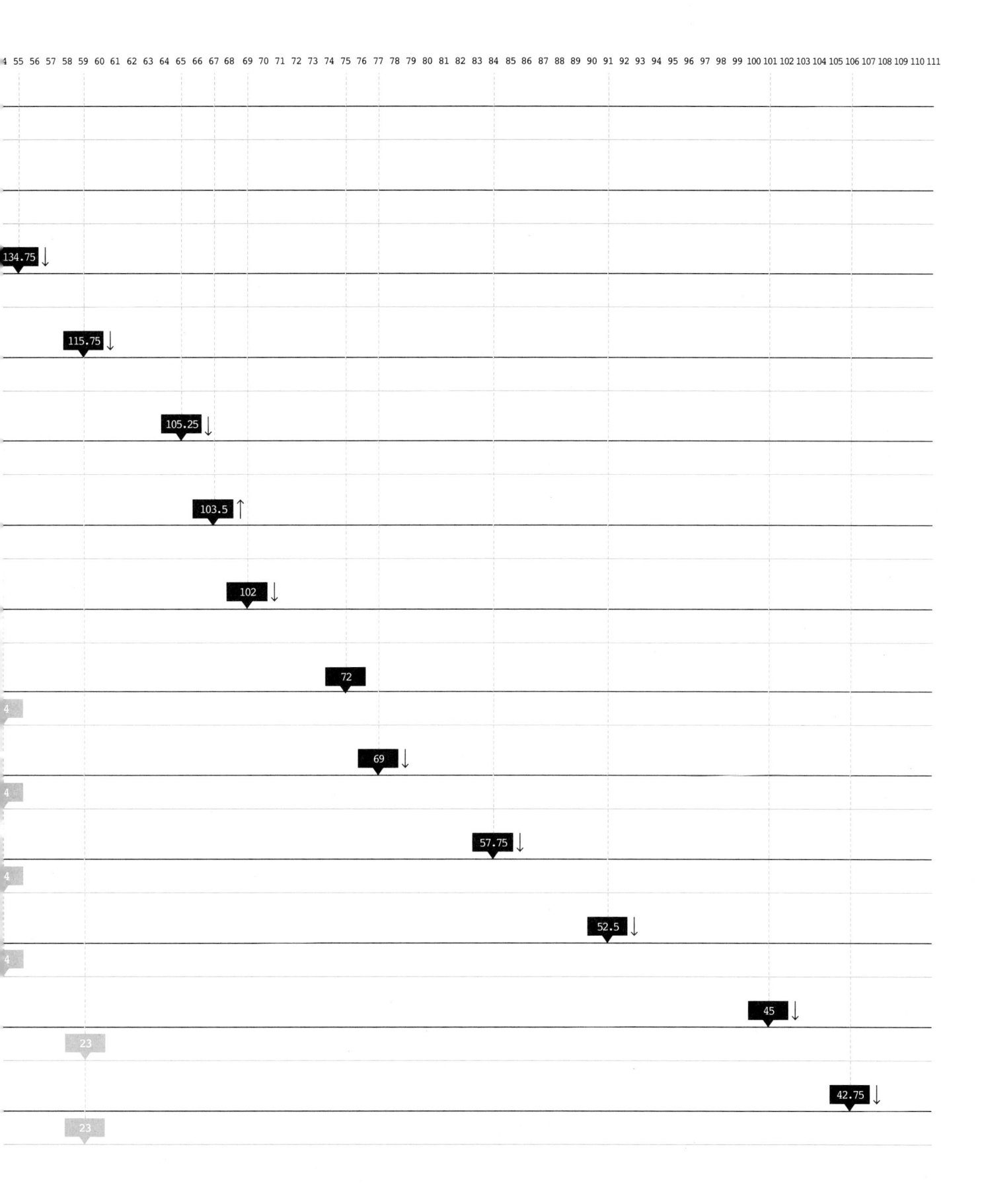

	1 2 3 4 5 6 7 8 9 10 11 12 13 14 15 16 17 18 19 20 21 22 23 24 25 26 27 28 29 30 31 32 33 34 35 36 37 38 39 40 41 42 43 44 45 46 47 48 49 50
19	张 熊
	王 宸
20	黄 慎
	钱 载
21	任 颐
	费丹旭
22	万 个
	改 琦
23	吴昌硕
24	朱 耷
25	王 武
26	李 鱓
27	罗 聘
28	钱慧安
29	弘 仁
30	钱 杜
31	黄 鼎
32	上官周
33	朱 偁
34	任 熊
35	方 薰
36	龚 贤
37	髡 残
38	马元驭
39	汤贻汾
40	边寿民
41	吴博垕
42	杨 晋
43	赵之谦
44	陈 书
45	谭 铭

图21. 两种排名方式下的清代画家排名-3

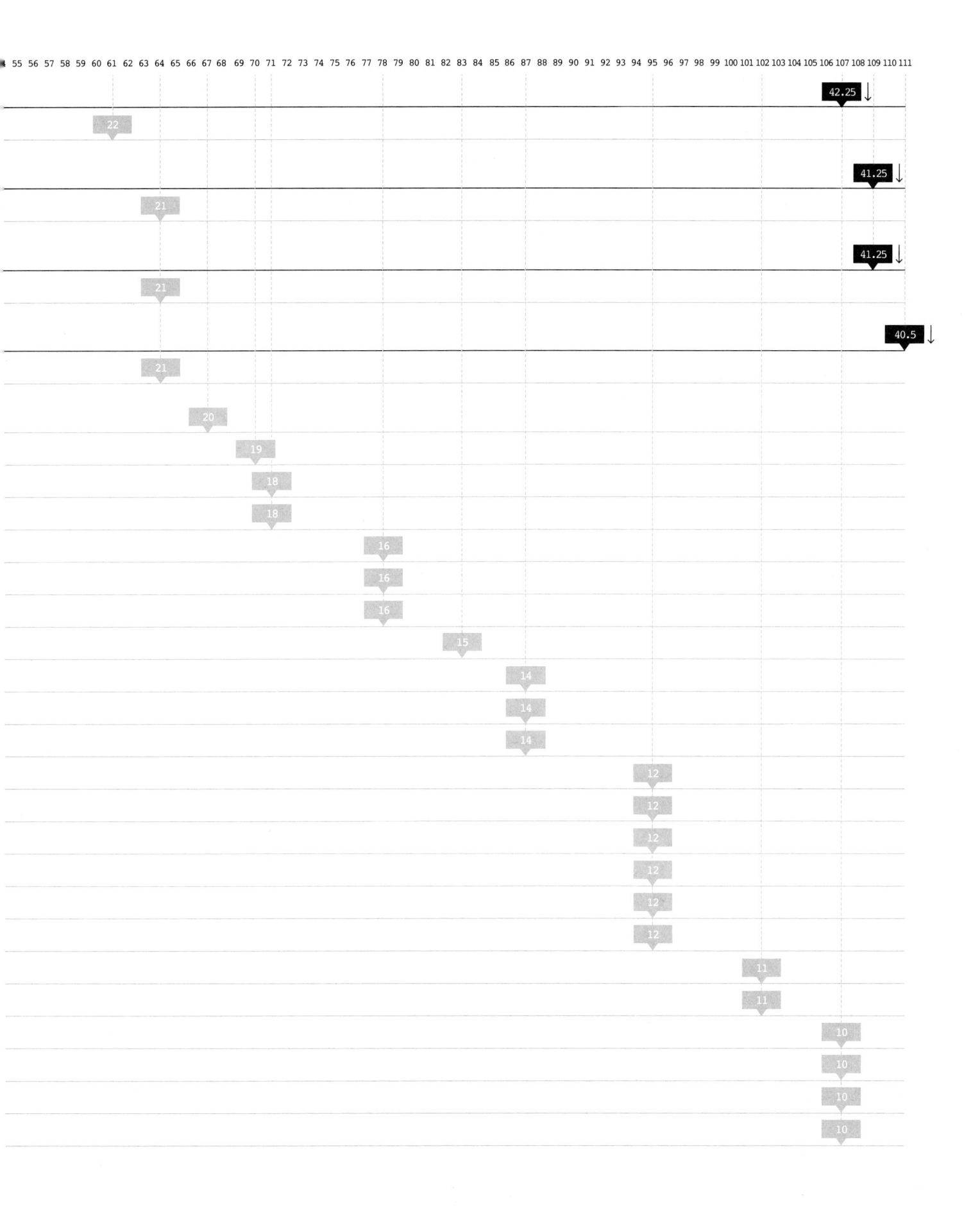

</ 077 >

</3. 闻道与传灯 / 中国历代画家数据谱 >

/ 基于师承师法数据的"度中心性"和"三度影响力"方法分析历代中国画家，统计结果有所差异，各有优劣。

/ "度中心性"算法相对结果来说比较直接，统计直接师承师法每位画家的后学画家人数后进行排名。这种方式最大的弊病在于把所有后学画家同等对待，没有考虑后学画家自身的影响力存在较大的差异。

/ "三度影响力"算法借助社会网络分析中的"三度分隔"理论，统计每位画家在一度、二度和三度后学画家人数并赋予不同权重后进行排名。这种方式考虑到了不同后学画家自身的影响力，但其漏洞在于如果某位画家拥有一位"度中心性"极高的后学画家，这将急剧提升该画家的"三度影响力"数值。

/ 本书期望运用大数据技术创立更完整、更精确、更便捷的合乎中国画专业学术规范的评价体系。因此，将综合参考上述两种算法，以"度中心性"为主并辅以"三度影响力"来逐一分析拥有10位或10位以上直接后学画家的历代中国画家。

/ 另外，由于历史原因各朝代的地理行政区域存在较大差异，因此关于画家籍贯、出生地等地理位置均按照当前行政区划予以统计。

</黄公望>

No. 001

生卒年·1269—1354年
朝代·元代
字号·本姓陆，名坚，字子久，号一峰、大痴道人、井西老人
籍贯·平江常熟（今江苏苏州常熟）
艺术成就·山水师董源、巨然，曾受赵孟頫教导，晚年变其法，自成一家。画入逸品，与吴镇、王蒙、倪瓒合称"元四家"。

以"度中心性"方式统计，有明确记载、在绘画方面直接师承师法黄公望的弟子与后学共计329人，在数据库29843位画家中排名第一位。

若以时间维度为依据，黄公望的后学画家们分布于元代5人、明代85人、清代232人、近代7人。数据上看，明清两代直接师法黄公望的后学画家高达317人，直接印证了黄公望流传后世的多幅作品对于明清画家影响最大，甚至有"家家子久，人人大痴"的俗语。•

若以空间维度为依据，黄公望的后学来自于23个省市，除未有详细出生地、籍贯信息的画家12人外，其余分布如下：江苏107人、浙江92人、上海37人、安徽20人、广东17人、江西6人、福建5人、四川4人、湖南4人、山东4人、河南3人、湖北3人、广西2人、辽宁2人、陕西2人、吉林2人、贵州1人、内蒙古1人、北京1人、河北1人、天津1人、甘肃1人、山西1人。黄公望的绘画影响力在地域上基本覆盖了中国的大部分地区，主要集中在江、浙、皖（77.8%）地区，并且在江西、福建和广东（5.2%）也有大量的追随者。

• 杨洲：《元四家美学思想及其当代文化价值》，河北人民出版社2014年版。

直接师承师法黄公望的后学画家地理分布图

◉ 画家籍贯

◉ 画家祖籍

● 师从画家籍贯与数据

● 内蒙古1人

● 吕梁1人

● 武威1人

● 西安2人

● 黄山17人

● 芜湖2人
● 桐城1人
● 安庆1人

● 武汉1人
● 咸宁1人
● 鄂州1人

● 德阳1人
● 资阳1人
● 其他1人

● 重庆1人

● 常德2人
● 怀化2人

● 宜春1人
● 赣州1人
● 南昌1人
● 景德镇2人

● 邵阳1人

● 不详12人

● 桂林1人
● 贺州1人

</ 082 >

- 长春2人
- 葫芦岛1人
- 辽阳1人
- 北京1人
- 天津1人
- 保定1人
- 潍坊1人
- 济南1人
- 济宁1人
- 淄博1人

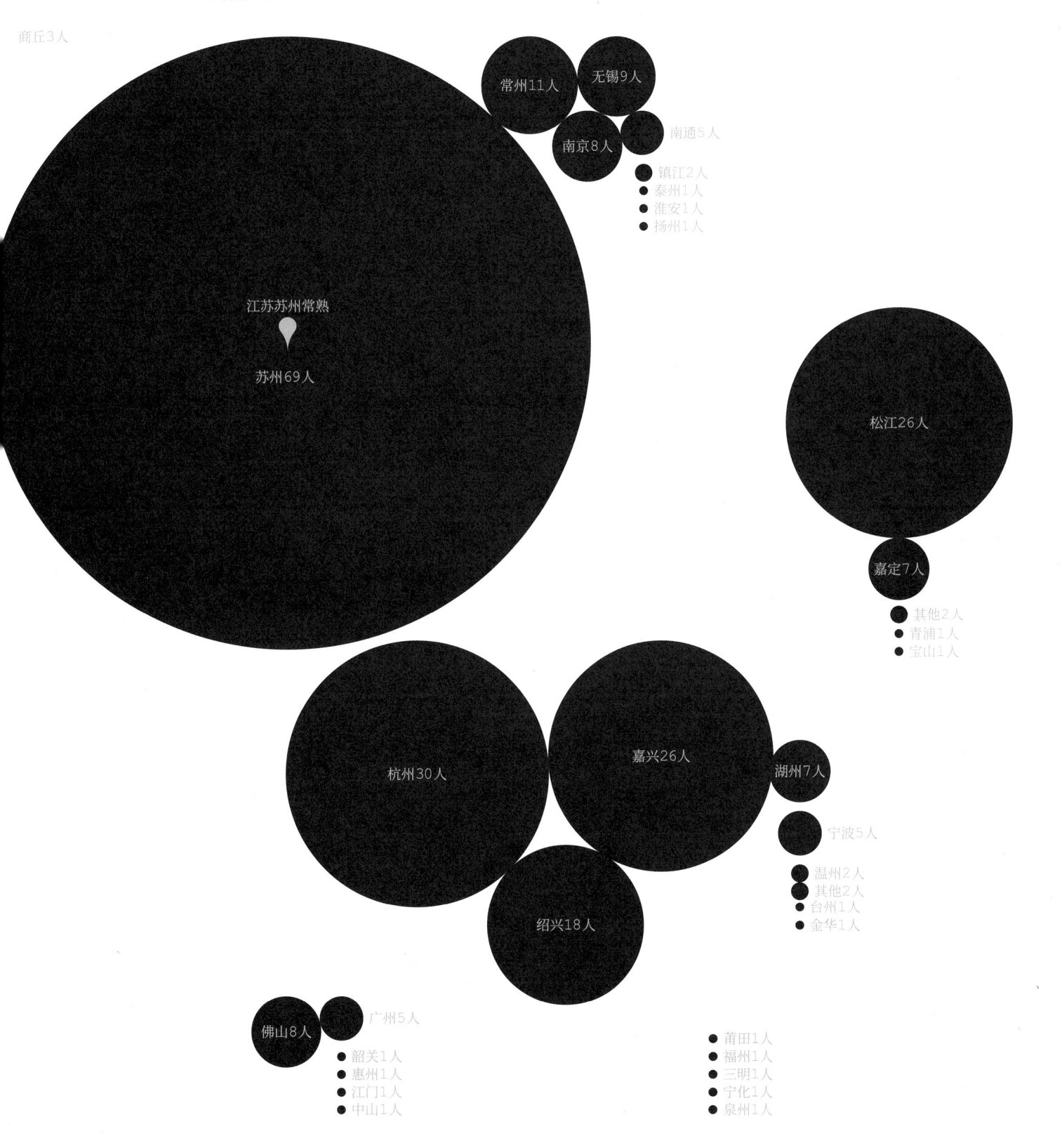

商丘3人

常州11人 无锡9人
南京8人 南通5人
- 镇江2人
- 泰州1人
- 淮安1人
- 扬州1人

江苏苏州常熟
苏州69人

松江26人

嘉定7人
- 其他2人
- 青浦1人
- 宝山1人

杭州30人 嘉兴26人 湖州7人

宁波5人
- 温州2人
- 其他2人
- 台州1人
- 金华1人

绍兴18人

佛山8人 广州5人
- 韶关1人
- 惠州1人
- 江门1人
- 中山1人

- 莆田1人
- 福州1人
- 三明1人
- 宁化1人
- 泉州1人

以"三度影响力"计算，黄公望的影响力值为1975.75，在数据库29843位画家中排名第三位。一度后学画家为329人，二度后学画家为1491人，三度后学画家为3606人。

黄公望在"度中心性"排序中排名第一位、"三度影响力"排序中位列第三位，两种方式下都位居前三，也说明了在师承师法维度上，黄公望在历代中国画家中的至高地位，原因在于众多高质量后学画家均师法黄公望。如明代几位大家陈淳（后学画家174人）、沈周（后学画家174人）、董其昌（后学画家148人），清初"四王"（王翚后学画家213人，王原祁后学画家171人、王时敏后学画家99人、王鉴后学画家89人）等。

"陈淳〔明〕……少时学黄公望……〔周振宇，《中国画名家大典》，人民日报出版社〕"

"沈周〔明〕……中年以公望为宗……〔明史本传、明史艺文志、图绘宝鉴续纂、无声诗史、画禅室随笔、六砚斋笔记、艺苑卮言、珊瑚网、清河书画舫、东图玄览、震泽集、莆田集〕"

"董其昌〔明〕……画山水少学黄公望……〔明史·本传、明史·艺文志、明画录、桐阴论画、珊瑚网、列朝诗集小传、松江府志、华亭志、五杂俎〕"

"王翚〔清〕……王翚将黄公望、王蒙的书法用笔与巨然、范宽的构图完美地结合起来，创造出一种华滋浑厚、气势勃发的山水画风格。……〔周振宇，《中国画名家大典》，人民日报出版社〕"

"王原祁〔清〕……山水能继祖法，而于黄公望浅绛尤为独绝。……〔国（清）朝画征录、熙朝名画录、桐阴论画、居易录、学庵类稿、江南通志、画传编韵、清画家诗史、榆园画志〕"

"王时敏〔清〕……所作尤穷黄公望阃奥，晚年益臻神化。……〔国（清）朝画征录、无声诗史、桐阴论画、江南通志、毘陵六逸诗话、梅村集、蚕尾集、南田集〕"

"王鉴〔清〕……王鉴画的坡石取法黄公望…擅长山水，远法董（源）、巨（然），近宗王蒙、黄公望。……〔周振宇，《中国画名家大典》，人民日报出版社〕"

黄公望名作《富春山居图》被后人称为"画中兰亭"，他本人也被称为"元四家之首"。从这些称呼中可以看出他在画史上的地位及后学对他的欣赏。结合"度中心性"和"三度影响力"两项师承师法统计数据，黄公望无疑都是中国绘画史第一人。

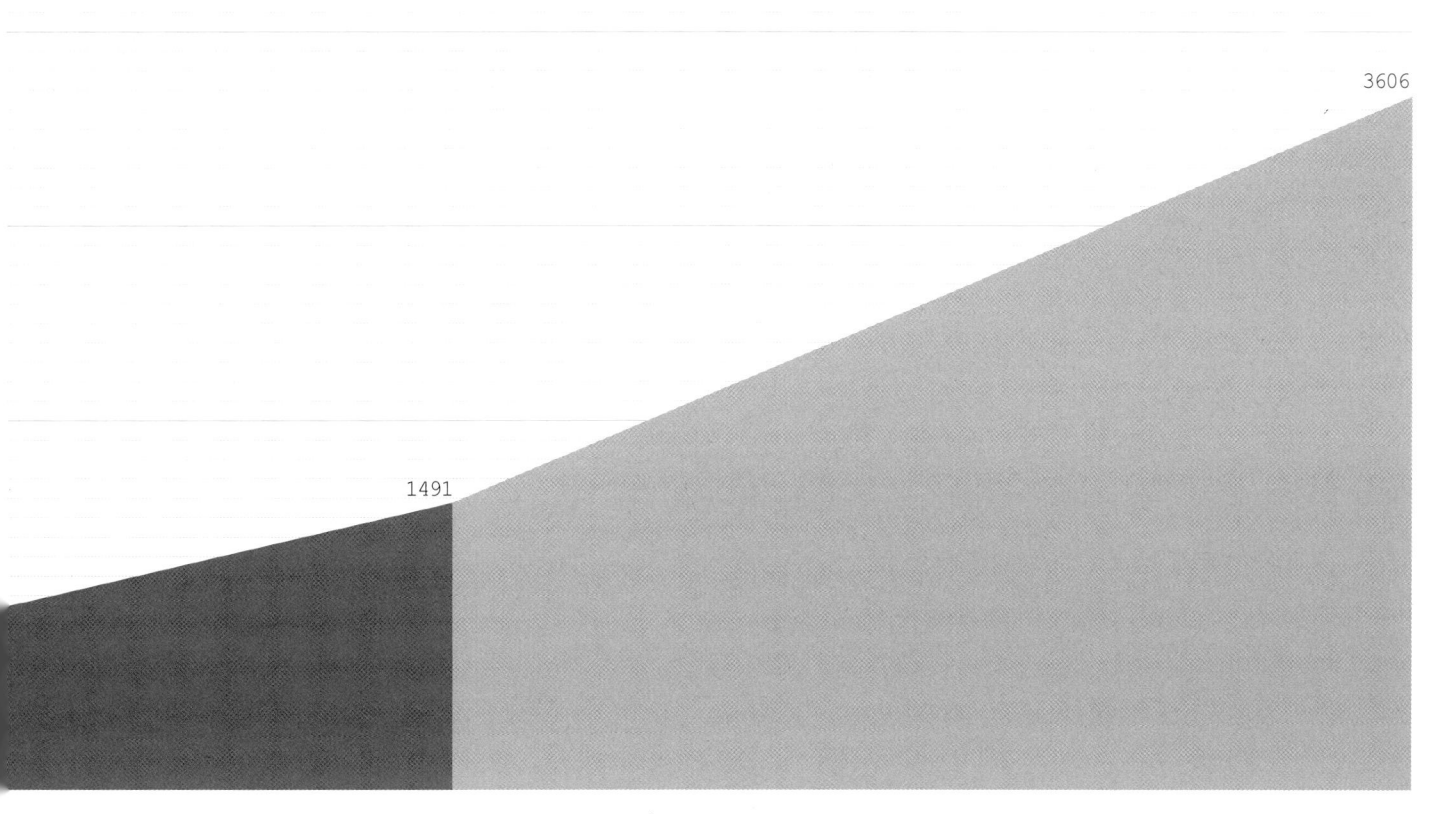

3606

1491

附表：历代直接师承师法黄公望的弟子与后学画家列表

序号	姓名	师承师法关系	时期或朝代
1	张中	弟子	元
2	陆广	后学	元
3	沈铉	后学	
4	沈瑞	后学	
5	陈植	后学	
6	李杰	后学	
7	陈淳	后学	
8	沈周	后学	
9	董其昌	后学	
10	唐寅	后学	
11	蓝瑛	后学	
12	李流芳	后学	
13	赵左	后学	
14	钱穀	后学	
15	关思	后学	
16	程嘉燧	后学	
17	胡宗仁	后学	
18	王宠	后学	
19	邹之麟	后学	
20	恽道生	后学	
21	宋珏	后学	
22	宋懋晋	后学	
23	项元汴	后学	
24	张宏	后学	明
25	侯懋功	后学	
26	顾正谊	后学	
27	吴万春	后学	
28	归昌世	后学	
29	詹景凤	后学	
30	张复	后学	
31	金铉	后学	
32	吴振	后学	
33	马琬	后学	
34	金锐	后学	
35	盛丹	后学	
36	孙艾	后学	
37	颜宗	后学	
38	杨补	后学	
39	杨文骢	后学	
40	张瑞图	后学	
41	郑去疾	后学	
42	骆骥子	后学	

序号	姓名	师承师法关系	时期或朝代
43	乌斯道	后学	
44	相礼	后学	
45	安绍芳	后学	
46	雪	后学	
47	强存仁	后学	
48	申浦	后学	
49	海珠	后学	
50	沈迂	后学	
51	沈芳	后学	
52	王一鹏	后学	
53	王士昌	后学	
54	王心一	后学	
55	王廷策	后学	
56	王韶	后学	
57	黄蒙	后学	
58	陈继高	后学	
59	莫是龙	后学	
60	邹迪光	后学	
61	周砥	后学	
62	吴允燉	后学	
63	吴修	后学	明
64	吴继善	后学	
65	杜芳	后学	
66	葛涵	后学	
67	顾宗	后学	
68	顾承恩	后学	
69	顾庆恩	后学	
70	朱日非	后学	
71	朱朴	后学	
72	范叔成	后学	
73	范珏	后学	
74	熊茂松	后学	
75	袁宏	后学	
76	袁枢	后学	
77	项承恩	后学	
78	赵朴	后学	
79	金则柔	后学	
80	俞泰	后学	
81	姜立纲	后学	
82	姚应翀	后学	
83	孙奕	后学	
84	周时	后学	

序号	姓名	师承师法关系	时期或朝代
85	许舟	后学	明
86	陶素来	后学	
87	祁彪佳	后学	
88	邵岑中	后学	
89	毕懋康	后学	
90	盛尧民	后学	清
91	董良骐	后学	
92	王翚	后学	
93	王原祁	后学	
94	王时敏	后学	
95	王鉴	后学	
96	奚冈	后学	
97	黄慎	后学	
98	吴历	后学	
99	王宸	后学	
100	朱耷	后学	
101	弘仁	后学	
102	髡残	后学	
103	赵之琛	后学	
104	张庚	后学	
105	萧云从	后学	
106	董邦达	后学	
107	王昱	后学	
108	吴伟业	后学	
109	陈璞	后学	
110	朱峤	后学	
111	黎简	后学	
112	罗牧	后学	
113	沈宗敬	后学	
114	谢彬	后学	
115	徐枋	后学	
116	张鹏翀	后学	
117	周笠	后学	
118	潘澂	后学	
119	沈翰	后学	
120	吴麐	后学	
121	张涟	后学	
122	唐岱	后学	
123	潘奕隽	后学	
124	陆鼎	后学	
125	董耀	后学	
126	袁钺	后学	

序号	姓名	师承师法关系	时期或朝代
127	汪之瑞	后学	
128	康涛	后学	
129	蓝孟	后学	
130	张如芝	后学	
131	安广誉	后学	
132	明中	后学	
133	櫄省	后学	
134	潘思牧	后学	
135	可韵	后学	
136	陈靖	后学	
137	王馥	后学	
138	王兰	后学	
139	彭启丰	后学	
140	洪范	后学	
141	李熙垣	后学	
142	汪野	后学	
143	吴钧	后学	
144	胡钟	后学	
145	朱文嵘	后学	
146	严沆	后学	
147	谢淞洲	后学	清
148	周均	后学	
149	张璿华	后学	
150	林霖	后学	
151	孙逸	后学	
152	汪后来	后学	
153	方琮	后学	
154	方亨咸	后学	
155	高层云	后学	
156	高简	后学	
157	顾大申	后学	
158	温文禾	后学	
159	归瑀	后学	
160	嵇承咸	后学	
161	饶其寅	后学	
162	术翼宗	后学	
163	佟世晋	后学	
164	荣林	后学	
165	硕塞	后学	
166	诸兆梅	后学	
167	何寿章	后学	
168	马锦	后学	

序号	姓名	师承师法关系	时期或朝代
169	夏维	后学	
170	元逸	后学	
171	时起荃	后学	
172	永瑢	后学	
173	佘启祥	后学	
174	欧阳振	后学	
175	路慎庄	后学	
176	路德	后学	
177	文揆	后学	
178	史廪南	后学	
179	曹培秀	后学	
180	桂馥	后学	
181	郜琏	后学	
182	沈心	后学	
183	沈玉佩	后学	
184	沈甲	后学	
185	沈荣庆	后学	
186	沈朴	后学	
187	弘旿	后学	
188	弘瑜	后学	
189	沈翼天	后学	清
190	王士誉	后学	
191	王元初	后学	
192	王任湖	后学	
193	王育芳	后学	
194	王昭	后学	
195	王致纲	后学	
196	王遂	后学	
197	王隽	后学	
198	王蓍	后学	
199	秦炳文	后学	
200	黄吉	后学	
201	黄宗起	后学	
202	黄泰	后学	
203	黄彭	后学	
204	黄经	后学	
205	杨建	后学	
206	杨湛思	后学	
207	陈桓	后学	
208	陈崇本	后学	
209	陈阶	后学	
210	陈经	后学	

序号	姓名	师承师法关系	时期或朝代
211	陈观酉	后学	
212	冯元锡	后学	
213	冯斯佐	后学	
214	冯源济	后学	
215	董潮	后学	
216	邹士随	后学	
217	郑履仁	后学	
218	郑兰	后学	
219	李岱	后学	
220	李果吉	后学	
221	李琅	后学	
222	李绍	后学	
223	李梦璁	后学	
224	汪桂	后学	
225	汪霭	后学	
226	宋彬	后学	
227	吴文征	后学	
228	吴星	后学	
229	吴原炳	后学	
230	吴期远	后学	
231	吴霖	后学	清
232	吴録	后学	
233	吕犹龙	后学	
234	刘文煊	后学	
235	刘石麒	后学	
236	刘芳远	后学	
237	万弘衕	后学	
238	叶树滋	后学	
239	高不骞	后学	
240	高贻绶	后学	
241	高瑞卿	后学	
242	顾胤光	后学	
243	顾昉	后学	
244	顾鈇	后学	
245	胡琳	后学	
246	胡铣	后学	
247	朱人凤	后学	
248	朱挟鍭	后学	
249	朱渊	后学	
250	朱陵	后学	
251	朱铭	后学	
252	丁景鸿	后学	

序号	姓名	师承师法关系	时期或朝代
253	方大猷	后学	
254	毛登莱	后学	
255	江衡	后学	
256	江鉴	后学	
257	程贞白	后学	
258	程堂	后学	
259	罗天池	后学	
260	罗云	后学	
261	严诚	后学	
262	严紫芝	后学	
263	谢希曾	后学	
264	谢纯祚	后学	
265	谢模	后学	
266	袁英	后学	
267	陆家振	后学	
268	汤之昱	后学	
269	汤谦	后学	
270	钱树	后学	
271	钱其恒	后学	
272	钱棻	后学	
273	钱黯	后学	清
274	萧瑜	后学	
275	梅哲	后学	
276	梁蔼如	后学	
277	项文彦	后学	
278	石衡	后学	
279	季开生	后学	
280	祝恪	后学	
281	车以载	后学	
282	赵丕烈	后学	
283	赵念	后学	
284	赵骦	后学	
285	金佶	后学	
286	金渊	后学	
287	金凤威	后学	
288	侯光第	后学	
289	保希贤	后学	
290	俞文	后学	
291	姜彦初	后学	
292	姚天虬	后学	
293	姚体崇	后学	
294	施政	后学	

序号	姓名	师承师法关系	时期或朝代
295	施启樊	后学	
296	施履谦	后学	
297	孙茁	后学	
298	孙浪	后学	
299	孙传浙	后学	
300	徐柏龄	后学	
301	周恒	后学	
302	周淦	后学	
303	周恺	后学	
304	郭鼎京	后学	
305	郭龄	后学	
306	廖云峰	后学	
307	陆蓉	后学	
308	庄日璜	后学	清
309	张度	后学	
310	张美如	后学	
311	张庭铨	后学	
312	张启	后学	
313	张国光	后学	
314	张增	后学	
315	薛泓	后学	
316	薛园	后学	
317	焉文	后学	
318	盛惇崇	后学	
319	盛琳	后学	
320	章廷桢	后学	
321	张宜尊	后学	
322	张金锡	后学	
323	潘龢	后学	
324	王根	后学	
325	庞元济	后学	
326	沈祖德	后学	近代
327	黄树涛	后学	
328	刘铨卿	后学	
329	范松	后学	

</恽寿平>

No. 002

生卒年・1633—1690年
朝代・清代
字号・初名格，字惟大，后改名寿平，改字正叔，号南田，别号云溪外史
籍贯・武进（今江苏常州）
艺术成就・中年时获得画坛宗主王时敏指导。据传，恽寿平初习山水笔意与王翚相似，后观王翚山水画叹服其才，因耻为天下第二手，故避而多作花鸟，斟酌古今，独开生面。晚年"没骨"技法愈臻完美。数十年清贫如故，布衣终老。与王时敏、王鉴、王翚、王原祁、吴历合称"清六家"，或称"四王吴恽"。

以"度中心性"方式统计，有明确记载、在绘画方面直接师承师法恽寿平的弟子与后学画家共计310人，在数据库29843位画家中排名第二位。
若以时间维度为依据，清代302人，近代8人。

若以空间维度为依据，恽寿平的后学们来自于18个省市，除未有详细出生地、籍贯信息的画家18人外，其余分布如下：江苏133人（由于恽寿平为常州人，因此常州籍后学高达48人）、浙江85人、上海23人、广东11人、安徽8人、四川6人、福建5人、云南3人、山东3人、广西2人、江西2人、北京2人、河南2人、湖南2人、天津2人、河北1人、吉林1人、辽宁1人。

不详18人

直接师承师法恽寿平的后学画家地理分布图

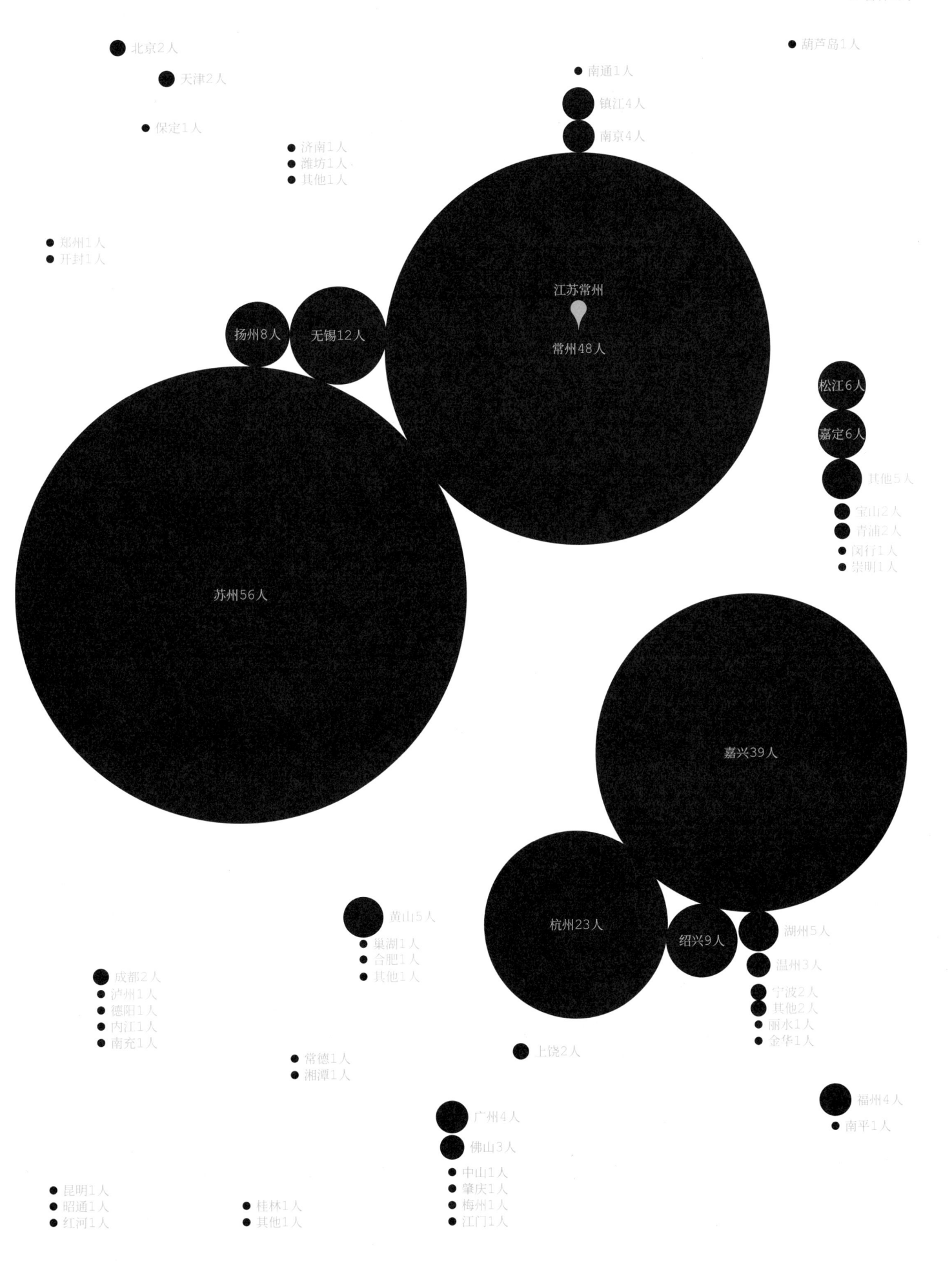

- 吉林1人
- 葫芦岛1人
- 北京2人
- 天津2人
- 南通1人
- 镇江4人
- 保定1人
- 南京4人
- 济南1人
- 潍坊1人
- 其他1人
- 郑州1人
- 开封1人

江苏常州

常州48人

- 扬州8人
- 无锡12人
- 松江6人
- 嘉定6人
- 其他5人
- 宝山2人
- 青浦2人
- 闵行1人
- 崇明1人

苏州56人

嘉兴39人

- 黄山5人
- 巢湖1人
- 合肥1人
- 其他1人

杭州23人

- 绍兴9人
- 湖州5人
- 温州3人
- 宁波2人
- 其他2人
- 丽水1人
- 金华1人

- 成都2人
- 泸州1人
- 德阳1人
- 内江1人
- 南充1人

- 常德1人
- 湘潭1人
- 上饶2人

- 福州4人
- 南平1人

- 广州4人
- 佛山3人
- 中山1人
- 肇庆1人
- 梅州1人
- 江门1人

- 昆明1人
- 昭通1人
- 红河1人
- 桂林1人
- 其他1人

以"三度影响力"计算，恽寿平的影响力值为450.5，在数据库29843位画家中排名第26位。一度后学画家为310人，二度后学画家为209人，三度后学画家为144人。

两种算法下，恽寿平的排名差异很大。在"度中心性"下，恽寿平与黄公望是唯二的后学画家达到300人以上的画家，且由于恽寿平是清代画家，在距离当代时间较短的情况下竟存在如此众多的后学画家，也说明了恽寿平画风的"大众化"。在"三度影响力"排名方式下，恽寿平的数据则没有这么耀眼。这个数值较黄公望的后学质量而言，差距非常明显。恽寿平生前曾慨叹他的继承者"一变为秾丽俗习以供时目"•，这也许是更强调后学画家质量的"三度影响力"数值不高的原因之一。

• 蔡星仪：《恽寿平研究》，天津人民美术出版社2000年版，第36页。

清代奚冈（后学画家33人）、蒋廷锡（后学画家23人）、费丹旭（后学画家21人）、钱杜（后学画家15人）、马元驭（后学画家12人）等已是少数几位其自身后学画家超过10人的恽寿平后学画家了。

"奚冈〔清〕……花卉有恽寿平气韵……〔墨香居画识、墨林今话、桐阴论画、冬花菴烬 余稿本传、定香亭笔谈、杭郡诗三辑、广印人传、清画家诗史〕"

"蒋廷锡〔清〕……擅花卉，初学恽寿平并参宋人各家画法……〔周振宇，《中国画名家大典》，人民日报出版社〕"

"费丹旭〔清〕……兼工山水、花卉，取法恽寿平……〔周振宇，《中国画名家大典》，人民日报出版社〕"

"钱杜〔清〕……花卉法恽寿平……〔练川名人画像小传、墨香居画识、墨林今话、桐阴论画、清画家诗史〕"

"马元驭〔清〕……写生得恽寿平亲传……〔国（清）朝画征录、海虞画苑略、桐阴论画、琴川新志、在亭丛稿、昭代尺牍小传、读画辑略〕"

恽寿平后学画家中有一项数据较特别，即后学女画家高达40人，占其后学画家总人数的近13%，这一指标远高于其他画家（"度中心性"指标下前十位画家的直接弟子后学中的女性比例：黄公望为0.3%，倪瓒0.23%，王翚2.3%，董源2.1%，沈周0.6%，陈淳4%，王原祁1.8%，米芾1.8%，文徵明4.5%）。该数值从客观上印证了美术理论家赞其作品中"美丽的、女性化的没骨花卉"的评价。

附表：历代直接师承师法恽寿平的弟子与后学画家列表

序号	姓名	师承师法关系	时期或朝代
1	恽怀英	弟子	
2	马元驭	弟子	
3	陆灿	弟子	
4	章绅	弟子	
5	恽焯	弟子	
6	陆海	弟子	
7	张伟	弟子	
8	习忍	弟子	
9	费丹旭	后学	
10	恽冰	后学	
11	居巢	后学	
12	杨澂	后学	
13	杨旭	后学	
14	郑濂	后学	
15	钱东	后学	
16	恽光业	后学	
17	唐移	后学	
18	唐缙良	后学	
19	褚成栋	后学	
20	杨文兰	后学	
21	杨近思	后学	清
22	杨恕	后学	
23	汪九龄	后学	
24	汪立功	后学	
25	汪汝信	后学	
26	汪媛	后学	
27	汪铸	后学	
28	吴生	后学	
29	吴均	后学	
30	吴廷贤	后学	
31	吴玖	后学	
32	吴枚	后学	
33	吴咨	后学	
34	吴彝	后学	
35	吴觐	后学	
36	吴兰婉	后学	
37	吴镔	后学	
38	余端	后学	
39	吕同恩	后学	
40	吕钟麟	后学	
41	刘承德	后学	
42	叶观仪	后学	

序号	姓名	师承师法关系	时期或朝代
43	高沂	后学	
44	顾纯熙	后学	
45	童晏	后学	
46	恽翰	后学	
47	恽蘧侯	后学	
48	范廷镇	后学	
49	戴公望	后学	
50	管念慈	后学	
51	石云润	后学	
52	赵履中	后学	
53	许以池	后学	
54	奚冈	后学	
55	蒋廷锡	后学	
56	钱杜	后学	
57	王玖	后学	
58	汤世澍	后学	
59	陆恢	后学	
60	居廉	后学	
61	朱昂之	后学	
62	缪椿	后学	
63	倪璨	后学	清
64	唐和春	后学	
65	毕涵	后学	
66	张莘	后学	
67	刘嘉颖	后学	
68	恽源濬	后学	
69	左元成	后学	
70	黄易	后学	
71	潘恭寿	后学	
72	宋光宝	后学	
73	吴观岱	后学	
74	汪鸿	后学	
75	汪如渊	后学	
76	吴克让	后学	
77	胡锡珪	后学	
78	单岳	后学	
79	恽珠	后学	
80	张汝珏	后学	
81	潘丽娴	后学	
82	沈铨	后学	
83	王之孚	后学	
84	吴大澂	后学	

序号	姓名	师承师法关系	时期或朝代
85	葛唐	后学	
86	蔡英	后学	
87	顾沄	后学	
88	朱济源	后学	
89	丁宝书	后学	
90	庞元济	后学	
91	钱震基	后学	
92	姜壎	后学	
93	徐杰	后学	
94	廖云槎	后学	
95	潘振镛	后学	
96	上睿	后学	
97	张同曾	后学	
98	曾兰芳	后学	
99	络绮兰	后学	
100	鞠伯陶	后学	
101	恽元复	后学	
102	恽光烈	后学	
103	恽宅仁	后学	
104	恽秉怡	后学	
105	恽彦彬	后学	清
106	鲍楷	后学	
107	鲍楷	后学	
108	焦希淑	后学	
109	骆绮兰	后学	
110	穆倩	后学	
111	穆寅	后学	
112	倪恩龄	后学	
113	倪耘	后学	
114	倪鸣时	后学	
115	张子畏	后学	
116	张元勋	后学	
117	张光	后学	
118	唐庆云	后学	
119	唐稼	后学	
120	何振岱	后学	
121	何瑗玉	后学	
122	何鏮	后学	
123	马元熙	后学	
124	马文熙	后学	
125	夏柔嘉	后学	
126	夏敬声	后学	

序号	姓名	师承师法关系	时期或朝代
127	蒋升旭	后学	
128	蒋永福	后学	
129	蒋志明	后学	
130	蒋步瀛	后学	
131	蒋季锡	后学	
132	沙念祖	后学	
133	潘江	后学	
134	戚著	后学	
135	潘曾莹	后学	
136	丘泰	后学	
137	欧树德	后学	
138	文瑞	后学	
139	曹如恒	后学	
140	居庆	后学	
141	曹庆长	后学	
142	沈玉佩	后学	
143	沈竹君	后学	
144	沈金台	后学	
145	沈振家	后学	
146	管垣	后学	
147	沈钧祥	后学	清
148	沈维裕	后学	
149	沈仪彬	后学	
150	萧承尊	后学	
151	王世爵	后学	
152	王延格	后学	
153	丁文蔚	后学	
154	王泰	后学	
155	王泰	后学	
156	王禄	后学	
157	王锡祚	后学	
158	王宝钟	后学	
159	黄士超	后学	
160	黄至筠	后学	
161	黄裕	后学	
162	黄槐森	后学	
163	黄锡庆	后学	
164	黄鞠	后学	
165	杨光耀	后学	
166	杨秋农	后学	
167	杨培立	后学	
168	杨瑞云	后学	

序号	姓名	师承师法关系	时期或朝代
169	杨嘉谷	后学	
170	杨点	后学	
171	陈国平	后学	
172	陈我	后学	
173	陈寿昌	后学	
174	冯学彦	后学	
175	韩吉阶	后学	
176	蔡泳	后学	
177	李仁	后学	
178	李元开	后学	
179	李文安	后学	
180	李以谦	后学	
181	李永庚	后学	
182	李宗埴	后学	
183	李金钧	后学	
184	殷树柏	后学	
185	李恕	后学	
186	李浩	后学	
187	李纯桂	后学	
188	李云栋	后学	
189	李楣生	后学	清
190	李庆霄	后学	
191	李禧	后学	
192	李宝嘉	后学	
193	李苹	后学	
194	汪杰	后学	
195	宋锦	后学	
196	吴孟庚	后学	
197	吴荣光	后学	
198	吕象周	后学	
199	刘铨卿	后学	
200	叶凤毛	后学	
201	叶思澄	后学	
202	刘中理	后学	
203	顾蕙	后学	
204	胡桂	后学	
205	胡相端	后学	
206	胡玮	后学	
207	朱兆蓉	后学	
208	朱泉征	后学	
209	朱珠	后学	
210	朱渊	后学	

序号	姓名	师承师法关系	时期或朝代
211	朱富学	后学	
212	朱慧珠	后学	
213	朱珄	后学	
214	朱绣	后学	
215	方煜	后学	
216	贺永鸿	后学	
217	洪沅	后学	
218	洪承祖	后学	
219	洪畿	后学	
220	程景凤	后学	
221	恽源成	后学	
222	恽源景	后学	
223	罗天池	后学	
224	罗树勋	后学	
225	谢元麒	后学	
226	谢晋	后学	
227	谢观生	后学	
228	钱宗灿	后学	
229	钱瑞鹰	后学	
230	钱澧	后学	
231	钱璘	后学	清
232	戴维昆	后学	
233	梅雪舟	后学	
234	彭泽	后学	
235	秦树敏	后学	
236	秦联珠	后学	
237	裴镛	后学	
238	管乾珍	后学	
239	于世球	后学	
240	殷兆观	后学	
241	季桂芬	后学	
242	司马湘	后学	
243	左玉泉	后学	
244	左锡璇	后学	
245	左锡嘉	后学	
246	车基	后学	
247	赵起	后学	
248	赵尔颐	后学	
249	赵增瑛	后学	
250	金可久	后学	
251	金容	后学	
252	金湘	后学	

序号	姓名	师承师法关系	时期或朝代
253	金鸿保	后学	
254	侯汝承	后学	
255	俞大鸿	后学	
256	姚嗣懋	后学	
257	查世燮	后学	
258	查仲诰	后学	
259	查克承	后学	
260	孙古徐	后学	
261	孙义鋆	后学	
262	孙镇	后学	
263	孙镐	后学	
264	徐泳	后学	
265	徐琪	后学	
266	徐焕谟	后学	
267	徐裕馨	后学	
268	徐树基	后学	
269	徐树兰	后学	
270	徐锜	后学	
271	徐兰	后学	
272	周世彝	后学	
273	周申	后学	清
274	周淦	后学	
275	郭绚	后学	
276	陆因仪	后学	
277	陆沅	后学	
278	陆春圻	后学	
279	陆惠	后学	
280	廖云锦	后学	
281	陈廷培	后学	
282	陈步桥	后学	
283	陈邦直	后学	
284	陈其豫	后学	
285	庄钟潏	后学	
286	许国柄	后学	
287	陶琪	后学	
288	张业	后学	
289	张深	后学	
290	张朝桂	后学	
291	张钧	后学	
292	张与龄	后学	
293	张德佩	后学	
294	张联第	后学	

序号	姓名	师承师法关系	时期或朝代
295	张骐	后学	清
296	杭潮	后学	
297	林承藻	后学	
298	邵曾诏	后学	
299	邵曾复	后学	
300	邵意	后学	
301	毕慧	后学	
302	盛坤	后学	
303	庞左玉	后学	近代
304	屈方桢	后学	
305	潘承厚	后学	
306	茅镇岱	后学	
307	沈炳儒	后学	
308	蔡振渊	后学	
309	吴茀之	后学	
310	张宗海	后学	

</倪瓒>

No. 003

生卒年・1301—1374年
朝代・元代
字号・字元镇，号云林
籍贯・无锡（今江苏无锡）

艺术成就・生平好学，多才多艺，最后尽散家财，浪迹五湖三泖间。攻词翰，皆极古意。书从隶入，辄古而媚，密而疏。翰札奕奕，有晋人风度。工画山水，早岁以董源为师，后法荆浩、关仝。江南人以家中有无倪画判雅俗。与黄公望、吴镇、王蒙称"元四家"。

以"度中心性"方式统计，有明确记载、在绘画方面直接师承师法倪瓒的弟子与后学共计267人，在数据库29843位画家中排名第三位。

若以时间维度为依据，明代64人，清代201人，近代2人。

若以空间维度为依据，倪瓒的后学们来自于22个省市，除未有详细出生地、籍贯信息的画家22人外，其余分布如下：江苏77人、浙江65人、安徽21人、上海19人、福建14人、广东10人、湖北6人、山东6人、云南3人、江西3人、河北3人、吉林3人、辽宁2人、陕西2人、北京2人、山西2人、贵州1人、广西1人、内蒙古1人、四川1人、湖南1人、甘肃1人、天津1人。

不详22人

直接师承师法倪瓒的后学画家地理分布图

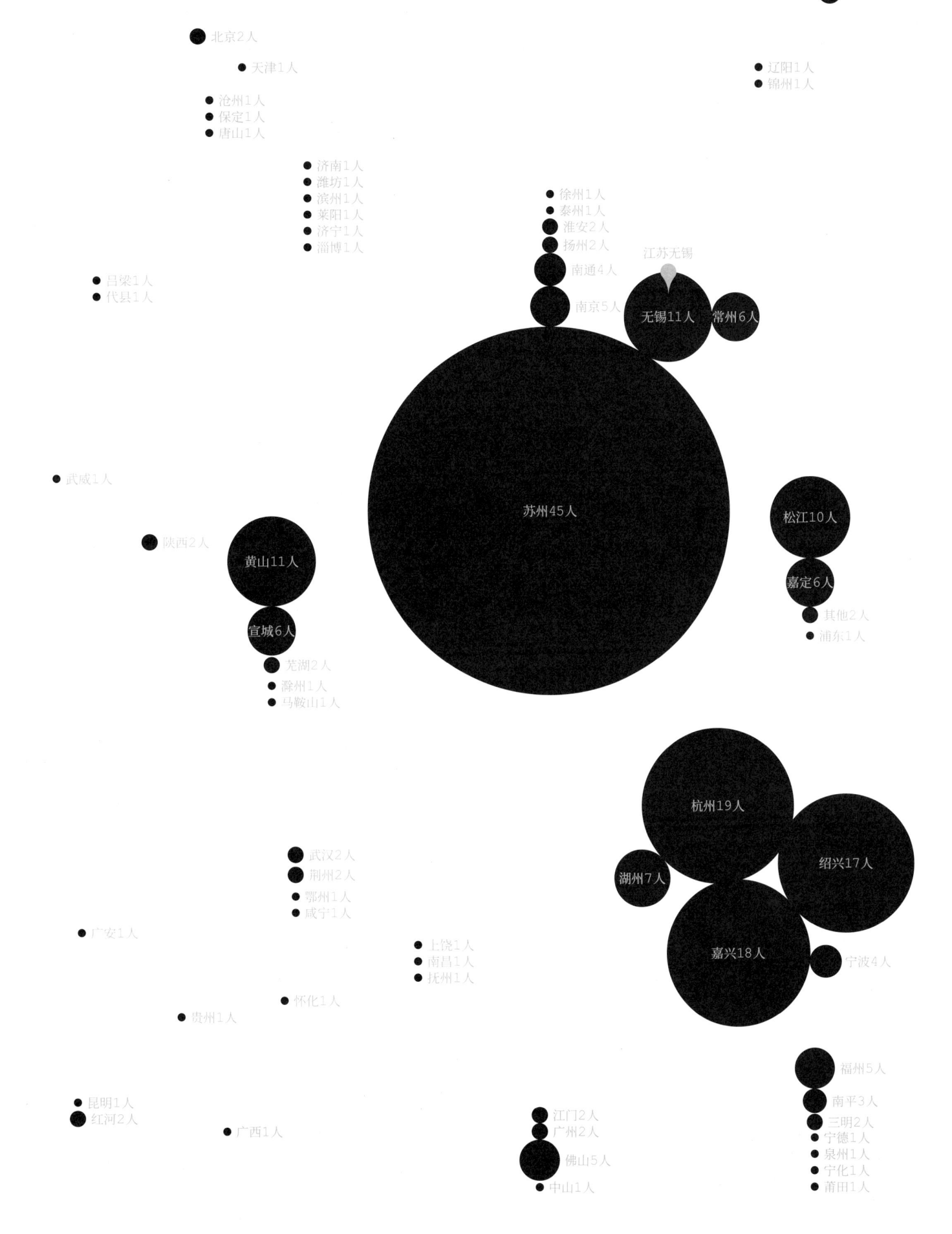

- 内蒙古1人
- 长春3人
- 北京2人
- 天津1人
- 辽阳1人
- 锦州1人
- 沧州1人
- 保定1人
- 唐山1人
- 济南1人
- 潍坊1人
- 滨州1人
- 莱阳1人
- 济宁1人
- 淄博1人
- 徐州1人
- 泰州1人
- 淮安2人
- 扬州2人
- 南通4人
- 江苏无锡
- 南京5人
- 无锡11人
- 常州6人
- 吕梁1人
- 代县1人
- 苏州45人
- 松江10人
- 武威1人
- 嘉定6人
- 陕西2人
- 黄山11人
- 其他2人
- 浦东1人
- 宣城6人
- 芜湖2人
- 滁州1人
- 马鞍山1人
- 杭州19人
- 绍兴17人
- 湖州7人
- 武汉2人
- 荆州2人
- 鄂州1人
- 咸宁1人
- 嘉兴18人
- 宁波4人
- 广安1人
- 上饶1人
- 南昌1人
- 抚州1人
- 怀化1人
- 贵州1人
- 福州5人
- 南平3人
- 三明2人
- 宁德1人
- 泉州1人
- 宁化1人
- 莆田1人
- 昆明1人
- 红河2人
- 广西1人
- 江门2人
- 广州2人
- 佛山5人
- 中山1人

以"三度影响力"计算，倪瓒的影响力值为962.75，在数据库29843位画家中排名第11位。在元代画家中排名第5位，"元四家"中排名第4位。一度后学画家为267人，二度后学画家为711人，三度后学画家为1361人。

明代的唐寅（后学画家39人）、朱耷（后学画家19人）、王绂（后学画家14人），清初"四王"中的王原祁（后学画家171人）、王鉴（后学画家89人）及弘仁（后学画家16人）等是自身后学超过10人的明清两代直接师法倪瓒的几位高质量后学画家。

"唐寅〔明〕……自元之黄、王、倪、吴四大家,靡不研解……〔明史本传、明史艺文志、明画录、无声诗史、丹青志、清河书画舫、尔雅楼书画记、澹圃画品、严氏书画记、艺苑卮言、祝氏集略、珊瑚网、式古堂书画汇考〕"

"朱耷〔明〕……山水则宗法董其昌,兼取黄公望、倪瓒等……〔"四僧书画展"序言,故宫博物院,2017年〕"

"王绂〔明〕……山水师王蒙、倪瓒自有一种风度……〔明史本传、画史会要、无声诗史、珊瑚网、王进友石先生诗序、六研斋二笔、名山藏、式古堂书画汇考、列朝诗集小传〕"

"王原祁〔清〕……擅画山水,继承家法,学元四家……〔周振宇,《中国画名家大典》,人民日报出版社〕"

"王鉴〔清〕……用墨学倪瓒……〔周振宇,《中国画名家大典》,人民日报出版社〕;王鉴〔清〕……山水擅长临摹,于元四家尤为精诣……〔清画家诗史、国（清）朝画征录、无声诗史、图绘宝鉴续纂、桐阴论画、梅村集、渔洋集、微泉阁集、艺林月刊〕"

"弘仁〔清〕……善山水,初学宋人,晚法倪瓒……〔黄山志、清朝画征录、图绘宝鉴续纂、桐阴论画、阿聪笔记〕"

倪瓒的后学画家中还有部分是取法"元四家",并非专学他一人。在"三度影响力"算法下,倪瓒的排名较"度中心性"方式下的名次有所滑落,从第3跌落至11位。明清两代,"倪画"不仅确立了绘画史上"逸品"的标准样式,而且在很大程度上已经成为"逸品"的同义语。"度中心性"排名第3,与明清时期倪画被世人奉为至宝的"江东之家以有无倪画辨清浊"之记载相符合。但"三度影响力"算法下,倪瓒的排名相对后移,且被同为"元四家"的王蒙、吴镇超越,这是否与倪瓒的历史地位不符?"三度影响力"反映了倪瓒的高质量后学画家的数量不足。由于倪瓒作品附着了鲜明的人格魅力、生存境遇、格调品位、审美习尚等诸多因素,因此较有个人面貌的后学画家也难以专学倪瓒。明王世贞在《艺苑卮言》中亦说:"元人犹可学,独元镇不可学也。"这也许是倪瓒"三度影响力"数值不高的原因之一。

附表：历代直接师承师法倪瓒的弟子与后学画家列表

序号	姓名	师承师法关系	时期或朝代
1	史谨	弟子	
2	浦源	弟子	
3	文徵明	后学	
4	盛时泰	后学	
5	唐寅	后学	
6	王绂	后学	
7	赵左	后学	
8	关思	后学	
9	文嘉	后学	
10	程嘉燧	后学	
11	胡宗仁	后学	
12	王宠	后学	
13	恽道生	后学	
14	万寿祺	后学	
15	项元汴	后学	
16	张宏	后学	
17	梁楛	后学	
18	归昌世	后学	
19	陆师道	后学	
20	米万钟	后学	
21	文从简	后学	明
22	詹景凤	后学	
23	张复	后学	
24	曹履吉	后学	
25	王思任	后学	
26	朱南雍	后学	
27	杨文骢	后学	
28	郑去疾	后学	
29	骆骧子	后学	
30	缪仲奠	后学	
31	钦义	后学	
32	乌斯道	后学	
33	安绍芳	后学	
34	照菴	后学	
35	雪	后学	
36	福懋	后学	
37	沈迂	后学	
38	沈芳	后学	
39	沈宾	后学	
40	王一鹏	后学	
41	王元燿	后学	
42	虞谦	后学	

序号	姓名	师承师法关系	时期或朝代
43	杨慧林	后学	
44	陈登元	后学	
45	陈璜	后学	
46	邹迪光	后学	
47	李之世	后学	
48	吴娟	后学	
49	高道素	后学	
50	顾庆恩	后学	
51	顾翰	后学	
52	朱洪图	后学	
53	朱睿爀	后学	
54	范道坤	后学	明
55	赵之璧	后学	
56	徐安生	后学	
57	周时	后学	
58	陈子升	后学	
59	陈叔谦	后学	
60	陶素来	后学	
61	祁彪佳	后学	
62	盛尧民	后学	
63	盛虞	后学	
64	盛德潜	后学	
65	弘仁	后学	
66	仲升	后学	
67	陈曼	后学	
68	陈曾公	后学	
69	王原祁	后学	
70	王鉴	后学	
71	郑燮	后学	
72	黄慎	后学	
73	朱耷	后学	
74	查士标	后学	清
75	赵之琛	后学	
76	翟大坤	后学	
77	萧云从	后学	
78	王昱	后学	
79	黎简	后学	
80	沈宗敬	后学	
81	谢彬	后学	
82	徐枋	后学	
83	张鹏翀	后学	
84	周笠	后学	

序号	姓名	师承师法关系	时期或朝代
85	沈翰	后学	
86	张莘	后学	
87	张涟	后学	
88	普荷	后学	
89	潘奕隽	后学	
90	陆鼎	后学	
91	董耀	后学	
92	姜实节	后学	
93	康涛	后学	
94	蓝孟	后学	
95	明中	后学	
96	奚涛	后学	
97	可韵	后学	
98	沈凤	后学	
99	王冈	后学	
100	王毓辰	后学	
101	王兰	后学	
102	彭启丰	后学	
103	李熙垣	后学	
104	吴翌凤	后学	
105	吴骞	后学	清
106	方楷	后学	
107	庞元济	后学	
108	严沆	后学	
109	谢淞洲	后学	
110	于宗瑛	后学	
111	周均	后学	
112	林霖	后学	
113	江注	后学	
114	孙逸	后学	
115	张纯修	后学	
116	高层云	后学	
117	高简	后学	
118	赵甸	后学	
119	蓝涟	后学	
120	舒希忠	后学	
121	鲍汀	后学	
122	嵇承咸	后学	
123	半山	后学	
124	定	后学	
125	术翼宗	后学	
126	吉福	后学	

序号	姓名	师承师法关系	时期或朝代
127	倪志远	后学	
128	倪度	后学	
129	邬希文	后学	
130	硕塞	后学	
131	曹代	后学	
132	张申巽	后学	
133	伍秉镛	后学	
134	诸兆梅	后学	
135	何寿章	后学	
136	支元福	后学	
137	郁怀智	后学	
138	马锦	后学	
139	马继登	后学	
140	允禧	后学	
141	蒋元令	后学	
142	蒋志行	后学	
143	胤祯	后学	
144	瑛宝	后学	
145	佘启祥	后学	
146	潘作梅	后学	
147	潘恕	后学	清
148	潘爽	后学	
149	灵湛	后学	
150	张贞范	后学	
151	路德	后学	
152	年王臣	后学	
153	文揿	后学	
154	桂馥	后学	
155	曹润	后学	
156	蒋国梁	后学	
157	郜琎	后学	
158	沈朴	后学	
159	沈锡庆	后学	
160	王九锡	后学	
161	王士誉	后学	
162	梵林	后学	
163	王岑	后学	
164	王受垣	后学	
165	巢勋	后学	
166	王育芳	后学	
167	王亮	后学	
168	王述	后学	

序号	姓名	师承师法关系	时期或朝代
169	王音	后学	
170	王僎服	后学	
171	王景灼	后学	
172	王端淑	后学	
173	王铭臣	后学	
174	黄大干	后学	
175	黄育	后学	
176	黄经	后学	
177	杨光暄	后学	
178	杨建	后学	
179	杨振昆	后学	
180	陈桓	后学	
181	陈起凤	后学	
182	陈景	后学	
183	陈阶	后学	
184	华鲲	后学	
185	冯元锡	后学	
186	冯行贞	后学	
187	冯斯佐	后学	
188	蔡琳	后学	
189	李岱	后学	清
190	李秉钺	后学	
191	汪桂	后学	
192	汪杰	后学	
193	吴之坤	后学	
194	吴文征	后学	
195	吴孟庚	后学	
196	吴原炳	后学	
197	吴醇	后学	
198	吴霖	后学	
199	吕犹龙	后学	
200	刘文煊	后学	
201	叶自尧	后学	
202	高元美	后学	
203	高不骞	后学	
204	高塞	后学	
205	顾胤光	后学	
206	顾杞	后学	
207	顾昉	后学	
208	苏毓眉	后学	
209	胡德迈	后学	
210	朱珊	后学	

序号	姓名	师承师法关系	时期或朝代
211	朱衍	后学	
212	朱桂孙	后学	
213	朱组缨	后学	
214	朱璞	后学	
215	方大猷	后学	
216	方竹	后学	
217	江衡	后学	
218	程堂	后学	
219	罗天池	后学	
220	于祉	后学	
221	谢天游	后学	
222	谢希曾	后学	
223	谢宪时	后学	
224	袁英	后学	
225	陆家振	后学	
226	钱士璋	后学	
227	钱界	后学	
228	萧瑜	后学	
229	戴有恒	后学	
230	梅哲	后学	
231	梁邦俊	后学	清
232	项文彦	后学	
233	彭蕴章	后学	
234	赵企翊	后学	
235	金传	后学	
236	阿克敦布	后学	
237	俞文	后学	
238	姜彦初	后学	
239	姚天虬	后学	
240	姚筠	后学	
241	姚葵	后学	
242	施天章	后学	
243	施心传	后学	
244	施启樊	后学	
245	施溥	后学	
246	施履谦	后学	
247	施泽溥	后学	
248	孙天诏	后学	
249	孙立纲	后学	
250	孙浪	后学	
251	孙超曾	后学	
252	徐焕然	后学	

序号	姓名	师承师法关系	时期或朝代
253	周大榜	后学	
254	周荃	后学	
255	郭吉桂	后学	
256	廖云峰	后学	
257	陆烜	后学	
258	庄日璜	后学	
259	许式璜	后学	清
260	许缦	后学	
261	张泉	后学	
262	张美如	后学	
263	张国光	后学	
264	邵点	后学	
265	章廷桢	后学	
266	沈祖德	后学	近代
267	沈塘	后学	

</王翚>

No. 004

生卒年 • 1632—1717年

朝代 • 清代

字号 • 字石谷、象文，号雁樵、耕烟散人、耕烟外史、耕烟野老、乌目山人、清晖主人、清晖老人、剑门樵客、天放闲人、雪笠道人、海虞山樵等

籍贯 • 常熟（今江苏苏州常熟）

艺术成就 • 学画于同乡画师张珂，又亲受"二王"（王鉴、王时敏）教，遂为一代名家。与王时敏、王鉴、王原祁合称"四王"，加吴历、恽寿平，并称"清六家"，在清初画坛上居主流地位。

以"度中心性"方式统计，有明确记载的在绘画方面直接师承师法王翚的弟子与后学画家共计213人，在数据库29843位画家中排名第4位。

若以时间维度为依据，清代178人，近代35人。

若以空间维度为依据，王翚的后学们来自18个省市，除未有详细出生地、籍贯信息的画家12人外，其余分布如下：江苏85人、浙江43人、上海16人、安徽11人、广东11人、福建8人、四川7人、河北4人、山东4人、广西3人、湖南2人、江西1人、内蒙古1人、湖北1人、吉林1人、甘肃1人、重庆1人、陕西1人。

直接师承师法王翚的后学画家地理分布图

● 内蒙古1人

● 甘肃1人

● 陕西1人

● 成都3人
● 泸州1人
● 遂宁1人   ● 重庆1人
● 宜宾1人
● 广安1人

不详12人

- 保定1人
- 沧州1人
- 唐山1人
- 承德1人

- 济南2人
- 潍坊2人

江苏苏州
苏州61人

常州13人
- 无锡4人
- 扬州3人
- 南京1人
- 镇江1人
- 盐城1人
- 其他1人

嘉定6人
- 其他3人
- 宝山1人
- 青浦1人
- 松江1人
- 崇明1人

吉林1人

嘉兴27人

杭州10人
- 绍兴1人
- 宁波1人
- 温州1人
- 台州1人
- 湖州1人
- 其他1人

安庆5人
- 黄山2人
- 巢湖1人
- 合肥1人
- 宣城1人
- 宿州1人

- 湖北1人
- 常德1人
- 永州1人

- 上饶1人

- 广州3人
- 佛山3人
- 中山2人
- 江门2人
- 肇庆1人

- 福州3人
- 莆田2人
- 龙岩1人
- 南平1人
- 其他1人

- 桂林3人

以"三度影响力"计算，王翚的影响力值为493，在数据库29843位画家中排名第23。在清代画家中排名第二位，仅列王时敏之后。一度后学画家为213人，二度后学画家为431人，三度后学画家为258人。

除王翚好友恽寿平（后学画家310人）外，其余直接师法王翚的几位高质量后学画家为戴熙（后学画家29人）、黄鼎（后学画家14人）、杨晋（后学画家10人）等。

"恽寿平〔清〕……初习山水笔意与王翚相似……〔周振宇，《中国画名家大典》，人民日报出版社〕"

"戴熙〔清〕……山水师法王翚……〔墨林今话、桐阴论画、广印人传、清画家诗史〕"

"黄鼎〔清〕……初学画于邱屿雪（园），……兼得王翚意……〔江南通志、常熟县志、海虞画苑略、归愚文钞、一瓢斋诗话、桐阴论画、清画家诗史〕"

"杨晋〔清〕……山水为王翚入室弟子……〔柳南随笔、顿（清）朝画征录、海虞画苑略、桐阴论画、江莆通志、昭文县志、琴川新志、清画家诗史〕"

无论"度中心性"或"三度影响力"，王翚的排名始终位列清代画家的第二位，从数据上印证了他"追随者甚众"的评价。从地理数据上看，王翚是常熟人，其追随者们有61人来自苏州，占比高达28.6%。若把范围局限于常熟，该地后学画家更是多达21人，因常熟有虞山，故后人将他及其弟子一派称为"虞山画派"•也就合乎逻辑了。

• 《山水清晖——王翚与清初正统派绘画》，《中国美术》2018年第3期。

附表：

历代直接师承师法王翚的弟子与后学画家列表

序号	姓名	师承师法关系	时期或朝代
1	荣林	弟子	
2	胡钢	弟子	
3	姚涛	弟子	
4	杨晋	弟子	
5	蔡远	弟子	
6	周颢	弟子	
7	唐俊	弟子	
8	徐溶	弟子	
9	张晞	弟子	
10	上睿	弟子	
11	虞沅	弟子	
12	麦文帘	弟子	
13	沈挺	弟子	
14	汪亮	弟子	
15	吴凤藻	弟子	
16	高商隐	弟子	
17	胡坚	弟子	
18	胡节	弟子	
19	金学坚	弟子	
20	姚源	弟子	
21	陆道淮	弟子	清
22	陈衍庶	后学	
23	张笃	后学	
24	恽寿平	后学	
25	戴熙	后学	
26	黄鼎	后学	
27	王玖	后学	
28	朱昂之	后学	
29	王愫	后学	
30	张鹏翀	后学	
31	袁慰祖	后学	
32	陶淇	后学	
33	刘嘉颖	后学	
34	李世倬	后学	
35	瞿鹰	后学	
36	徐泰增	后学	
37	何维朴	后学	
38	张汝珏	后学	
39	郎际昌	后学	
40	伊大麓	后学	
41	徐鈜	后学	
42	沈桂	后学	

序号	姓名	师承师法关系	时期或朝代
43	王之孚	后学	
44	王荦	后学	
45	王誉昌	后学	
46	蔡英	后学	
47	李修易	后学	
48	吴克谐	后学	
49	顾卓	后学	
50	顾沄	后学	
51	钱志伟	后学	
52	金霞起	后学	
53	张琴	后学	
54	乔熙	后学	
55	宝筏	后学	
56	德敏	后学	
57	吉潮	后学	
58	仪克中	后学	
59	葆济	后学	
60	唐肯	后学	
61	何金寿	后学	
62	何翯云	后学	
63	马昂	后学	清
64	全栋	后学	
65	夏屋	后学	
66	元隽	后学	
67	席仲甫	后学	
68	沙念祖	后学	
69	潘曾莹	后学	
70	史澜	后学	
71	沈俊贤	后学	
72	沈陶璋	后学	
73	王子香	后学	
74	王仁治	后学	
75	王世慈	后学	
76	王同愈	后学	
77	王有仁	后学	
78	成谒	后学	
79	王坤	后学	
80	王俊	后学	
81	王恩隆	后学	
82	王彰	后学	
83	黄至筠	后学	
84	黄其勤	后学	

序号	姓名	师承师法关系	时期或朝代
85	黄国祯	后学	
86	黄鞠	后学	
87	杨采	后学	
88	杨纶	后学	
89	陈思荃	后学	
90	陈庶	后学	
91	陈轺	后学	
92	陈殿槐	后学	
93	陈鼎	后学	
94	陈维湘	后学	
95	陈镛	后学	
96	冯学	后学	
97	冯誉骥	后学	
98	翟麟	后学	
99	汪彦份	后学	
100	汪善浩	后学	
101	汪封	后学	
102	汪养浩	后学	
103	宋培基	后学	
104	宋云	后学	
105	宋锦	后学	清
106	吴山	后学	
107	吴钧	后学	
108	范玑	后学	
109	吴颐	后学	
110	余杜栋	后学	
111	余洋	后学	
112	余栋	后学	
113	刘本铭	后学	
114	刘晋	后学	
115	刘镮之	后学	
116	柳溪	后学	
117	叶凤毛	后学	
118	叶恒	后学	
119	高企辛	后学	
120	顾升	后学	
121	顾春福	后学	
122	顾孙贻	后学	
123	顾琳	后学	
124	朱文震	后学	
125	朱莱	后学	
126	朱铨	后学	

序号	姓名	师承师法关系	时期或朝代
127	朱震	后学	
128	朱鹏	后学	
129	朱黼	后学	
130	丁嘉植	后学	
131	程丕绩	后学	
132	范振绪	后学	
133	关际泰	后学	
134	谢元麒	后学	
135	谢调梅	后学	
136	谢观生	后学	
137	袁沛	后学	
138	钱鼎	后学	
139	钱树芳	后学	
140	钱璘	后学	
141	翁绶祺	后学	
142	钟调梅	后学	
143	戴公望	后学	
144	秦仪	后学	
145	殷立杏	后学	
146	殷兆观	后学	
147	包汝谐	后学	清
148	赵咸亲	后学	
149	赵瑛	后学	
150	赵遂禾	后学	
151	金容	后学	
152	金树	后学	
153	宣恒	后学	
154	施松山	后学	
155	施泽溥	后学	
156	孙毓镏	后学	
157	孙镇	后学	
158	徐大棻	后学	
159	徐登	后学	
160	徐树基	后学	
161	周世彝	后学	
162	周尚文	后学	
163	周翰	后学	
164	周镛	后学	
165	陆修洁	后学	
166	陆桂	后学	
167	陆增钰	后学	
168	陆应祥	后学	

序号	姓名	师承师法关系	时期或朝代
169	陈本	后学	
170	陈汝玉	后学	
171	许自宏	后学	
172	许滨	后学	
173	陶琪	后学	清
174	张伟	后学	
175	张飖	后学	
176	林俊	后学	
177	薛惠	后学	
178	羌镛	后学	
179	胡佩衡	后学	
180	吴湖帆	后学	
181	姜筠	后学	
182	汪琨	后学	
183	钮嘉荫	后学	
184	张石园	后学	
185	张克龢	后学	
186	屈方桢	后学	
187	潘承厚	后学	
188	蒙树培	后学	
189	王世澄	后学	
190	王庆芝	后学	
191	杨秋农	后学	
192	陈维藩	后学	
193	郑石桥	后学	
194	郑功燿	后学	
195	李文显	后学	近代
196	李永庚	后学	
197	李居端	后学	
198	汪洛年	后学	
199	胡家甫	后学	
200	胡琪	后学	
201	朱富学	后学	
202	范钟	后学	
203	熊文镛	后学	
204	瞿秋白	后学	
205	秦仲文	后学	
206	赵元涛	后学	
207	徐樾	后学	
208	徐锜	后学	
209	徐觉	后学	
210	陆龙	后学	
211	陈子清	后学	
212	廖嶷	后学	
213	林节	后学	

</董源>

No. 005

生卒年・不详—约962年
朝代・五代南唐
字号・字叔达
籍贯・江西钟陵（今江西南昌市进贤县）
艺术成就・任北苑副使，故世称"董北苑"。擅山水，开创了具有平淡天真风格的江南画派。后世将董源与巨然并称"董巨"，成为南方山水画派之祖。

以"度中心性"方式统计，有明确记载、在绘画方面直接师承师法董源的弟子与后学共计192人，在数据库29843位画家中排名第5位。

若以时间维度为依据，后学画家南北朝1人、五代2人、宋代9人、元代17人、明代39人、清代121人、近代3人。

若以空间维度为依据，董源的后学画家来自22个省市，除未有详细出生地、籍贯信息的画家19人外，其余分布如下：江苏60人、浙江50人、上海17人、安徽8人、四川5人、广东4人、北京4人、河南3人、山东3人、辽宁2人、江西2人、内蒙古2人、吉林1人、湖南2人、福建2人、重庆1人、陕西1人、云南1人、河北1人、湖北1人、贵州1人、山西1人。

直接师承师法董源的后学画家地理分布图

● 内蒙古2人

● 山西1人

● 甘肃1人

● 陕西1人

● 成都1人　● 重庆1人
● 南充1人
● 宜宾1人
● 内江1人
● 其他1人

不详12人

● 贵州1人

● 云南1人

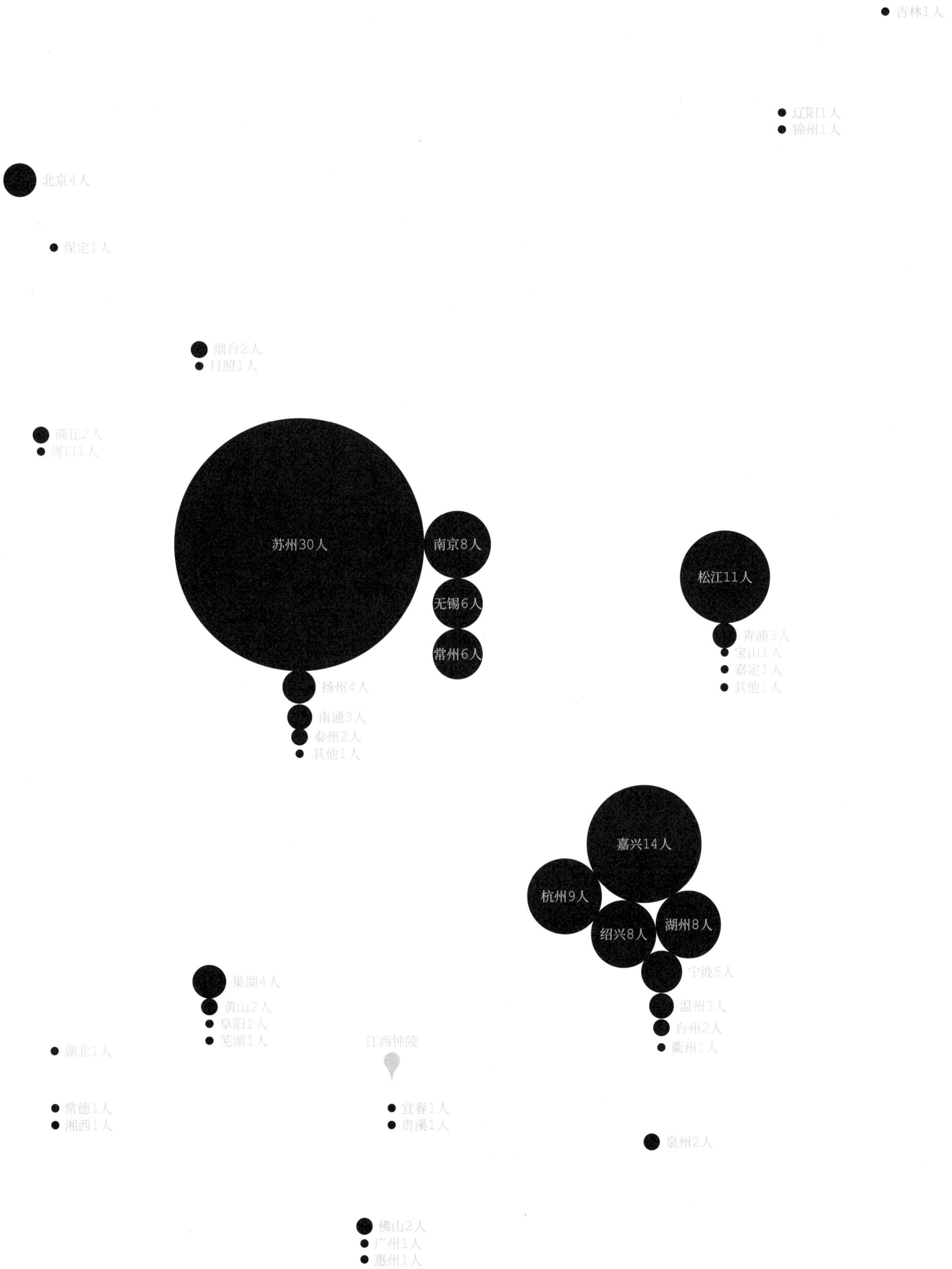

- 吉林1人
- 辽阳1人
- 锦州1人
- 北京4人
- 保定1人
- 烟台2人
- 日照1人
- 商丘2人
- 周口1人
- 苏州30人
- 南京8人
- 无锡6人
- 常州6人
- 松江11人
- 青浦3人
- 宝山1人
- 嘉定1人
- 其他1人
- 扬州4人
- 南通3人
- 泰州2人
- 其他1人
- 嘉兴14人
- 杭州9人
- 绍兴8人
- 湖州8人
- 宁波5人
- 温州3人
- 台州2人
- 衢州1人
- 巢湖4人
- 黄山2人
- 阜阳1人
- 芜湖1人
- 江西钟陵
- 湖北1人
- 宜春1人
- 贵溪1人
- 常德1人
- 湘西1人
- 泉州2人
- 佛山2人
- 广州1人
- 惠州1人

以"三度影响力"计算,董源的影响力值为3586.75,在数据库29843位画家中排名第一位。一度后学画家为192人,二度后学画家为1835人,三度后学画家为9913人。

从数据上看,董源后学画家中,其自身超过10位后学画家人数的就高达14人,分别是宋代巨然(后学画家117人)、米芾(后学画家168人),元代赵孟頫(后学画家78人)、黄公望(后学画家329人)、倪瓒(后学画家267人)、吴镇(后学画家156人)、王蒙(后学画家120人)、高克恭(后学画家40人)、方从义(后学画家10人),明代董其昌(后学画家148人)、沈周(后学画家174人),清代王鉴(后学画家89人)、龚贤(后学画家12人)、髡残(后学画家12人)等。足见其艺术影响力的历史穿透性,几乎宋以后历代大家都成为他的私淑弟子。

"巨然〔宋〕……工画山水,师法董源……〔沈柔坚:《中国美术辞典》,上海辞书出版社〕"
"米芾〔宋〕……所作山水,其源出董源……〔宋史本传、画继、寓意编、洞天清禄、清波杂志、宋诗纪事、韵语阳秋、容台集、宣和书谱、海岳名言、雪舟胜语〕"
"赵孟頫〔元〕……山水取法董源、李成……〔周振宇:《中国画名家大典》,人民日报出版社〕"
"黄公望〔元〕……山水师董源、巨然,……〔杭州府志、图绘宝鉴、吴中人物志、画史会要、海虞画苑略、辍耕录、录鬼簿、寓意编、艺苑卮言、眉公秘笈、清河书画舫、梧溪集、清秘阁集、容台集〕"
"倪瓒〔元〕……工画山水,早岁以董源为师……〔云林诗集序、云林遗事、图绘宝鉴、画史会要、无声诗史、清河书画舫、画禅室随笔、容台集、弇州山人四部类稿、艺苑卮言、妮古录、六研斋二笔、徐文长集、甫田集〕"

"吴镇〔元〕……山水师法董源、巨然而又独出机杼……〔周振宇:《中国画名家大典》,人民日报出版社〕"

"王蒙〔元〕……以王维、董源、巨然为宗……〔明史本传、杭州府志、画史会要、无声诗史、清河书画舫、虚斋名画续录、书画铭心录、珊瑚网、寓意编、辍耕录、东图玄览、六研斋二笔、续弘简录、艺苑卮言、眉公秘籍、云林诗集、吴宽家藏集、容台集、拜经楼诗话、听雨楼诸贤记、玉山雅堂草集、鲍翁家藏集〕"

"高克恭〔元〕……画山水乃用李成、董源、巨然法……〔杭州府志、松雪斋集、柳待制集、巴西集、梧溪集、云林集、图绘宝鉴、艺苑卮言、容台集、清河书画舫〕"

"方从义〔元〕……画山水,初师董源、巨然……〔式古堂书画汇考、图绘宝鉴、画史会要、艺苑卮言、青阳集、俟庵集〕"

"沈周〔明〕……独于董源、巨然、李成尤得心印……〔明史本传、明史艺文志、图绘宝鉴续纂、无声诗史、画禅室随笔、六砚斋笔记、艺苑卮言、珊瑚网、清河书画舫、东图玄览、震泽集、莆田集〕"

"董其昌〔明〕……画山水少学黄公望,中复去而宗董源、巨然……〔明史•本传、明史•艺文志、明画录、桐阴论画、珊瑚网、列朝诗集小传、松江府志、华亭志、五杂俎〕"

"王鉴〔清〕…承绪南宗正脉,即由董巨至元四家及于董其昌,反复地临仿董、巨、元四家和董其昌画迹……〔单国强:《王鉴应属"虞山派"》,故宫博物院院刊〕"

"龚贤〔清〕……从董源筑基,一变古法……〔江南通志、江宁县志、今世说、国(清)朝画征录、图绘宝鉴续纂、读画录、王渔洋感旧录志、程青溪集〕"

"髡残〔清〕……汲取董源、巨然、董其昌、文徵明等人画法……〔周振宇:《中国画名家大典》,人民日报出版社〕"

• 尹吉男:《"董源"概念的历史生成》,《文艺研究》2005年第2期。

董源的传世作品不多,但"董源"作为一个中国绘画史的知识概念被不断地重构、解释,无论是沈括的"董源"、米芾的"董源"、汤垕的"董源"还是董其昌的"董源",与"董源"概念相关的传世作品往往被后世当作艺术典范一再学习或模仿。• 特别是董其昌"南北宗"论后,明末清初时期,一个规模化的对董源、巨然画风的模仿运动在江南兴起。上述数据从师承师法角度解释了董源"三度影响力"排名第一的原因。

附表：
历代直接师承师法董源的弟子与后学画家列表

序号	姓名	师承师法关系	时期或朝代
1	巨然	后学	五代
2	李升	后学	
3	黄公望	后学	
4	倪瓒	后学	
5	吴镇	后学	
6	王蒙	后学	
7	赵孟頫	后学	
8	高克恭	后学	
9	方从义	后学	
10	曹知白	后学	
11	赵雍	后学	元
12	张逊	后学	
13	卫九鼎	后学	
14	张舜咨	后学	
15	陈汝言	后学	
16	陈选	后学	
17	郑禧	后学	
18	李士安	后学	
19	谢伯诚	后学	
20	田僧亮	后学	南北朝
21	米芾	后学	
22	刘松年	后学	
23	江参	后学	
24	赵伯骕	后学	
25	池州匠	后学	宋
26	郑天民	后学	
27	刘道士	后学	
28	朱象先	后学	
29	陆文通	后学	
30	沈周	后学	
31	董其昌	后学	
32	赵左	后学	
33	徐贲	后学	
34	杜琼	后学	
35	恽道生	后学	
36	赵原	后学	明
37	刘珏	后学	
38	张宏	后学	
39	叶澄	后学	
40	恽厥初	后学	
41	马琬	后学	
42	金锐	后学	

序号	姓名	师承师法关系	时期或朝代
43	沈贞	后学	
44	杨文骢	后学	
45	张宁	后学	
46	甄求野	后学	
47	王一鹏	后学	
48	王朝佐	后学	
49	王韶	后学	
50	李时	后学	
51	吴景行	后学	
52	葛澣	后学	
53	顾困	后学	
54	胡敦	后学	
55	朱玉耶	后学	明
56	朱寅仲	后学	
57	范叔成	后学	
58	袁枢	后学	
59	钱复	后学	
60	梁孜	后学	
61	赵澄	后学	
62	俞景山	后学	
63	徐子修	后学	
64	许清	后学	
65	张维	后学	
66	林雒鼎	后学	
67	邵文恩	后学	
68	邵岑中	后学	
69	李和	后学	
70	李增	后学	
71	汪朴	后学	
72	吴国梅	后学	
73	吕光复	后学	
74	王鉴	后学	
75	龚贤	后学	
76	髡残	后学	清
77	张庚	后学	
78	董邦达	后学	
79	陈璞	后学	
80	黎简	后学	
81	徐枋	后学	
82	蒋宝龄	后学	
83	张涟	后学	
84	黄易	后学	

序号	姓名	师承师法关系	时期或朝代
85	唐岱	后学	
86	沈起鲸	后学	
87	陆鼎	后学	
88	汪士通	后学	
89	项维仁	后学	
90	王馥	后学	
91	刘鸣玉	后学	
92	庞元济	后学	
93	张璿华	后学	
94	柳堉	后学	
95	祁豸佳	后学	
96	王建章	后学	
97	严绳孙	后学	
98	张纯修	后学	
99	张学曾	后学	
100	周鼐	后学	
101	顾大申	后学	
102	屠塘	后学	
103	澹然	后学	
104	嵇承咸	后学	
105	庆泰	后学	清
106	谈麟书	后学	
107	炳一	后学	
108	何兆祥	后学	
109	马元熙	后学	
110	马飞穆	后学	
111	兆先留	后学	
112	蕴端多尔济	后学	
113	夏湖	后学	
114	夏历	后学	
115	夏维	后学	
116	潘承烈	后学	
117	年王臣	后学	
118	牛枢晔	后学	
119	曹岳	后学	
120	甘亮采	后学	
121	郜珽	后学	
122	沈甲	后学	
123	沈浩	后学	
124	沈广濡	后学	
125	沈燮	后学	
126	王雨谦	后学	

序号	姓名	师承师法关系	时期或朝代
127	王略	后学	
128	王会	后学	
129	王祺	后学	
130	王鼎	后学	
131	王暹	后学	
132	王赞勷	后学	
133	王巘	后学	
134	黄海	后学	
135	黄彭	后学	
136	黄谟	后学	
137	杨观光	后学	
138	陈敬祓	后学	
139	冯元锡	后学	
140	冯源济	后学	
141	韩荣光	后学	
142	董建中	后学	
143	邹觐辰	后学	
144	李士栋	后学	
145	李容让	后学	
146	汪景望	后学	
147	刘复	后学	清
148	顾昉	后学	
149	顾瑛	后学	
150	胡铣	后学	
151	朱杲	后学	
152	朱渊	后学	
153	朱嵩	后学	
154	朱要霞	后学	
155	方文湘	后学	
156	方锐	后学	
157	程怀珍	后学	
158	熊维熊	后学	
159	罗日琮	后学	
160	严兆麒	后学	
161	严钰	后学	
162	谢希曾	后学	
163	汤之昱	后学	
164	汤懋网	后学	
165	翁广平	后学	
166	钟圻	后学	
167	祝天祺	后学	
168	俞文	后学	

序号	姓名	师承师法关系	时期或朝代
169	俞时笃	后学	
170	柏盟鸥	后学	
171	孙云鹏	后学	
172	徐本润	后学	
173	周荃	后学	
174	周嗣宪	后学	
175	郭毓圻	后学	
176	郭龄	后学	
177	陆烜	后学	
178	陈元复	后学	
179	陈汝霖	后学	清
180	陈岫林	后学	
181	许维钦	后学	
182	陆二龙	后学	
183	张恂	后学	
184	张潽	后学	
185	张谦	后学	
186	张藻	后学	
187	林冠玉	后学	
188	薛铨	后学	
189	章戡功	后学	
190	张大千	后学	
191	吴湖帆	后学	近代
192	李秋君	后学	

</沈周>

No. 006

生卒年 • 1427—1509年
朝代 • 明代
字号 • 字启南,号石田,自称白石
籍贯 • 长洲(今江苏苏州)
艺术成就 • 山水少承家法,中年以公望为宗,晚乃醉心吴镇。名重画坛,为吴门画派领袖,后人将其和文徵明、唐寅、仇英合称为"明四家"。

以"度中心性"方式统计,有明确记载、在绘画方面直接师承师法沈周的弟子与后学共计174人,在数据库29843位画家中排名第6位,在明代画家中与陈淳并列第一位。

若以时间维度为依据,明代43人,清代124人,近代7人。

若以空间维度为依据,沈周的后学们来自18个省市,除未有详细出生地、籍贯信息的画家6人外,其余分布如下:江苏63人、浙江31人、广东19人、福建13人、上海11人、安徽11人、江西6人、四川3人、云南2人、河北1人、北京1人、湖北1人、湖南1人、天津1人、辽宁1人、山东1人、重庆1人、山西1人。

直接师承师法沈周的后学画家地理分布图

● 山西1人

● 成都1人　　● 重庆1人
● 德阳1人
● 泸州1人

不详6人

● 昆明1人
● 红河1人

- 辽宁1人
- 北京1人
- 天津1人
- 河北1人
- 山东1人

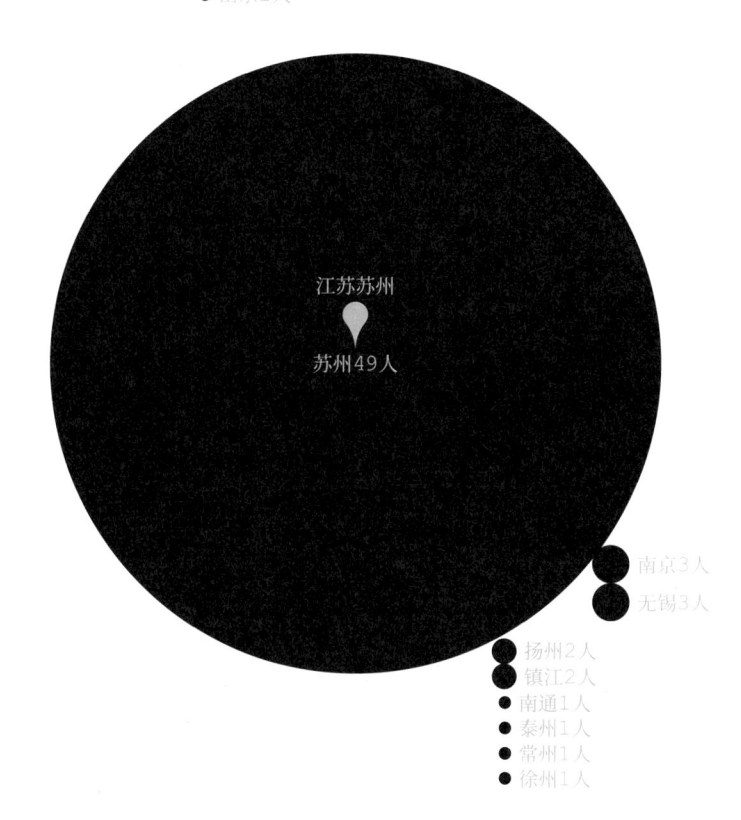

江苏苏州
苏州49人

- 嘉定3人
- 松江3人
- 其他3人
- 青浦2人

- 南京3人
- 无锡3人
- 扬州2人
- 镇江2人
- 南通1人
- 泰州1人
- 常州1人
- 徐州1人

- 嘉兴12人
- 绍兴5人
- 杭州8人
- 湖州3人
- 其他2人
- 金华1人

- 黄山7人
- 宣城2人
- 芜湖2人

- 湖北1人
- 上饶2人
- 九江1人
- 南昌1人
- 赣州1人
- 抚州1人

- 厦门3人
- 泉州2人
- 福州2人
- 三明2人
- 南平2人
- 漳州1人
- 莆田1人

- 湖南1人

- 佛山9人
- 广州7人
- 惠州1人
- 新会1人
- 江门1人

以"三度影响力"计算，沈周的影响力值为818.75，在数据库29843位画家中排名第14位，明代画家总排名第一位。一度后学画家为174人，二度后学画家为694人，三度后学画家为1191人。

沈周的高质量后学画家包括其弟子陈淳（后学画家174人）、文徵明（后学画家156人），明代的徐渭（后学画家79人）、唐寅（后学画家39人）、宋旭（后学画家15人），清代后学画家王鉴（后学画家89人）、奚冈（后学画家33人）、朱耷（后学画家19人）、龚贤（后学画家12人）、马元驭（后学画家12人）等。

"陈淳〔明〕……他的有些作品受沈周画法的影响……〔周振宇,《中国画名家大典》,人民日报出版社〕"

"文徵明〔明〕……山水师沈周得其仿佛……〔明史本传、明史艺文志、文氏族谱续集、明画录、无声诗史、丹青志、图绘宝鉴续纂、名山藏、五杂俎、珊瑚网、四友斋丛说、东图玄览、澹圃画品、眉公秘笈、黄佐衡山文公墓志铭、文嘉行略、书史会要、广印人传〕"

"徐渭〔明〕……继承梁楷简笔和林良、沈周写意花卉画法……〔周振宇,《中国画名家大典》,人民日报出版社〕"

"唐寅〔明〕……其画远攻李唐足任偏师,近交沈周……〔明史本传、明史艺文志、明画录、无声诗史、丹青志、清河书画舫、尔雅楼书画记、澹圃画品、严氏书画记、艺苑卮言、祝氏集略、珊瑚网、式古堂书画汇考〕"

"宋旭〔明〕……师沈周,学有师承……〔嘉兴府志、明画录、无声诗史、图绘宝鉴续纂、读画辑略、珊瑚网〕"

"王鉴〔清〕……综合了沈周、文征明清润明洁的画风……〔周振宇,《中国画名家大典》,人民日报出版社〕"

"奚冈〔清〕……山水有明代沈、文笔趣……〔周振宇,《中国画名家大典》,人民日报出版社〕"

"朱耷〔清〕……花鸟在沈周、陈淳、徐渭水墨花鸟基础上,树立特殊风格……〔朱氏八支宗谱、国（清）朝画征录、青门剩稿、清画家诗史、书林纪事、辞海〕"

"龚贤〔清〕……参以沈周等人的笔风墨韵……〔周振宇,《中国画名家大典》,人民日报出版社〕"

"马元驭〔清〕……元驭自以为得沈周、陆治遗意……〔国（清）朝画征录、海虞画苑略、桐阴论画、琴川新志、在亭丛稿、昭代尺牍小传、读画辑略〕"

"吴门画派其人数之多、影响之大是中国绘画史上任何一个画派所不能比拟的,其画风基本构成了明清三百年来绘画发展的主旋律。"●该论述略显绝对,但却说明了吴门画派"明四家"及其身后弟子后学对明清绘画的重大影响。从数据上看,作为吴门画派之首,沈周身后汇聚了一大批高质量的弟子与后学画家。无论是"度中心性"还是"三度影响力"统计下,沈周的师承师法数据均居明代画家首位。

● 阮荣春:《沈周的绘画艺术》,《中国书画》2011年第10期。

附表：历代直接师承师法沈周的弟子与后学画家列表

序号	姓名	师承师法关系	时期或朝代
1	孙艾	弟子	
2	王纶	弟子	
3	吴麒	弟子	
4	文徵明	弟子	
5	李著	弟子	
6	周用	弟子	
7	杨芳	后学	
8	陈淳	后学	
9	徐渭	后学	
10	唐寅	后学	
11	宋旭	后学	
12	钱榖	后学	
13	王榖祥	后学	
14	孙克弘	后学	
15	谢时臣	后学	
16	张宏	后学	
17	张复	后学	
18	陈焕	后学	
19	沈恒	后学	
20	杜冀龙	后学	
21	邓黻	后学	
22	朱南雍	后学	明
23	陈铎	后学	
24	江必名	后学	
25	沈颢	后学	
26	喻希连	后学	
27	伍福沾	后学	
28	沈轸	后学	
29	沈芦洲	后学	
30	黄克晦	后学	
31	杜元礼	后学	
32	雷起蛰	后学	
33	朱谋堇鸟	后学	
34	袁孔璋	后学	
35	项承恩	后学	
36	季寓庸	后学	
37	宗周	后学	
38	赵希抃	后学	
39	陆文	后学	
40	陈天定	后学	
41	陶浚	后学	
42	王涞	后学	
43	盛时泰	后学	

序号	姓名	师承师法关系	时期或朝代
44	王鉴	后学	
45	奚冈	后学	
46	朱耷	后学	
47	龚贤	后学	
48	马元驭	后学	
49	翟大坤	后学	
50	王玖	后学	
51	潘澂	后学	
52	王云	后学	
53	谈友仁	后学	
54	陆鼎	后学	
55	张培敦	后学	
56	张崟	后学	
57	吴谷祥	后学	
58	尹昌万	后学	
59	沈铨	后学	
60	王孙曜	后学	
61	翟继昌	后学	
62	顾樵	后学	
63	钱志伟	后学	
64	施润春	后学	
65	张晞	后学	清
66	黄应谌	后学	
67	祁豸佳	后学	
68	高俨	后学	
69	龚有晖	后学	
70	赖镜	后学	
71	黎如玮	后学	
72	迟维垒	后学	
73	半山	后学	
74	西门藻	后学	
75	井玉树	后学	
76	轼侣	后学	
77	温肇江	后学	
78	郎祚昌	后学	
79	何大任	后学	
80	何寿章	后学	
81	本曜	后学	
82	潘正玙	后学	
83	潘江	后学	
84	潘恕	后学	
85	潘爽	后学	
86	稼生	后学	

序号	姓名	师承师法关系	时期或朝代
87	曹锐	后学	
88	沈汝珂	后学	
89	沈廷瑞	后学	
90	沈育	后学	
91	沈嵓	后学	
92	沈闳	后学	
93	沈鼎	后学	
94	沈燮	后学	
95	王孚高	后学	
96	王咸	后学	
97	杨世纶	后学	
98	杨舟	后学	
99	杨恢基	后学	
100	杨庆麟	后学	
101	陈泰初	后学	
102	陈翔凤	后学	
103	陈燮堂	后学	
104	冯赓	后学	
105	龚定求	后学	
106	龚渊	后学	
107	韩荣光	后学	
108	蔡纯一	后学	清
109	蔡漱秋	后学	
110	蒋煜	后学	
111	李秉绶	后学	
112	汪成毅	后学	
113	吴文征	后学	
114	吴日昕	后学	
115	吴龙	后学	
116	吴正肃	后学	
117	吴东发	后学	
118	吴培风	后学	
119	吴增	后学	
120	杜游	后学	
121	刘芳远	后学	
122	叶映榴	后学	
123	叶晖	后学	
124	苏鸿	后学	
125	朱逢吉	后学	
126	丁廷枚	后学	
127	江云锦	后学	
128	程堂	后学	
129	熊承鋆	后学	
130	熊惠立	后学	

序号	姓名	师承师法关系	时期或朝代
131	熊景星	后学	
132	罗天池	后学	
133	严寅	后学	
134	瞿中溶	后学	
135	谢正	后学	
136	谢观生	后学	
137	袁沛	后学	
138	翁芝	后学	
139	萧一芸	后学	
140	戴熊	后学	
141	梁枢	后学	
142	彭潚	后学	
143	彭谦豫	后学	
144	祝志裘	后学	
145	赵奎昌	后学	
146	金璋	后学	
147	姜思周	后学	
148	查昉	后学	
149	孙清士	后学	清
150	孙第培	后学	
151	徐恒	后学	
152	徐埇	后学	
153	徐树兰	后学	
154	周立	后学	
155	周岱	后学	
156	周笠	后学	
157	周经	后学	
158	周灿	后学	
159	郭桐	后学	
160	郭基	后学	
161	陆飞	后学	
162	庄渔	后学	
163	许式璜	后学	
164	张述孔	后学	
165	张云鹤	后学	
166	林必仁	后学	
167	张宜尊	后学	
168	杨逸	后学	
169	陈衡恪	后学	
170	沈祖德	后学	
171	冯金铭	后学	近代
172	李永庚	后学	
173	李启隆	后学	
174	胡振	后学	

</陈淳>

No. 006

生卒年 • 1483—1544年
朝代 • 明代
字号 • 初名淳,字道复,后更字复甫,号白阳、白阳山人
籍贯 • 苏州(今江苏苏州)
艺术成就 • 擅画山水、花鸟,水墨写意花卉尤佳,与徐渭并称"青藤白阳"。

以"度中心性"方式统计,有明确记载、在绘画方面直接师承师法陈淳的弟子与后学共计174人,在数据库29843位画家中排名第6位,在明代画家中与沈周并列第一位。作为"青藤白阳"之一,在后学画家中同时师法徐渭和陈淳的共有41人,占陈淳所有后学画家的23.6%。
若以时间维度为依据,明代12,清代143人,近代19人。

若以空间维度为依据,陈淳的后学们来自18个省市,除未有详细出生地、籍贯信息的画家12人外,其余分布如下:浙江52人、江苏41人、广东12人、上海10人、四川9人、安徽8人、江西5人、北京5人、湖南3人、山东3人、广西3人、河南2人、湖北2人、福建2人、陕西2人、云南1人、吉林1人、重庆1人。

不详12人

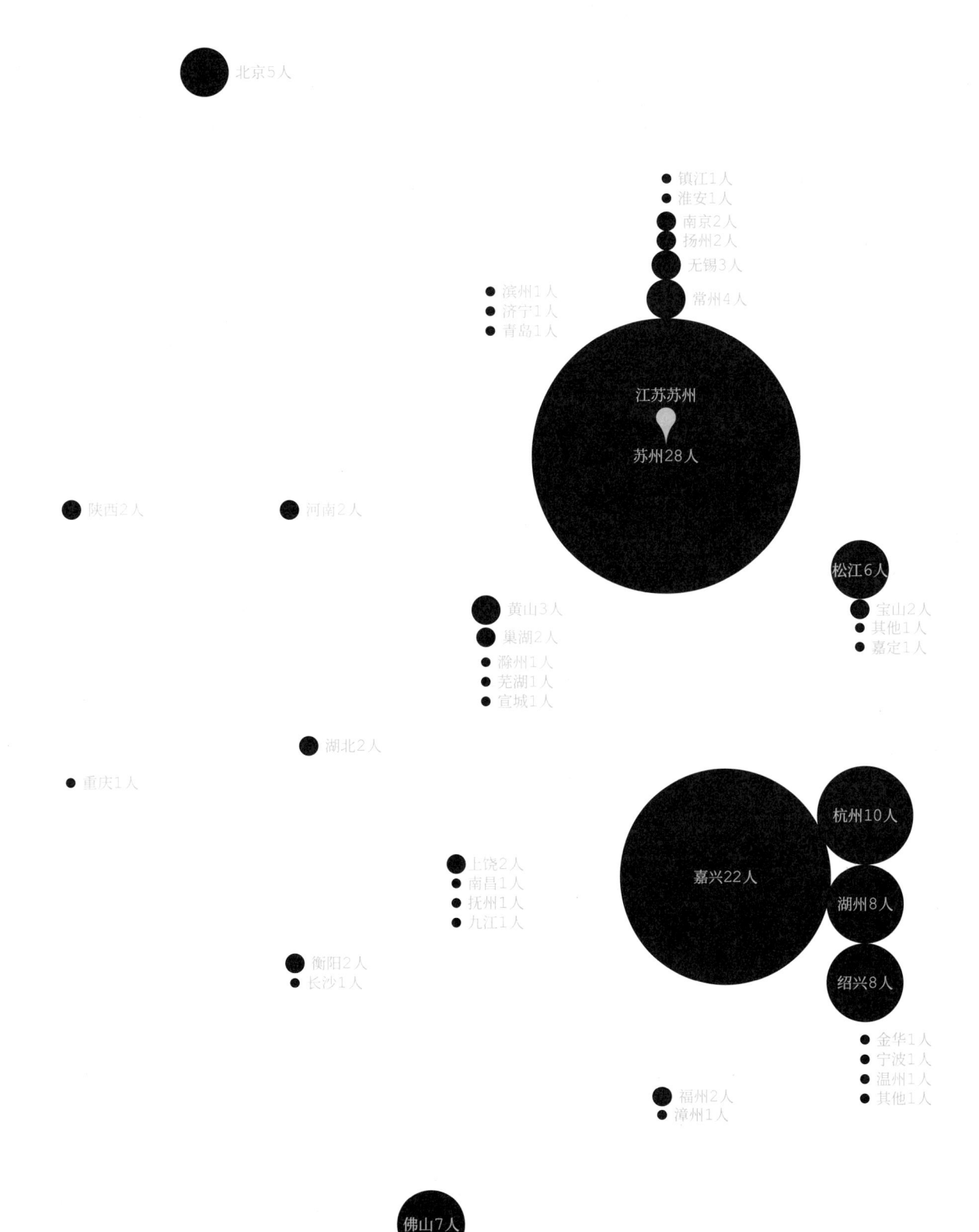

直接师承师法陈淳的后学画家地理分布图

- 吉林1人
- 北京5人
- 镇江1人
- 淮安1人
- 南京2人
- 扬州2人
- 无锡3人
- 滨州1人
- 济宁1人
- 青岛1人
- 常州4人
- 江苏苏州 苏州28人
- 陕西2人
- 河南2人
- 松江6人
- 宝山2人
- 其他1人
- 嘉定1人
- 黄山3人
- 巢湖2人
- 滁州1人
- 芜湖1人
- 宣城1人
- 湖北2人
- 成都4人
- 重庆1人
- 杭州10人
- 自贡1人
- 泸州1人
- 内江1人
- 都江堰1人
- 其他1人
- 嘉兴22人
- 湖州8人
- 上饶2人
- 南昌1人
- 抚州1人
- 九江1人
- 绍兴8人
- 衡阳2人
- 长沙1人
- 金华1人
- 宁波1人
- 温州1人
- 其他1人
- 福州2人
- 漳州1人
- 云南1人
- 佛山7人
- 广西3人
- 广州5人

以"三度影响力"计算，陈淳的影响力值为321，在数据库29843位画家中排名第30位，明代画家中列第4位。一度后学画家为174人，二度后学画家为206人，三度后学画家为176人。

直接师法陈淳的几位高质量后学画家为蒋廷锡（后学画家23人）、钱载（后学画家21人）、吴昌硕（后学画家20人）、王武（后学画家18人）、朱耷（后学画家19人）、方薰（后学画家12人）、陈书（后学画家10人）等。

"蒋廷锡〔清〕……作水墨折枝,点缀坡石、兰竹小品,亦具韵致,在陈淳、徐渭之间……〔周振宇,《中国画名家大典》,人民日报出版社〕"

"钱载〔清〕……大有徐渭、陈淳遗意……〔国(清)朝画征续录、桐阴论画、墨林今话、清画家史〕"

"吴昌硕〔清〕……初从赵之谦上溯扬州八怪以及石涛、八大、陈淳、徐渭,运以金石书法入画……〔广印人传、海上书画名家年鉴、寒松阁谈艺琐录、清画家诗史、海上墨林、王个簃所作传略〕"

"王武〔清〕……其所写花、鸟、动、植,生趣逾陈淳、陆治……〔汤光启忘庵传、太原家谱、国(清)朝画征录、桐阴论画、尧峯文集、曝书亭集、黄唐堂集、长洲县志〕"

"朱耷〔清〕……花鸟在沈周、陈淳、徐渭水墨花鸟基础上,树立特殊风格…〔朱氏八支宗谱、国(清)朝画征录、青门剩稿、清画家诗史、书林纪事、辞海〕"

"方薰〔清〕……有陈道复遗韵……〔周振宇,《中国画名家大典》,人民日报出版社〕"

"陈书〔清〕……用笔类陈道复而遒逸过之……〔国(清)朝画征录、香树斋文集、桐阴论画、清画家诗史〕"

陈淳绘画艺术最突出的成就,在于花鸟画领域开拓出水墨写意的新面貌。正如董其昌评述"白阳陈先生深得写生之趣,当代第一名手不虚也"。陈淳号称"吴派"中仅次于沈周和文徵明的第三号人物。• 就"度中心性"和"三度影响力"而言,陈淳均位居明代画家前列,分别是第1和第4位,与沈周与文徵明的数据不相上下。

• 单国霖:《笔墨飞动 气格清逸——陈淳书画艺术风格》,《中国书画》2007年9月。

附表：

历代直接师承师法陈淳的弟子与后学画家列表

序号	姓名	师承师法关系	时期或朝代
1	张元举	弟子	明
2	吴枝	弟子	
3	王穀祥	后学	
4	米万钟	后学	
5	沈仕	后学	
6	王中立	后学	
7	王复元	后学	
8	陈表	后学	
9	袁枢	后学	
10	戴鹤	后学	
11	周裕度	后学	
12	林存义	后学	
13	黄铎	后学	清
14	洪锡保	后学	
15	栗稔	后学	
16	蒋廷锡	后学	
17	钱载	后学	
18	吴昌硕	后学	
19	王武	后学	
20	朱耷	后学	
21	方薰	后学	
22	陈书	后学	
23	胡公寿	后学	
24	翟大坤	后学	
25	张庚	后学	
26	居廉	后学	
27	江介	后学	
28	黎简	后学	
29	周闲	后学	
30	谈友仁	后学	
31	陆鼎	后学	
32	张祥河	后学	
33	陈云锦	后学	
34	吴克让	后学	
35	姜渔	后学	
36	蒲华	后学	
37	张培敦	后学	
38	张汝珏	后学	
39	郎葆辰	后学	
40	徐鉽	后学	
41	陈峻	后学	
42	王孙曜	后学	
43	陈国瑚	后学	

序号	姓名	师承师法关系	时期或朝代
44	董念棻	后学	
45	李世锡	后学	
46	汪泰来	后学	
47	吴玫	后学	
48	叶祖承	后学	
49	李因	后学	
50	富灏	后学	
51	栎庵	后学	
52	舒桢	后学	
53	粟稔	后学	
54	德普	后学	
55	张允新	后学	
56	张守叙	后学	
57	邢泰	后学	
58	何大任	后学	
59	何寿章	后学	
60	鲍诗	后学	
61	潘正玙	后学	
62	潘曾莹	后学	
63	潘瑶卿	后学	
64	文昭	后学	
65	桂馥	后学	清
66	沈福堃	后学	
67	沈鼎	后学	
68	弘旿	后学	
69	王有仁	后学	
70	成鹭	后学	
71	王旼	后学	
72	丁文蔚	后学	
73	王恩隆	后学	
74	王祖光	后学	
75	王致纲	后学	
76	王豫	后学	
77	王锡璐	后学	
78	黄裕	后学	
79	黄瑞图	后学	
80	黄寿湄	后学	
81	黄继祖	后学	
82	杨士章	后学	
83	杨秉桂	后学	
84	陈纲	后学	
85	华鳌	后学	
86	冯仙湜	后学	
87	冯赓	后学	

序号	姓名	师承师法关系	时期或朝代
88	董守正	后学	
89	莫汝涛	后学	
90	郑良荷	后学	
91	蒋深	后学	
92	李荣	后学	
93	李秉绶	后学	
94	殷树柏	后学	
95	李云栋	后学	
96	李榍生	后学	
97	李钢	后学	
98	汪彦份	后学	
99	宋思仁	后学	
100	吴藕	后学	
101	杜游	后学	
102	吕光简	后学	
103	吕翔	后学	
104	刘惠	后学	
105	葛一龙	后学	
106	叶长盛	后学	
107	叶琬仪	后学	
108	顾卓	后学	
109	朱九龄	后学	清
110	朱为弼	后学	
111	朱雷	后学	
112	凌惟	后学	
113	佘启璘	后学	
114	洪承祖	后学	
115	童桢	后学	
116	熊承藻	后学	
117	罗黼	后学	
118	谢观生	后学	
119	汤光启	后学	
120	钱官俊	后学	
121	戴振年	后学	
122	戴德明	后学	
123	许延礽	后学	
124	彭倬	后学	
125	彭潆	后学	
126	秦树敏	后学	
127	祝彭龄	后学	
128	车基	后学	
129	赵增瑛	后学	
130	侯云松	后学	

序号	姓名	师承师法关系	时期或朝代
131	俞兆晟	后学	
132	查奕照	后学	
133	孙均	后学	
134	孙第培	后学	
135	周棠	后学	
136	郭适	后学	
137	陆册	后学	
138	陆宙种	后学	
139	陆英	后学	
140	陈希濂	后学	
141	许汝敬	后学	
142	许容如	后学	
143	许椿龄	后学	清
144	张度	后学	
145	张笏	后学	
146	张朝桂	后学	
147	张璋	后学	
148	张学广	后学	
149	张鸿桥	后学	
150	林必仁	后学	
151	邱宝德	后学	
152	邵湘永	后学	
153	薛沅	后学	
154	芮道源	后学	
155	张弨	后学	
156	陈衡恪	后学	
157	符铸	后学	
158	梁焱	后学	
159	郑岳	后学	
160	吕万	后学	
161	庞左玉	后学	
162	沈祖德	后学	
163	杨让渔	后学	
164	郑石桥	后学	
165	李永庚	后学	近代
166	李启隆	后学	
167	李纲		
168	宋伯鲁	后学	
169	吴荫之	后学	
170	邓怀农	后学	
171	胡振	后学	
172	袁樵云	后学	
173	陆伯龙	后学	
174	章寿彝	后学	

</王原祁>

No. 008

生卒年・1642—1715年
朝代・清代
字号・字茂京，号麓台，一号石师道人
籍贯・江苏太仓（今江苏苏州太仓），王时敏孙
艺术成就・擅画山水，继承家法。承董其昌及时敏之学，受清最高统治者之宠，形成娄东派，与王时敏、王鉴、王翚合称"四王"，加吴历、恽寿平，并称"清六家"，左右清代三百年画坛，成为正统派中坚人物。

以"度中心性"方式统计，有明确记载、在绘画方面直接师承师法王原祁的弟子与后学共计171人，在数据库29843位画家中排名第8位。
若以时间维度为依据，清代149人，近代22人。

若以空间维度为依据，王原祁的后学们来自19个省市，除未有详细出生地、籍贯信息的画家9人外，其余分布如下：江苏62人、浙江39人、上海13人、安徽10人、山东6人、福建5人、广东5人、吉林4人、河北3人、四川3人、广西3人、湖南2人、江西1人、北京1人、甘肃1人、天津1人、辽宁1人、重庆1人、陕西1人。

不详9人

直接师承师法王原祁的后学画家地理分布图

长春4人

辽宁1人

北京1人

天津1人

石家庄1人
唐山1人
其他1人

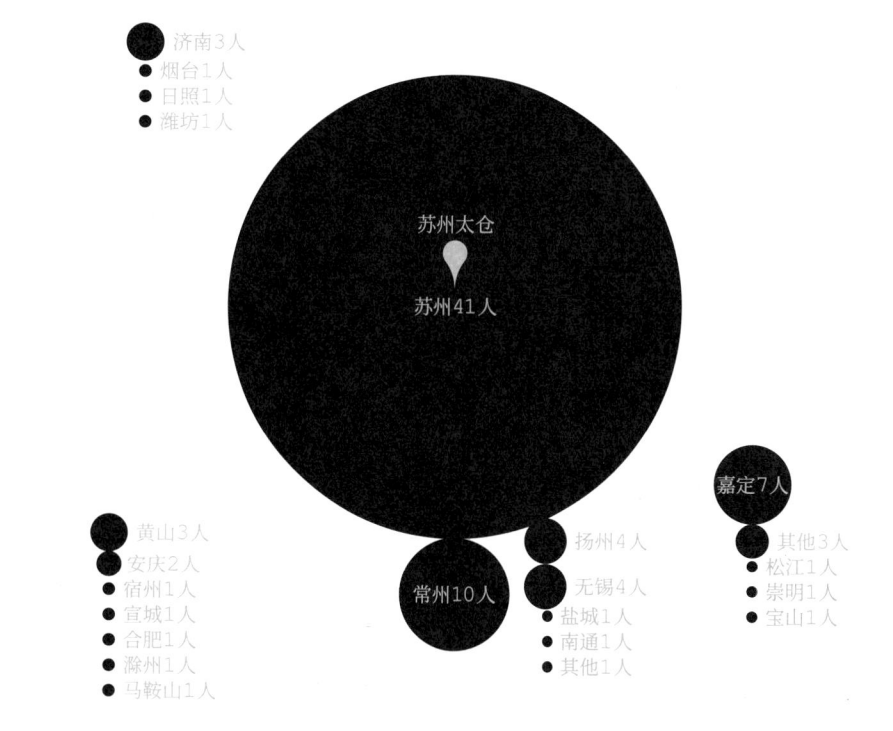

济南3人
烟台1人
日照1人
潍坊1人

苏州太仓
苏州41人

甘肃1人

陕西1人

嘉定7人
其他3人
松江1人
崇明1人
宝山1人

黄山3人
安庆2人
宿州1人
宣城1人
合肥1人
滁州1人
马鞍山1人

扬州4人
无锡4人
盐城1人
南通1人
其他1人

常州10人

内江1人
德阳1人
其他1人

重庆1人

江西1人

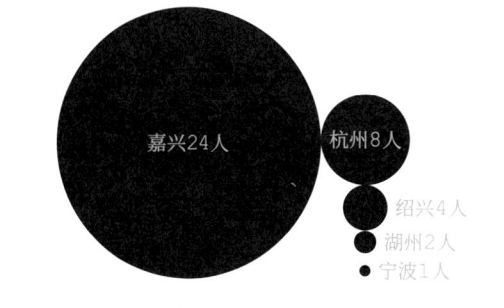

嘉兴24人

杭州8人
绍兴4人
湖州2人
宁波1人

永州1人
衡阳1人

福州4人
莆田1人

桂林3人

江门2人
中山1人
汕头1人
佛山1人

以"三度影响力"计算，王原祁的影响力值为247.75，在数据库29843位画家中排名第37。在清代画家中排名第5，列"清初四王"第4位。一度后学画家为171人，二度后学画家为107人，三度后学画家为93人。

直接师法王原祁的几位高质量后学画家仅有王学浩（后学画家25人）、王宸（后学画家22人）、黄鼎（后学画家14人）等3人，其余弟子或后学自身的后学画家均不超过10人。

"王学浩〔清〕……山水得王原祁正传……〔周振宇，《中国画名家大典》，人民日报出版社〕"

"王宸〔清〕……原祁曾孙，山水承家学……〔墨林今话、桐阴论画、广印人传、清画家诗史〕"

"黄鼎〔清〕……学画于王原祁……〔刘建龙，《正脉娄东王时敏王原祁家族暨艺术综合研究》，天津人民美术出版社〕"

王原祁被称为"娄东画派"的首领，其画风同时对词臣画家和满洲贵族宗室画家的画风也有着极大的影响，而且涉及清朝各阶层画家。但王原祁的后学画家对自身后学画家的影响力数值偏低。"四王"在传统笔墨程式的继承与把握上有着突出的成就，但在个人性灵的发挥及笔墨精神的审美创新上则有所不足。因此在民国，特别在五四新文化运动中受到激烈的抨击，其影响力于近现代显著下降。画史中所记其"王（敬铭）、李（为宪）、金（永熙）、曹（培源）四大弟子"，他们各自的后学画家人数分别为3、2、0、1，这也直接导致王原祁的"三度影响力"落到37位，在"四王"中排名第4位。

• 刘建龙：《正脉娄东王时敏王原祁家族暨艺术综合研究》，天津人民美术出版社2016年版，第173页。

附表：历代直接师承师法陈淳的弟子与后学画家列表

序号	姓名	师承师法关系	时期或朝代
1	孙阜	弟子	
2	黄鼎	弟子	
3	王昱	弟子	
4	王敬铭	弟子	
5	唐岱	弟子	
6	李为宪	弟子	
7	曹培源	弟子	
8	赫奕	弟子	
9	吴振武	弟子	
10	温仪	弟子	
11	金永熙	弟子	
12	王谔	弟子	
13	华鲲	弟子	
14	吴雯	弟子	
15	佘熙璋	弟子	
16	钟煌	弟子	
17	姚培元	弟子	
18	孙山涛	弟子	
19	王学浩	后学	
20	王宸	后学	
21	王愫	后学	
22	张鹏翀	后学	清
23	黄钺	后学	
24	杨春梯	后学	
25	陈瑗	后学	
26	徐泰增	后学	
27	张栋	后学	
28	何维朴	后学	
29	郎际昌	后学	
30	伊大麓	后学	
31	徐鈜	后学	
32	王玉璋	后学	
33	王馥	后学	
34	李豫德	后学	
35	陈嘉乐	后学	
36	顾沄	后学	
37	金霞起	后学	
38	钮元凤	后学	
39	乔熙	后学	
40	覆干	后学	
41	穆僖	后学	
42	唐肯	后学	
43	何裔云	后学	

序号	姓名	师承师法关系	时期或朝代
44	元隽	后学	
45	永瑢	后学	
46	潘遇	后学	
47	经泰	后学	
48	史澜	后学	
49	沈介圭	后学	
50	沈俊贤	后学	
51	沈振铭	后学	
52	王同愈	后学	
53	王守真	后学	
54	王宜	后学	
55	王采苹	后学	
56	王述缙	后学	
57	王启绪	后学	
58	王凤仪	后学	
59	王荫昌	后学	
60	王官澄	后学	
61	王应绥	后学	
62	王应魁	后学	
63	黄其勤	后学	
64	黄倬瀛	后学	
65	黄国祯	后学	清
66	黄椅	后学	
67	黄靖	后学	
68	杨春堉	后学	
69	杨纶	后学	
70	杨庆麟	后学	
71	陈汤奏	后学	
72	陈辂	后学	
73	陈镛	后学	
74	蔡恺	后学	
75	李锡光	后学	
76	李怀民	后学	
77	汪金杓	后学	
78	汪彦份	后学	
79	汪善浩	后学	
80	汪诒德	后学	
81	汪封	后学	
82	汪养浩	后学	
83	汪镛	后学	
84	宋云	后学	
85	吴昌寿	后学	
86	吴萧	后学	

序号	姓名	师承师法关系	时期或朝代
87	吴应枚	后学	
88	刘本铭	后学	
89	刘晋	后学	
90	邓如琼	后学	
91	柳溪	后学	
92	叶恒	后学	
93	高铨	后学	
94	顾维沁	后学	
95	顾蕙生	后学	
96	胡世荣	后学	
97	胡照	后学	
98	胡曦	后学	
99	朱文震	后学	
100	朱莱	后学	
101	朱震	后学	
102	丁嘉植	后学	
103	丁俊臣	后学	
104	毛上炤	后学	
105	洪汝源	后学	
106	范振绪	后学	
107	关际泰	后学	
108	严靖	后学	清
109	谢元麒	后学	
110	谢调梅	后学	
111	钱清炤	后学	
112	钱楷	后学	
113	钱璘	后学	
114	翁绶祺	后学	
115	钟圻	后学	
116	萧九成	后学	
117	戴彝	后学	
118	殷立杏	后学	
119	石颐	后学	
120	赵溶	后学	
121	赵咸亲	后学	
122	赵敬业	后学	
123	赵瑛	后学	
124	赵遂禾	后学	
125	赵晓	后学	
126	金容	后学	
127	奕谟	后学	
128	施松山	后学	
129	孙祐	后学	

序号	姓名	师承师法关系	时期或朝代
130	孙钧	后学	清
131	徐用锡	后学	
132	徐坚	后学	
133	周立	后学	
134	周尚文	后学	
135	周起	后学	
136	周愈	后学	
137	周镛	后学	
138	陆槐	后学	
139	陆应祥	后学	
140	陈本	后学	
141	陈汝玉	后学	
142	陈均	后学	
143	张保龄	后学	
144	张彦曾	后学	
145	张伟	后学	
146	林传诗	后学	
147	邵士钤	后学	
148	盛惇大	后学	
149	章士伟	后学	
150	吴湖帆	后学	近代
151	苍厓	后学	
152	屈方桢	后学	
153	潘承厚	后学	
154	王世澄	后学	
155	王瑾	后学	
156	郑石桥	后学	
157	郑功燿	后学	
158	李文显	后学	
159	李居端	后学	
160	汪洛年	后学	
161	刘铨卿	后学	
162	胡琪	后学	
163	胡涛	后学	
164	江鹏	后学	
165	范钟	后学	
166	瞿秋白	后学	
167	秦仲文	后学	
168	徐锜	后学	
169	周光煦	后学	
170	陆龙	后学	
171	林节	后学	

</米芾>

No. 009

生卒年・1051—1107年
朝代・宋代
字号・字元章，号鹿门居士、襄阳漫士、海岳外史
籍贯・祖籍山西太原，后定居江苏镇江
艺术成就・徽宗诏为书画学博士，人称"米南宫"。在山水画中独辟蹊径，有"米家云山""米派"之称。米芾书法亦著名于时，与蔡襄、苏轼、黄庭坚并称"宋四书家"。

以"度中心性"方式统计，有明确记载、在绘画方面直接师承师法米芾的弟子与后学共计168人，在数据库29843位画家中排名第9位。

若以时间维度为依据，宋代6人，金3人，元代11人，明代48人，清代97人、近代3人。

若以空间维度为依据，米芾的后学们来自16个省市，除未有详细出生地、籍贯信息的画家16人外，其余分布如下：江苏42人、浙江38人、福建15人、上海11人、安徽11人、广东9人、北京5人、江西4人、河北3人、四川3人、辽宁3人、山西3人、湖北2人、天津1人、陕西1人、山东1人。

不详16人

直接师承师法米芾的后学画家地理分布图

- 辽阳1人
- 铁岭1人
- 锦州1人

- 其他3人
- 房山1人
- 通州1人

- 天津1人

- 衡水2人
- 沧州1人

江苏镇江
- 镇江2人
- 徐州2人
- 南通1人
- 泰州1人
- 淮安1人
- 扬州3人
- 常州5人

- 山东1人

山西太原
- 太原1人
- 运城2人

南京6人
苏州15人 无锡6人

- 陕西1人

松江5人
- 奉贤2人
- 青浦2人
- 嘉定1人
- 浦东1人

黄山5人
- 芜湖2人
- 宣城2人
- 宿州1人
- 淮南1人

- 武汉1人
- 荆州1人

- 成都1人
- 德阳1人
- 绵阳1人

杭州16人

- 贵溪1人
- 赣州1人
- 九江1人
- 其他1人

绍兴4人
- 湖州2人
- 温州2人
- 丽水2人
- 宁波1人
- 台州1人

嘉兴10人

福州5人
- 泉州3人
- 龙岩2人
- 漳州1人
- 长乐1人
- 莆田1人
- 宁德1人
- 三明1人

佛山3人
- 惠州2人
- 中山2人
- 广州1人
- 东莞1人

以"三度影响力"计算，米芾的影响力值为914.5，在数据库29843位画家中排名第12位，宋代画家中排名第一位。一度后学画家为168人，二度后学画家为597人，三度后学画家为1793人。

米芾的高质量后学画家包括其子米友仁（后学画家93人）及宋代的夏圭（后学画家52人）、赵孟坚（后学画家18人），金代的王庭筠（后学画家11人），元代的高克恭（后学画家40人）、方从义（后学画家10人），明代的陈淳（后学画家174人）、董其昌（后学画家148人），清代后学画家龚贤（后学画家12人）等。

"米友仁〔元〕……所作山水其风气克肖乃翁……发展了米芾技法……〔宋史本传、画继、德隅斋画品、寓意编、后邨题跋、攻媿题跋、宋诗纪事、鹤山集、书法钩玄〕"

"夏圭〔宋〕……精山水，师法李唐，渗以范、米家法……〔周振宇，《中国画名家大典》，人民日报出版社〕"

"赵孟坚〔宋〕……画宗米家法……〔周振宇，《中国画名家大典》，人民日报出版社〕"

"王庭筠〔金〕……枯木竹石与书法，学米芾……〔沈柔坚，《中国美术辞典》，上海辞书出版社〕"

"高克恭〔元〕……画山水初学米氏父子……〔杭州府志、松雪斋集、柳待制集、巴西集、梧溪集、云林集、图绘宝鉴、艺苑卮言、容台集、清河书画舫〕"

"方从义〔元〕……画山水，初师董源、巨然、米芾、高克恭……〔式古堂书画汇考、图绘宝鉴、画史会要、艺苑卮言、青阳集、俟庵集〕"

"陈淳〔明〕……中岁忽斟酌米、高间，写意而已……〔张寰白阳先生墓志铭、陈氏谱、苏州府志、丹青志、明画录、无声诗史、詹氏小辨、珊瑚网、艺苑卮言、尔雅楼书画记、苏州名贤像册〕"

"董其昌〔明〕……气韵秀润，潇洒生动，尤与米、高为近……〔明史·本传、明史·艺文志、明画录、桐阴论画、珊瑚网、列朝诗集小传、松江府志、华亭志、五杂组〕"

"龚贤〔清〕……以宋初北方画派的笔墨为主体，参以二米（米芾、米友仁父子）……〔周振宇，《中国画名家大典》，人民日报出版社〕"

米芾、米友仁共同的后学共计73人，占所有师承师法米芾后学画家的43.5%。"米氏云山"是"二米"绘画艺术的最大成就。从历代师承师法数据上看，米芾后学画家的"度中心性""三度影响力"均列宋代首位，明代董其昌赞称其"唐人画法，至宋乃畅，至米又一变耳"。

附表：历代直接师承师法米芾的弟子与后学画家列表

序号	姓名	师承师法关系	时期或朝代
1	米友仁	弟子	
2	夏圭	后学	
3	赵孟坚	后学	宋
4	龚开	后学	
5	水丘览云	后学	
6	赵山甫	后学	
7	王庭筠	后学	金
8	吴激	后学	
9	钱过庭	后学	
10	高克恭	后学	
11	方从义	后学	
12	卫九鼎	后学	
13	郭畀	后学	
14	张舜咨	后学	
15	倪瓒	后学	元
16	柴浩	后学	
17	陈贞	后学	
18	李良心	后学	
19	高然晖	后学	
20	朱璟	后学	
21	陈柏君	后学	
22	李杰	后学	
23	陈淳	后学	
24	董其昌	后学	
25	赵左	后学	
26	孙克弘	后学	
27	何澄	后学	
28	宋珏	后学	
29	孙隆	后学	
30	陶成	后学	
31	张宏	后学	
32	米万钟	后学	明
33	王翘	后学	
34	黎民表	后学	
35	王思任	后学	
36	朱之蕃	后学	
37	马琬	后学	
38	黄希毂	后学	
39	谢环	后学	
40	张羽	后学	
41	解如	后学	
42	夏昺	后学	

序号	姓名	师承师法关系	时期或朝代
43	寂彝	后学	
44	王挹真	后学	
45	王朝佐	后学	
46	王超	后学	
47	陈珪	后学	
48	陈璜	后学	
49	陈鸿	后学	
50	虞鲁瞻	后学	
51	邹迪光	后学	
52	蒋铠	后学	
53	汪元哲	后学	
54	吴娟	后学	
55	刘爵	后学	
56	刘鹏	后学	明
57	葛涓	后学	
58	高廷礼	后学	
59	高淮	后学	
60	顾翰	后学	
61	朱多炡	后学	
62	毛良	后学	
63	罗雅	后学	
64	赵迪	后学	
65	徐子修	后学	
66	徐象梅	后学	
67	张懋丞	后学	
68	林景旸	后学	
69	谌命衡	后学	
70	常世经	后学	
71	米汉雯	后学	
72	陈曼	后学	
73	李觐曾	后学	
74	朱轼	后学	
75	俞时笃	后学	
76	柏古	后学	清
77	龚贤	后学	
78	沈起鲸	后学	
79	陆妫	后学	
80	吴庆云	后学	
81	颜峰	后学	
82	张延绪	后学	
83	张绍龄	后学	
84	吴山	后学	

序号	姓名	师承师法关系	时期或朝代
85	严沆	后学	
86	张纯修	后学	
87	高层云	后学	
88	万人长	后学	
89	仰止	后学	
90	安和	后学	
91	阮惟勤	后学	
92	何惟勤	后学	
93	马景约	后学	
94	留超	后学	
95	灵湛	后学	
96	欧阳振	后学	
97	龙应霖	后学	
98	文光浚	后学	
99	沈世勋	后学	
100	沈鼎	后学	
101	成沂	后学	
102	王崇简	后学	
103	王会	后学	
104	王槐	后学	
105	王端淑	后学	清
106	黄石	后学	
107	杨振昆	后学	
108	杨书缤	后学	
109	陈景	后学	
110	陈敬袚	后学	
111	陈维鼎	后学	
112	韩校	后学	
113	韩荣光	后学	
114	韩铸	后学	
115	虞景星	后学	
116	郑之侨	后学	
117	卢清	后学	
118	李果吉	后学	
119	李森	后学	
120	李鼎铭	后学	
121	汪永祚	后学	
122	汪琯	后学	
123	汪荣	后学	
124	汪震	后学	
125	汪蕃	后学	
126	吴以畅	后学	

序号	姓名	师承师法关系	时期或朝代
127	吴俊	后学	
128	顾知	后学	
129	胡贞开	后学	
130	胡铣	后学	
131	朱丙炎	后学	
132	朱岷	后学	
133	朱挟鏃	后学	
134	朱莱	后学	
135	丁英晓	后学	
136	方夔	后学	
137	毛际可	后学	
138	熊怡	后学	
139	罗文子	后学	
140	于祉	后学	
141	严伦	后学	
142	瞿绍勋	后学	
143	谢天游	后学	
144	谢廷玉	后学	
145	袁登道	后学	
146	钱山帘	后学	清
147	翁之泰	后学	
148	钟英	后学	
149	梁邦俊	后学	
150	梁枢	后学	
151	项继皋	后学	
152	金龙节	后学	
153	俞文	后学	
154	孙恒年	后学	
155	徐峨	后学	
156	周荣起	后学	
157	郭楠	后学	
158	陆烜	后学	
159	陆远	后学	
160	陆鳴	后学	
161	陈仙源	后学	
162	许尚远	后学	
163	张应均	后学	
164	张鲁	后学	
165	邵廷宝	后学	
166	李文显	后学	
167	范钟	后学	近代
168	谢绍东	后学	

</吴镇>

No. 010

生卒年・1280—1354年
朝代・元代
字号・字仲圭,号梅花道人、梅沙弥,自题其墓为"梅花和尚之塔"
籍贯・浙江嘉善(今浙江嘉兴嘉善)魏塘镇
艺术成就・善于用墨,为元人之冠。每作画往往题诗文于其上,诗、书、画相映成趣,时人号为"三绝"。与黄公望、倪瓒、王蒙合称"元四家"。

以"度中心性"方式统计,有明确记载、在绘画方面直接师承师法吴镇的弟子与后学共计156人,在数据库29843位画家中排名第10位。
若以时间维度为依据,元代1人,明代49人,清代104人、近代2人。

● 新疆吕吉1人

若以空间维度为依据,吴镇的后学们来自15个省市,除未有详细出生地、籍贯信息的画家9人外,其余分布如下:江苏46人、浙江44人、广东16人、安徽15人、上海8人、河北3人、福建3人、四川2人、贵州2人、辽宁2人、湖北1人、北京1人、湖南1人、吉林1人、山东1人、新疆1人。

● 不详9人

直接师承师法吴镇的后学画家地理分布图

- 长春1人
- 沈阳1人
- 铁岭1人
- 北京1人
- 保定1人
- 沧州1人
- 唐山1人
- 山东1人
- 苏州32人
- 扬州5人
- 无锡3人
- 镇江2人
- 南通1人
- 泰州1人
- 常州1人
- 南京1人
- 松江4人
- 嘉定3人
- 宝山1人
- 黄山11人
- 宣城2人
- 宿州1人
- 池州1人
- 杭州11人
- 绍兴11人
- 德阳1人
- 其他1人
- 武汉1人
- 湖州3人
- 丽水1人
- 宁波1人
- 嘉兴嘉善
- 嘉兴17人
- 常德1人
- 贵阳1人
- 其他1人
- 福州1人
- 莆田1人
- 宁化1人
- 佛山9人
- 广州3人
- 江门2人
- 汕头1人
- 云浮1人

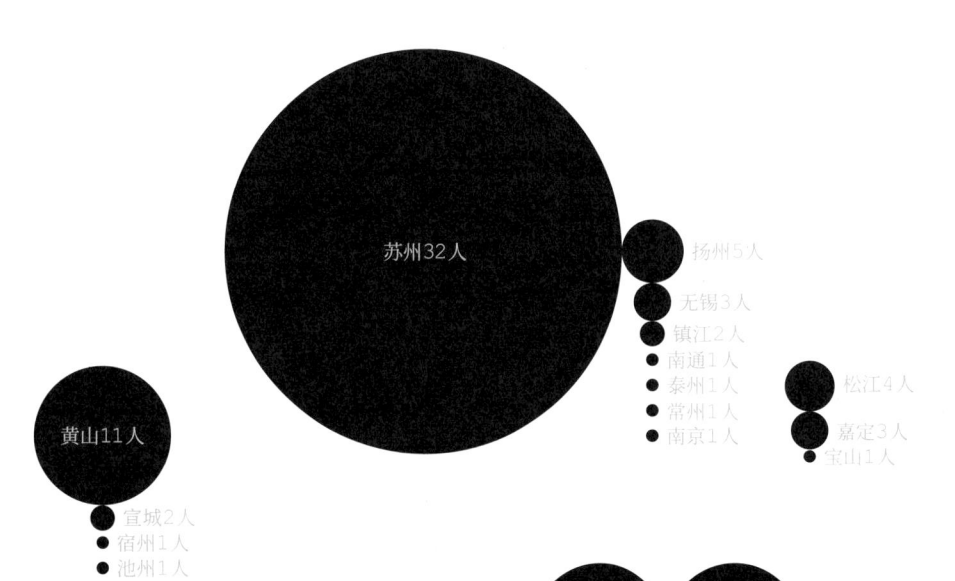

以"三度影响力"计算，吴镇的影响力值为1107，在数据库29843位画家中排名第8位。在元代画家中排名第4位，"元四家"中排名第3位。一度后学画家为156人，二度后学画家为872人，三度后学画家为2060人。

直接师法吴镇的且自身后学超过10人的后学画家如下，"明四家"中的沈周（后学画家174人）、文徵明（后学画家157人）、唐寅（后学画家39人）、李流芳（后学画家24人）、吴历（后学画家24人）、夏昶（后学画家16人）、王绂（后学画家14人），清初"四王"中的王原祁（后学画家171人）、王鉴（后学画家89人），以及清"四僧"中弘仁（后学画家14人）、髡残（后学画家12人）以及黄慎（后学画家24人）、高其佩（后学画家22人）、龚贤（后学画家12人）等。

"沈周〔明〕……晚乃醉心吴镇……〔明史本传、明史艺文志、明画录、无声诗史、丹青志、清河书画舫、尔雅楼书画记、澹圃画品、严氏书画记、艺苑卮言、祝氏集略、珊瑚网、式古堂书画汇考〕"

"文徵明〔明〕……画风呈粗、细两种面貌。粗笔源自沈周、吴镇……〔周振宇，《中国画名家大典》，人民日报出版社〕"

"唐寅〔明〕……自元之黄、王、倪、吴四大家，靡不研解……〔明史本传、明史艺文志、明画录、无声诗史、丹青志、清河书画舫、尔雅楼书画记、澹圃画品、严氏书画记、艺苑卮言、祝氏集略、珊瑚网、式古堂书画汇考〕"

"李流芳〔明〕……擅山水，尤好吴镇……〔明史·唐时升传、明史·艺文志、明画录、无声诗史、海虞画苑略、图绘宝鉴续纂、桐阴论画、苏州明贤像册、容台集、广印人传、竹个丛抄〕"

"吴历〔明〕……山水苍浑厚重，更兼有吴镇之长……〔张云章墨井道人传、李问渔所作状、陈垣所作年谱、东方杂志姚大荣辩画征录记王石谷与吴渔山绝交事之诬、国（清）朝画征录、青霞馆论画绝句注、竹人续录、书林藻鉴、桐阴论画、榆园画志〕"

"夏昶〔明〕……吴镇泉石皆博取兼工……〔李峰、汤钰林，《苏州历代人物大辞典》上海辞书出版社2016年版〕"

"王绂〔明〕……以墨竹名天下，得石室（文同）、橡林（吴镇）遗法……〔明史本传、画史会要、无声诗史、珊瑚网、王进友石先生诗序、六研斋二笔、名山藏、式古堂书画汇考、列朝诗集小传〕"

"王原祁〔清〕……擅画山水，继承家法，学元四家〔周振宇，《中国画名家大典》，人民日报出版社〕"

"王鉴〔清〕……点苔学吴镇……〔周振宇，《中国画名家大典》，人民日报出版社〕；王鉴〔清〕……山水擅长临摹，于元四家尤为精诣……〔清画家诗史、国（清）朝画征录、无声诗史、图绘宝鉴续纂、桐阴论画、梅村集、渔洋集、微泉阁集、艺林月刊〕"

"弘仁〔清〕……绘画初法宋人，后学元四家……〔"四僧书画展"序言，故宫博物院，2017年〕"

"髡残〔清〕……从董其昌上溯元四家，取法黄公望、王蒙、吴镇以至五代董、巨……〔"四僧书画展"序言，故宫博物院，2017年〕"

"黄慎〔清〕……山水学吴镇……〔沈柔坚，《中国美术辞典》，上海辞书出版社〕"

"高其佩〔清〕……墨法得力于吴镇……〔周振宇，《中国画名家大典》，人民日报出版社〕"

"龚贤〔清〕……参以吴镇等人的笔风墨韵……〔周振宇，《中国画名家大典》，人民日报出版社〕"

两种算法下吴镇的排位差距不大。明清两代的大量画家是在"元四家""笼罩"下成长发展起来的。沈周、文徵明等后学大家都对吴镇推崇备至，甚至专学吴镇，称"梅花庵主是吾师"等。上述师承师法数据也客观反映了吴镇对后学画家的实际影响力。

872　　2060

附表：
历代直接师承师法吴镇的弟子与后学画家列表

序号	姓名	师承师法关系	时期或朝代
1	张观	弟子	元
2	沈周	后学	
3	文徵明	后学	
4	唐寅	后学	
5	李流芳	后学	
6	夏昶	后学	
7	王绂	后学	
8	钱穀	后学	
9	文彭	后学	
10	杜琼	后学	
11	刘珏	后学	
12	宋珏	后学	
13	宋懋晋	后学	
14	谢时臣	后学	
15	张宏	后学	
16	姚绶	后学	
17	周文靖	后学	
18	朱之蕃	后学	
19	张尧恩	后学	
20	杨补	后学	
21	杨文骢	后学	
22	郑去疾	后学	明
23	朱鹭	后学	
24	墨生	后学	
25	蒋守成	后学	
26	雪	后学	
27	戚元佐	后学	
28	王一鹏	后学	
29	王廷策	后学	
30	陈绍英	后学	
31	邹近鲁	后学	
32	郑元勋	后学	
33	郑本	后学	
34	吴爱蕉	后学	
35	顾翰	后学	
36	朱统鎀	后学	
37	朱朴	后学	
38	朱谋遥	后学	
39	谭翀	后学	
40	梁孜	后学	
41	姚应翀	后学	
42	徐安生	后学	

序号	姓名	师承师法关系	时期或朝代
43	徐象梅	后学	
44	周祚新	后学	
45	陶素来	后学	
46	张复	后学	明
47	张维	后学	
48	张瀚	后学	
49	祁彪佳	后学	
50	盛尧民	后学	
51	王原祁	后学	
52	王鉴	后学	
53	黄慎	后学	
54	吴历	后学	
55	高其佩	后学	
56	弘仁	后学	
57	龚贤	后学	
58	髡残	后学	
59	查士标	后学	
60	鲁得之	后学	
61	黎简	后学	
62	谢彬	后学	
63	张鹏翀	后学	
64	周笠	后学	
65	王溥	后学	
66	张莘	后学	
67	张涟	后学	清
68	谢兰生	后学	
69	陆鼎	后学	
70	蒲华	后学	
71	沈桂	后学	
72	王兰	后学	
73	翟继昌	后学	
74	林霖	后学	
75	黄璧	后学	
76	汪后来	后学	
77	郑旼	后学	
78	戴明说	后学	
79	高简	后学	
80	富灏	后学	
81	赖裔云	后学	
82	屠兆鹍	后学	
83	温汝遂	后学	
84	归瑀	后学	

序号	姓名	师承师法关系	时期或朝代
85	饶璟	后学	
86	半山	后学	
87	轼侣	后学	
88	伍延鎏	后学	
89	陈帆	后学	
90	伊龄阿	后学	
91	强国忠	后学	
92	佘启祥	后学	
93	曹鈖	后学	
94	曹麟开	后学	
95	沈翼天	后学	
96	梵林	后学	
97	王圻	后学	
98	王昱	后学	
99	王遂	后学	
100	王翰	后学	
101	秦炳文	后学	
102	黄媛介	后学	
103	黄继祖	后学	
104	杨庆麟	后学	
105	陈泰初	后学	清
106	陈阶	后学	
107	冯斯佐	后学	
108	韩鹗	后学	
109	虞光祖	后学	
110	虞应樾	后学	
111	翟绅	后学	
112	邹溶	后学	
113	蔡照	后学	
114	李居端	后学	
115	李启隆	后学	
116	汪元麟	后学	
117	吴文征	后学	
118	吴荣光	后学	
119	吴东发	后学	
120	吴秋声	后学	
121	吴原炳	后学	
122	吴麒	后学	
123	刘本铭	后学	
124	刘廷杰	后学	
125	万弘衞	后学	
126	顾昉	后学	

序号	姓名	师承师法关系	时期或朝代
127	朱治间	后学	
128	江云锦	后学	
129	江衡	后学	
130	程堂	后学	
131	熊景星	后学	
132	罗天池	后学	
133	戴锳	后学	
134	戴镐	后学	
135	殷立杏	后学	
136	宗御	后学	
137	赵溶	后学	
138	金时仪	后学	
139	姚天虬	后学	
140	姚筠	后学	清
141	施政	后学	
142	施溥	后学	
143	施履谦	后学	
144	周封	后学	
145	陆飞	后学	
146	陈在谦	后学	
147	许淳	后学	
148	陶祖德	后学	
149	张浩	后学	
150	林必仁	后学	
151	邱永安	后学	
152	邵华	后学	
153	邵逸先	后学	
154	张固	后学	
155	胡佩衡	后学	近代
156	沈祖德	后学	

</文徵明>

No. 010

生卒年・1470—1559年
朝代・明代
字号・初名壁，一作璧，字徵明，号衡山居士
籍贯・长洲（今江苏苏州）人
艺术成就・学书于李应祯，学画于沈周。诗文书画人称"四绝"。与沈周、唐寅鼎峙，加仇英合称"吴门四家"，继沈周为吴派领袖。

以"度中心性"方式统计，有明确记载、在绘画方面直接师承师法文徵明的弟子与后学共计156人，在数据库29843位画家中排名第10位。

若以时间维度为依据，明代47人，清代105人，近代4人。

若以空间维度为依据，文徵明的后学们来自11个省市，除未有详细出生地、籍贯信息的画家12人外，其余分布如下：江苏68人、浙江38人、上海13人、安徽9人、福建5人、广东5人、江西2人、湖南1人、北京1人、吉林1人、山西1人。

不详12人

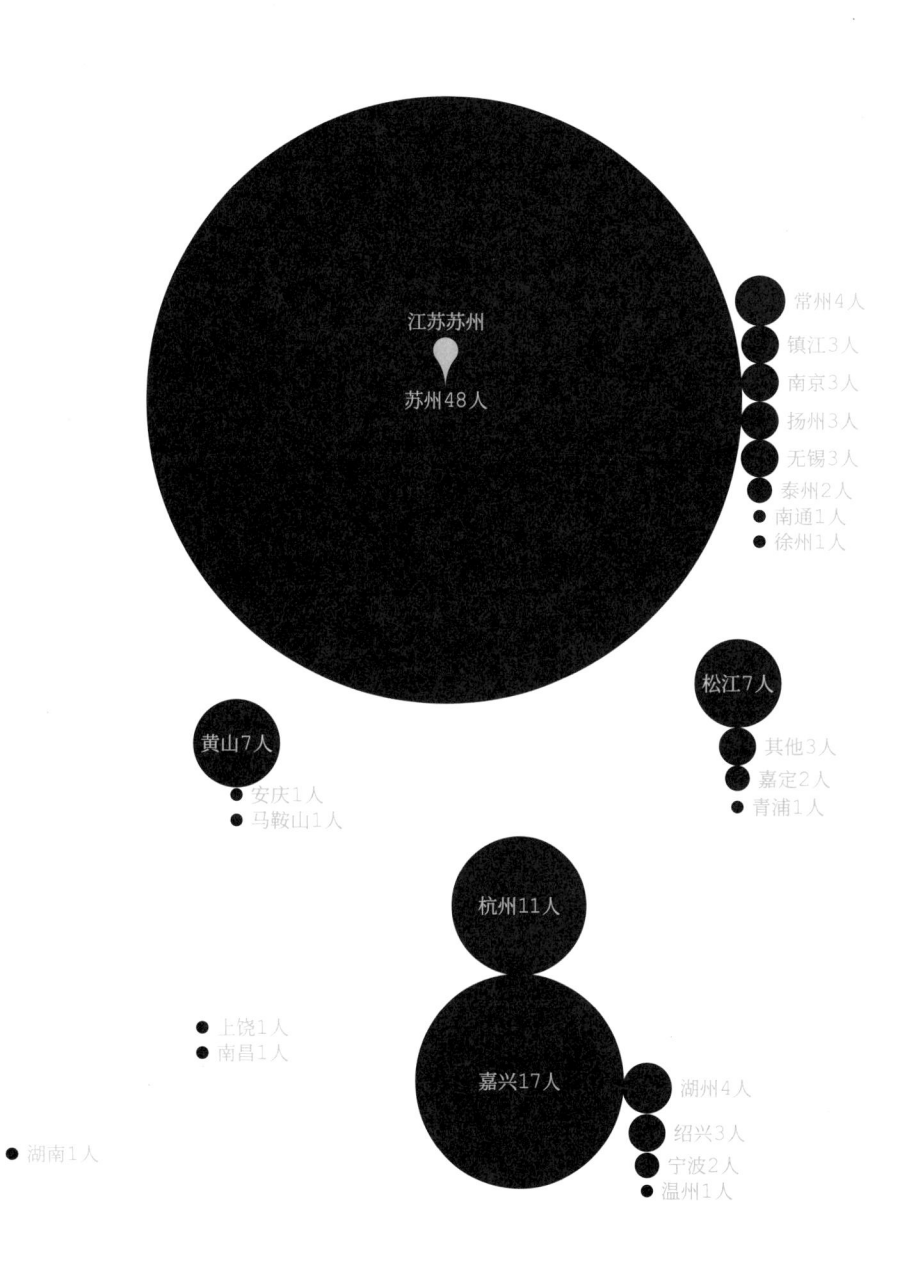

直接师承师法文徵明的后学画家地理分布图

- 吉林1人
- 北京1人
- 山西1人
- 江苏苏州 苏州48人
- 常州4人
- 镇江3人
- 南京3人
- 扬州3人
- 无锡3人
- 泰州2人
- 南通1人
- 徐州1人
- 松江7人
  - 其他3人
  - 嘉定2人
  - 青浦1人
- 黄山7人
  - 安庆1人
  - 马鞍山1人
- 杭州11人
- 嘉兴17人
  - 湖州4人
  - 绍兴3人
  - 宁波2人
  - 温州1人
- 上饶1人
- 南昌1人
- 湖南1人
- 福州2人
- 漳州1人
- 厦门1人
- 泉州1人
- 佛山2人
- 广州2人
- 江门1人

以"三度影响力"计算，文徵明的影响力值为523.5，在数据库29843位画家中排名第22位，在明代画家中仅列沈周、董其昌之后，"明四家"中排名第2位。一度后学画家为156人，二度后学画家为424人，三度后学画家为622人。

故宫博物院所出关于"吴派"绘画的选集里，将陈道复、陆治、钱穀、陆师道和居节归类为文徵明的五员弟子，视王穀祥和朱朗为"师法文徵明"者，至于周天球，则是少从"文徵明学书"。若仅以绘画来说，以自身后学画家超过10人为标准来衡量文徵明的高质量后学画家，则包括其弟子陈淳（后学画家174人）、陆治（后学画家25人），清代后学画家王鉴（后学画家89人）、奚冈（后学画家33人）、钱杜（后学画家15人）、髡残（后学画家12人）、丁云鹏（后学画家10人）等。

"陈淳〔明〕……尝游文徵明之门……〔张寰白阳先生墓志铭、陈氏谱、苏州府志、丹青志、明画录、无声诗史、詹氏小辨、珊瑚网、艺苑卮言、尔雅楼书画记、苏州名贤像册〕"

"陆治〔明〕……游祝允明、文徵明门……〔吴县志、苏州明贤画像册、列朝诗集小传、明画录、无声诗史、图绘宝鉴续纂、尔雅楼书画记、潜固画品、珊瑚网、弇州续稿〕"

"王鉴〔清〕……综合了沈周、文徵明清润明洁的画风……〔周振宇，《中国画名家大典》，人民日报出版社〕"

"奚冈〔清〕……山水有明代沈、文笔趣……〔周振宇，《中国画名家大典》，人民日报出版社〕"

"钱杜〔清〕……山水尤得力于文徵明……〔练川名人画像小传、墨香居画识、墨林今话、桐阴论画、清画家诗史〕"

"髡残〔清〕……山水师法王蒙、黄公望，并汲取董源、巨然、董其昌、文徵明等人画法……〔周振宇，《中国画名家大典》，人民日报出版社〕"

"丁云鹏〔明〕……山水取法文徵明……〔周振宇，《中国画名家大典》，人民日报出版社〕"

作为吴门画派的领袖人物，无论是"度中心性"还是"三度影响力"，文徵明均排在明代第3，从师承师法角度也说明了他在明代带动了一大批追随者，文氏画风影响了吴中地区的几代画家。

附表：
历代直接师承师法文徵明的弟子与后学画家列表

序号	姓名	师承师法关系	时期或朝代
1	陈淳	弟子	
2	钱榖	弟子	
3	文彭	弟子	
4	蒋乾	弟子	
5	居节	弟子	
6	戒襄	弟子	
7	张允孝	弟子	
8	福懋	弟子	
9	钱仲	弟子	
10	陆中行	弟子	
11	薛虞卿	弟子	
12	陆治	弟子	
13	文嘉	弟子	
14	王榖祥	弟子	
15	陆师道	弟子	
16	文从简	弟子	
17	钱贡	弟子	
18	朱朗	弟子	
19	严宾	弟子	
20	陆昺	弟子	
21	张祥河	弟子	
22	吴远	弟子	明
23	丁云鹏	后学	
24	陈元素	后学	
25	侯懋功	后学	
26	段衎	后学	
27	张尧恩	后学	
28	陈裸	后学	
29	褚勋	后学	
30	文石	后学	
31	王允京	后学	
32	王元燿	后学	
33	王皋伯	后学	
34	王韶	后学	
35	黄思诚	后学	
36	陈谟	后学	
37	李芳	后学	
38	吴修	后学	
39	吴卿云	后学	
40	杜元礼	后学	
41	顾概	后学	
42	朱蔚	后学	

序号	姓名	师承师法关系	时期或朝代
43	朱谋堇鸟	后学	
44	袁孔璋	后学	
45	孙枝	后学	明
46	陆士仁	后学	
47	陈士忠	后学	
48	何祎	后学	
49	文柟	后学	
50	颜禧	后学	
51	王鉴	后学	
52	奚冈	后学	
53	钱杜	后学	
54	髡残	后学	
55	程庭鹭	后学	
56	倪璨	后学	
57	蒋宝龄	后学	
58	潘恭寿	后学	
59	文鼎	后学	
60	沈焯	后学	
61	张培敦	后学	
62	张崟	后学	
63	吴谷祥	后学	
64	王孙曜	后学	
65	杨灿	后学	
66	罗岸先	后学	清
67	朱英	后学	
68	方楷	后学	
69	钱东	后学	
70	黄应谌	后学	
71	潘振镛	后学	
72	孙逸	后学	
73	张若澄	后学	
74	真然	后学	
75	张雨森	后学	
76	费崞	后学	
77	高士奇	后学	
78	德芝麓	后学	
79	庆霖	后学	
80	倪素坤	后学	
81	蒋升旭	后学	
82	如德	后学	
83	潘焯	后学	
84	潘瑶卿	后学	

序号	姓名	师承师法关系	时期或朝代
85	文永丰	后学	
86	文点	后学	
87	文如球	后学	
88	勒深之	后学	
89	蒋国梁	后学	
90	沈廷炤	后学	
91	沈金蕤	后学	
92	王廷魁	后学	
93	王昱	后学	
94	黄平格	后学	
95	杨世纶	后学	
96	陈轺	后学	
97	陈夑堂	后学	
98	郑杰	后学	
99	蒋鳞	后学	
100	李士瑜	后学	
101	汪成榖	后学	
102	汪延庆	后学	
103	汪恭	后学	
104	汪埰	后学	
105	汪诒德	后学	清
106	吴日昕	后学	
107	吴汝然	后学	
108	吴培风	后学	
109	余昂霄	后学	
110	吕浩	后学	
111	刘允升	后学	
112	顾含英	后学	
113	顾宪曾	后学	
114	顾蕙	后学	
115	苏永田	后学	
116	胡九思	后学	
117	胡桂	后学	
118	朱逢吉	后学	
119	朱钧	后学	
120	朱鼎新	后学	
121	毛祥麟	后学	
122	洪峙阜	后学	
123	程祖庆	后学	
124	罗天池	后学	
125	翁芝	后学	
126	秦铣	后学	

序号	姓名	师承师法关系	时期或朝代
127	康辰	后学	
128	祝志裘	后学	
129	赵奎昌	后学	
130	赵起	后学	
131	俞功懋	后学	
132	查士宏	后学	
133	孙山涛	后学	
134	孙长吉	后学	
135	孙义鋆	后学	
136	徐甲	后学	
137	徐兆伯	后学	
138	徐堉	后学	
139	徐树兰	后学	清
140	周淦	后学	
141	周莲	后学	
142	郭桐	后学	
143	郭基	后学	
144	陆元珪	后学	
145	陆琛	后学	
146	陆开丰	后学	
147	陆损之	后学	
148	许凤	后学	
149	许锦堂	后学	
150	陶赓	后学	
151	张慎	后学	
152	张骏	后学	
153	林纾	后学	
154	沈祖德	后学	近代
155	陈钦	后学	
156	徐锜	后学	

</董其昌>

No. 012

生卒年 • 1555—1636年
朝代 • 明代
字号 • 字玄宰，号思白、香光、思翁、香光居士
籍贯 • 松江华亭（今上海市松江）
艺术成就 • 擅山水，学黄公望，中年师法董源、巨然、"二米"（米芾、米友仁），后集宋元诸家之长。

不详12人

由于明代"心学"思想的诱导与启迪，董其昌超越传统品评标准，提出画分南北宗的画学审美观，并从实践加以印证，翻开了文人画创作的新篇章。近代三百年画坛大都在其理论影响下而发展。*形成了一个跨越时空局限的响应值和追随者群体，董其昌成了名副其实的文人绘画的思想领袖。

以"度中心性"方式统计，有明确记载、在绘画方面直接师承师法董其昌的弟子与后学共计148人，在数据库29843位画家中排名第12位，在明代画家中排名第4位。

若以时间维度为依据，明代8人，清代138人，近代2人。

若以空间维度为依据，董其昌的后学们来自21个省市，除未有详细出生地、籍贯信息的画家12人外，其余分布如下：江苏42人、浙江36人、上海26人、安徽5人、广东5人、山东3人、江西2人、云南2人、四川2人、贵州2人、辽宁1人、广西1人、重庆1人、河北1人、北京1人、河南1人、吉林1人、湖北1人、天津1人、湖南1人、福建1人。上述信息说明，董其昌学术影响力的地域辐射范围极广，以传统江南地区（70.3%）画家为主，并辐射至西南、湖广地区。

* 凌利中：《丹青宝筏——董其昌的时代及其艺术超越》，《董其昌和他的江南》，北京大学出版社2019年版，第6页。

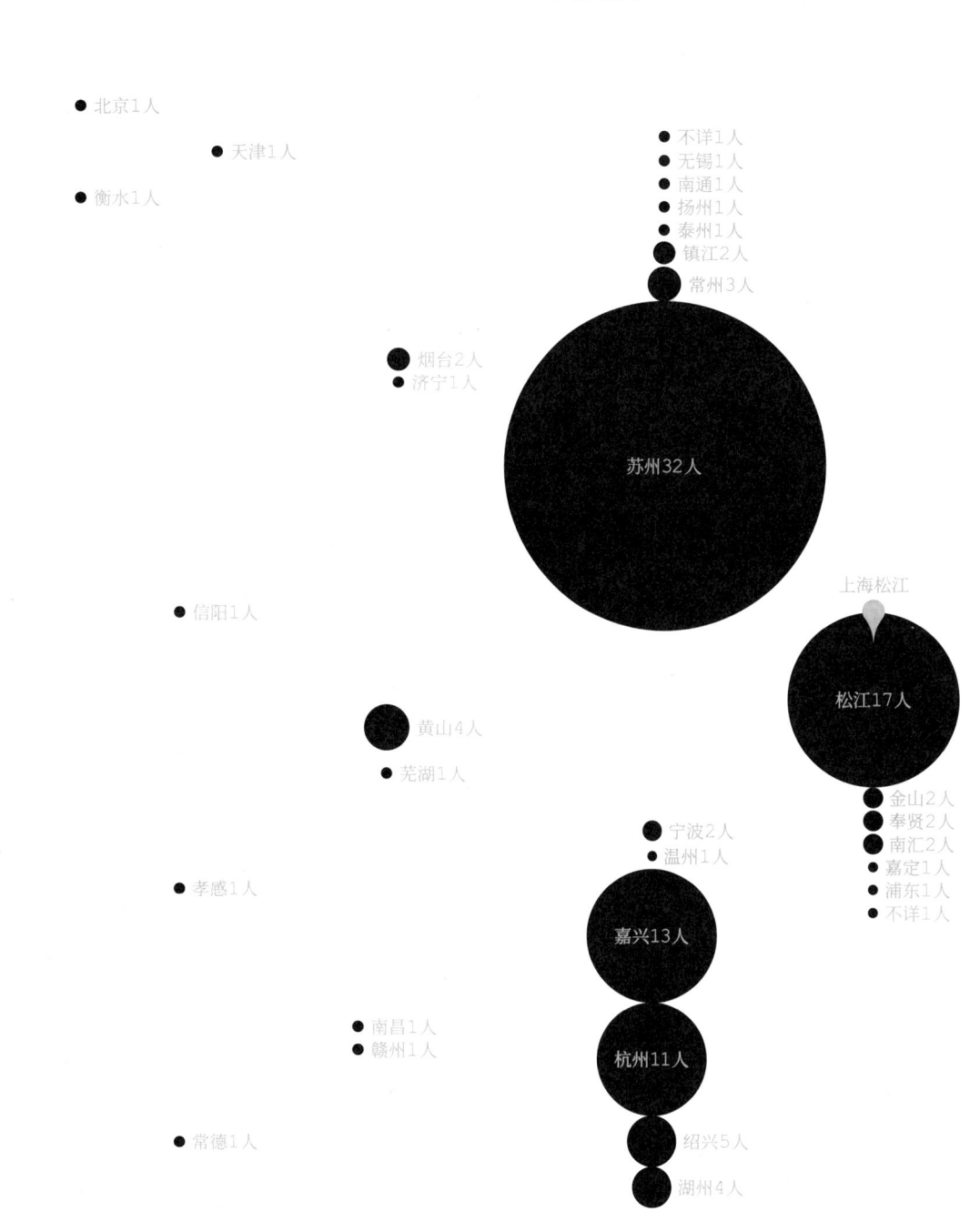

直接师承师法董其昌的后学画家地理分布图

- 长春1人
- 铁岭1人
- 北京1人
- 天津1人
- 不详1人
- 无锡1人
- 南通1人
- 扬州1人
- 泰州1人
- 镇江2人
- 常州3人
- 衡水1人
- 烟台2人
- 济宁1人
- 苏州32人
- 上海松江
- 松江17人
- 金山2人
- 奉贤2人
- 南汇2人
- 嘉定1人
- 浦东1人
- 不详1人
- 信阳1人
- 黄山4人
- 芜湖1人
- 宁波2人
- 温州1人
- 孝感1人
- 嘉兴13人
- 德阳2人
- 重庆1人
- 南昌1人
- 赣州1人
- 杭州11人
- 绍兴5人
- 湖州4人
- 常德1人
- 遵义2人
- 福州1人
- 昆明2人
- 桂林1人
- 广州2人
- 江门1人
- 佛山1人
- 惠州1人

以"三度影响力"计算，董其昌的影响力值为698.75，在数据库29843位画家中排名第15。一度后学画家为148人，二度后学画家为470人，三度后学画家为1263人。

表面上看，董其昌从"度中心性"排名第12下滑到"三度影响力"第15，但董其昌的"度中心性"排名却从明代第4上升到"三度影响力"的明代第2，超过了同朝代的陈淳和文徵明，仅列沈周之后。这个变化说明不仅学习他绘画技法、风格的后学画家人数众多，同时在他"南北宗"理论影响下出现了多位质量极高的后学画家。如弟子王时敏（后学画家99人），后学王原祁（后学画家171人）、李流芳（后学画家24人）、朱耷（后学画家19人）、髡残（后学画家12人）、汤贻汾（后学画家12人）等。

"王原祁〔清〕……原祁承董其昌及时敏之学，肆力山水……〔国（清）朝画征录、熙朝名画录、桐阴论画、居易录、学庵类稿、江南通志、画传编韵、清画家诗史、榆园画志〕"

"李流芳〔明〕……与绘画一样，在书法上受董其昌的影响……〔周振宇，《中国画名家大典》，人民日报出版社〕"

"朱奔〔清〕……在构图上颇受董其昌影响……〔朱氏八支宗谱、国（清）朝画征录、青门剩稿、清画家诗史、书林纪事、辞海〕"

"髡残〔清〕……受明末董其昌的绘画思想影响，尊重传统，并从董其昌上溯"元四家"……〔四僧书画展，故宫博物院，2017年〕"

"汤贻汾〔清〕……书画仿董其昌……〔法时帆十六画人歌、无事为福斋随笔、会宾客诗集、墨林今话、桐阴论画〕"

明末清初，甚至整个17世纪，基本被"四王"为代表的传统画派和以"四僧"为代表的野逸画派的影响所笼罩。"四王"被清廷认为是传统正脉，其侧重于董其昌绘画的集古形式的传承与研究。而以"八大"为代表的"四僧"则传承了董其昌绘画理论的核心精神：注重个人性灵的表达与文化学养的精神指向。从"三度影响力"数据上看，这两派的核心人物都直接或间接受到了董其昌的影响，而且影响了一大批跨越时空局限的后学画家，形成了一个巨大的艺术风格和趣味共同体，一直传递到清代、近代和现当代。

附表：历代直接师承师法董其昌的弟子与后学画家列表

序号	姓名	师承师法关系	时期或朝代
1	崔子忠	弟子	明
2	江必名	弟子	
3	杨继鹏	弟子	
4	李流芳	后学	
5	吴易	后学	
6	潘之玮	后学	
7	寂藿	后学	
8	陈子升	后学	
9	普荷	弟子	清
10	王时敏	弟子	
11	程正揆	弟子	
12	王鉴	后学	
13	朱耷	后学	
14	汤贻汾	后学	
15	杨蓥	后学	
16	姚大勋	后学	
17	卞文瑜	后学	
18	胡石查	后学	
19	际祥	后学	
20	杨鈜	后学	
21	汪廷儒	后学	
22	刘廷采	后学	
23	朱宗言	后学	
24	朱映奎	后学	
25	朱轼	后学	
26	程琼	后学	
27	罗天池	后学	
28	康昕	后学	
29	青浮山人	后学	
30	宦廷铨	后学	
31	徐是傚	后学	
32	徐瀹	后学	
33	周源	后学	
34	许嘉德	后学	
35	薛英	后学	
36	王原祁	后学	
37	髡残	后学	
38	董邦达	后学	
39	吴伟业	后学	
40	罗牧	后学	
41	杨佩夫	后学	
42	潘恭寿	后学	

序号	姓名	师承师法关系	时期或朝代
43	谢兰生	后学	
44	沈荣	后学	
45	陶㤗	后学	
46	陈栻	后学	
47	明澈	后学	
48	潘思牧	后学	
49	冯景夏	后学	
50	吴格	后学	
51	钱震基	后学	
52	徐承熙	后学	
53	严绳孙	后学	
54	张学曾	后学	
55	高层云	后学	
56	顾大申	后学	
57	费㘚	后学	
58	炳一	后学	
59	张文达	后学	
60	张忻	后学	
61	唐景	后学	
62	何士祁	后学	
63	何绍武	后学	清
64	何穉	后学	
65	马景约	后学	
66	文祥	后学	
67	曹岳	后学	
68	沈世勋	后学	
69	沈浩	后学	
70	沈清佐	后学	
71	弘历	后学	
72	王嘉	后学	
73	王寿年	后学	
74	王泽	后学	
75	黄毓麟	后学	
76	杨怀新	后学	
77	陈塼	后学	
78	陈树菱	后学	
79	陈灿	后学	
80	冯金伯	后学	
81	韩荣光	后学	
82	董公庆	后学	
83	贾淞	后学	
84	邹宪章	后学	

序号	姓名	师承师法关系	时期或朝代
85	郑斌	后学	
86	蔡琳	后学	
87	蒋荣	后学	
88	李士瑜	后学	
89	李以谦	后学	
90	李启隆	后学	
91	汪延庆	后学	
92	汪镛	后学	
93	吴增	后学	
94	吴宾	后学	
95	杜亮采	后学	
96	刘淳	后学	
97	刘中理	后学	
98	高元眉	后学	
99	顾远承	后学	
100	顾宪曾	后学	
101	胡九思	后学	
102	胡桂	后学	
103	朱泉征	后学	
104	丁景鸿	后学	
105	方大猷	后学	清
106	毛万龄	后学	
107	江兆锡	后学	
108	江佑	后学	
109	严宏	后学	
110	严宪曾	后学	
111	谢启发	后学	
112	钱山帘	后学	
113	翁广平	后学	
114	翁溥	后学	
115	钟圻	后学	
116	戴鉴	后学	
117	项悰	后学	
118	彭宏斌	后学	
119	管庭芬	后学	
120	殷立杏	后学	
121	赵丕省	后学	
122	赵嘉逋	后学	
123	施养浩	后学	
124	孙玥	后学	
125	孙恒年	后学	
126	孙清士	后学	

序号	姓名	师承师法关系	时期或朝代
127	孙齐鉴	后学	清
128	孙镐	后学	
129	徐桂馨	后学	
130	周恒	后学	
131	周莲	后学	
132	陆沉	后学	
133	陆俊	后学	
134	陆英	后学	
135	陈均	后学	
136	许乃谷	后学	
137	陶杏秀	后学	
138	陶穉	后学	
139	陆九皋	后学	
140	张超	后学	
141	张锡德	后学	
142	张镥	后学	
143	祁子瑞	后学	
144	邵圣艺	后学	
145	毕绍棠	后学	
146	祥	后学	
147	吴湖帆	后学	近代
148	李秋君	后学	

</王蒙>

No. 013

生卒年・约1308—1385年

朝代・元代

字号・字叔明,一作叔铭,号黄鹤山樵,又署黄鹤山人、黄鹤樵者、黄鹤山中樵者,自称香光居士

籍贯・吴兴(今浙江湖州)

艺术成就・元初画坛领袖赵孟頫外孙。洪武十八年因受胡惟庸案牵累,被捕冤死狱中。画从赵孟頫风韵中来并参酌唐宋诸名家,而以王维、董源、巨然为宗,与黄公望、倪瓒、吴镇合称"元四家"。

以"度中心性"方式统计,有明确记载、在绘画方面直接师承师法王蒙的弟子与后学共计120人,在数据库29843位画家中排名第13位。

若以时间维度为依据,元代4人,明代43人,清代69人,近代4人。

若以空间维度为依据,王蒙的后学们来自14个省市,除未有详细出生地、籍贯信息的画家9人外,其余分布如下:江苏43人、浙江22人、上海17人、广东8人、安徽6人、福建3人、湖南2人、吉林2人、山东2人、江西2人、贵州1人、重庆1人、河北1人、河南1人。

不详9人

直接师承师法王蒙的后学画家地理分布图

长春2人

保定1人

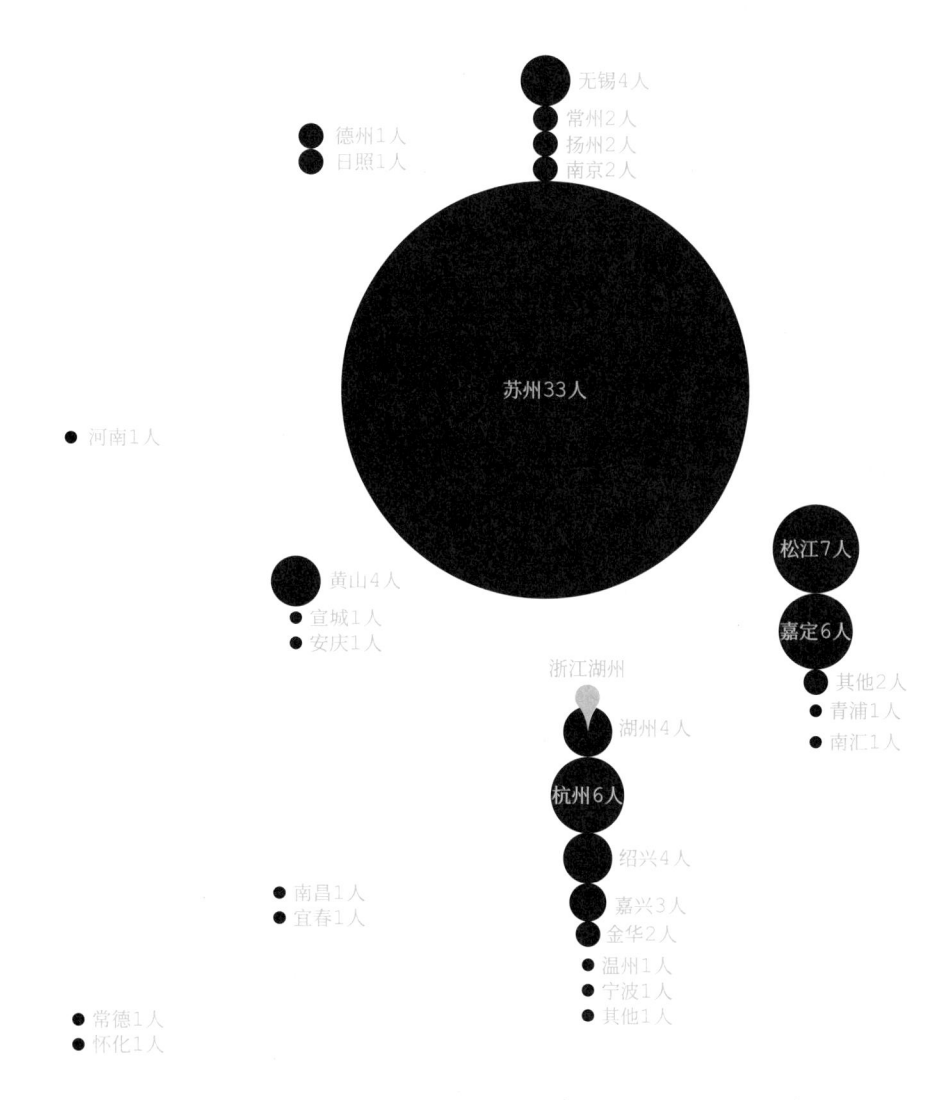

无锡4人
常州2人
扬州2人
南京2人

德州1人
日照1人

苏州33人

河南1人

松江7人

黄山4人
宣城1人
安庆1人

嘉定6人

浙江湖州
湖州4人

其他2人
青浦1人
南汇1人

杭州6人

重庆1人

绍兴4人
嘉兴3人
金华2人
温州1人
宁波1人
其他1人

南昌1人
宜春1人

常德1人
怀化1人

贵阳1人

福州1人
南平1人
莆田1人

佛山4人
茂名1人
江门1人
东莞1人
广州1人

以"三度影响力"计算，王蒙的影响力值为1357，在数据库29843位画家中排名第5。在元代画家中排名第2，"元四家"中排名第2。一度后学画家为120人，二度后学画家为1182人，三度后学画家为2584人。

王蒙的"三度影响力"数值较高，得益于明清两代直接师法他的多位高质量后学画家。如"明四家"中的沈周（后学画家174人）、文徵明（后学画家156人）、唐寅（后学画家39人），明代的陈淳（后学画家174人）、文伯仁（后学画家15人），清初"四王"中的王翚（后学画家213人）、王原祁（后学画家171人）、王鉴（后学画家89人），清初"四僧"中的弘仁（后学画家16人）、髡残（后学画家12人）以及吴历（后学画家24人）、黄鼎（后学画家14人）、王绂（后学画家14人）等都是自身后学超过10人的王蒙后学。

"沈周〔明〕……善学王蒙……〔李峰，汤钰林，《苏州历代人物大辞典》，上海辞书出版社，2016年〕"

"文徵明〔明〕……致力于赵孟頫、王蒙、吴镇三家……〔周振宇，《中国画名家大典》，人民日报出版社〕"

"唐寅〔明〕……深得李成、范宽，南宋李唐、刘松年及元代赵孟頫、王蒙、黄公望等诸大家笔法……〔周振宇，《中国画名家大典》，人民日报出版社〕"

"陈淳〔明〕……少时学黄公望、王蒙……〔周振宇，《中国画名家大典》，人民日报出版社〕"

"文伯仁〔明〕……善画山水、人物，效王蒙……〔文氏族谱续集、图绘宝鉴续纂、无声诗史、画史会要、珊瑚网〕"

"王翚〔清〕……王翚将黄公望、王蒙的书法用笔与巨然、范宽的构图完美地结合起来，创造出一种华滋浑厚、气势勃发的山水画风格。……〔周振宇，《中国画名家大典》，人民日报出版社〕"

"王原祁〔清〕……擅画山水，继承家法，学元四家……〔周振宇，《中国画名家大典》，人民日报出版社〕"

"王鉴〔清〕……近宗王蒙、黄公望……〔周振宇，《中国画名家大典》，人民日报出版社〕"

"弘仁〔清〕……善山水，初学宋人，后学元四家……〔四僧书画展，故宫博物院，2017年〕"

"髡残〔清〕……师法黄公望、王蒙，尤近于王蒙……〔周振宇，《中国画名家大典》，人民日报出版社〕"

"吴历〔清〕……山水以黄公望为基而尤得力于王蒙……〔张云章墨井道人传、李问渔所作状、陈垣所作年谱、东方杂志姚大荣辩画征录记王石谷与吴渔山绝交事之诬、国（清）朝画征录、青霞馆论画绝句注、竹人续录、书林藻鉴、桐阴论画、榆园画志〕"

"黄鼎〔清〕……善山水，于王蒙法为尤长……〔江南通志、常熟县志、海虞画苑略、归愚文钞、一瓢斋诗话、桐阴论画、清画家诗史〕"

"王绂〔明〕……山水师王蒙、倪瓒自有一种风度……〔明史本传、画史会要、无声诗史、珊瑚网、王进友石先生诗序、六研斋二笔、名山藏、式古堂书画汇考、列朝诗集小传〕"

"山水至大小李一变也，荆、关、董、巨又一变也，李成、范宽又一变也，刘、李、马、夏又一变也，大痴、黄鹤又一变也。"明人王世贞在《艺苑卮言》中将王蒙与黄公望并称，并把他放到了与多位前代名家同样高的位置。 同为"元四家"的倪瓒曾高度评价王蒙的历史地位："笔墨精妙王友军，澄怀卧游宗少文。王侯绝力能扛鼎，五百年来无此君。""度中心性"与"三度影响力"数据，也从客观上印证了王蒙在中国绘画史上的地位与影响力。

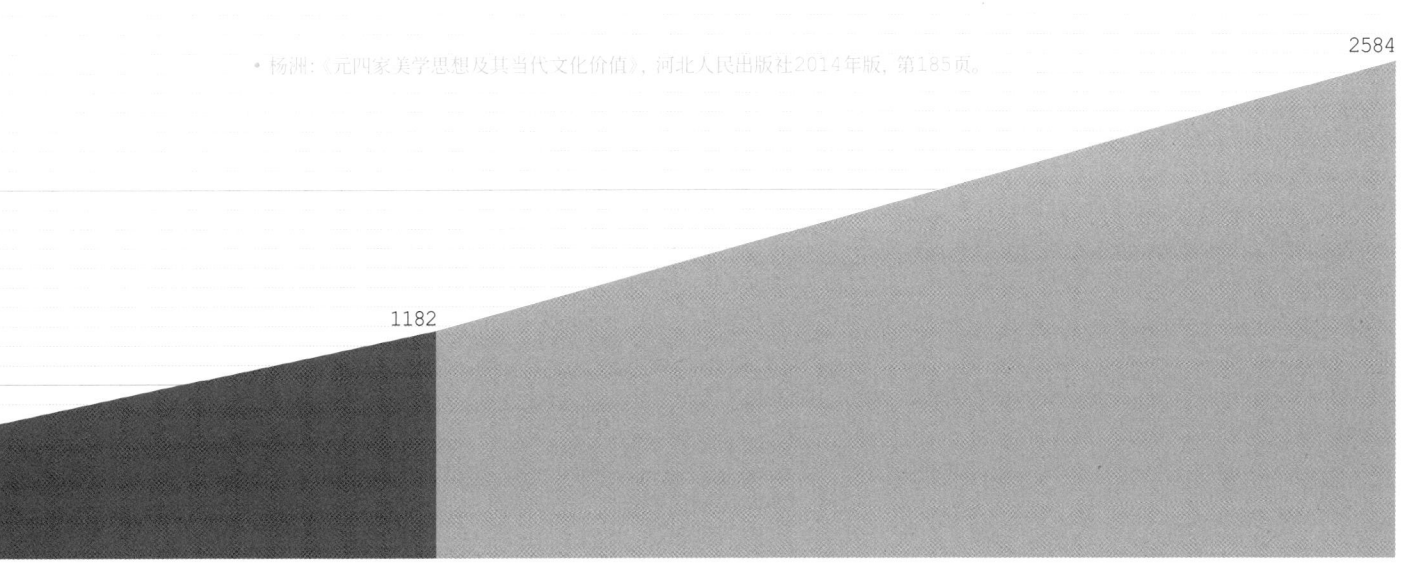

杨泳：《元四家美学思想及其当代文化价值》，河北人民出版社2014年版，第185页。

2584

1182

附表：
历代直接师承师法王蒙的弟子与后学画家列表

序号	姓名	师承师法关系	时期或朝代
1	陆广	后学	
2	陈汝言	后学	
3	黄潜	后学	元
4	黄涛	后学	
5	陈淳	后学	
6	沈周	后学	
7	文徵明	后学	
8	唐寅	后学	
9	文伯仁	后学	
10	王绂	后学	
11	关思	后学	
12	杜琼	后学	
13	胡宗仁	后学	
14	邹之麟	后学	
15	赵原	后学	
16	刘珏	后学	
17	张宏	后学	
18	侯懋功	后学	
19	吴万春	后学	
20	文从简	后学	
21	姚绶	后学	
22	邢侗	后学	
23	沈恒	后学	明
24	孙艾	后学	
25	谢缙	后学	
26	杨文骢	后学	
27	雪	后学	
28	文从昌	后学	
29	曹堂	后学	
30	王一鹏	后学	
31	胡士亮	后学	
32	周砥	后学	
33	吴孺子	后学	
34	杜芳	后学	
35	顾懿德	后学	
36	胡继高	后学	
37	谢晋	后学	
38	包壮行	后学	
39	赵文	后学	
40	赵朴	后学	
41	俞泰	后学	
42	姜立纲	后学	

序号	姓名	师承师法关系	时期或朝代
43	周访	后学	
44	陈元藻	后学	
45	庄严	后学	明
46	陶素来	后学	
47	盛尧民	后学	
48	王翚	后学	
49	王原祁	后学	
50	王鉴	后学	
51	吴历	后学	
52	弘仁	后学	
53	黄鼎	后学	
54	髡残	后学	
55	周颢	后学	
56	朱峤	后学	
57	黎简	后学	
58	谢彬	后学	
59	张鹏翀	后学	
60	周笠	后学	
61	张涟	后学	
62	唐岱	后学	
63	浦熙	后学	
64	陆鼎	后学	
65	吴庆云	后学	
66	张如芝	后学	清
67	沈桂	后学	
68	王毓辰	后学	
69	严睦	后学	
70	王兰	后学	
71	金德鉴	后学	
72	林霖	后学	
73	黄向坚	后学	
74	刘泳之	后学	
75	张洽	后学	
76	高简	后学	
77	顾大申	后学	
78	倪蜕	后学	
79	张于栻	后学	
80	唐芬	后学	
81	佘启祥	后学	
82	潘恕	后学	
83	绵钺	后学	
84	沈汝珂	后学	

序号	姓名	师承师法关系	时期或朝代
85	沈希膺	后学	
86	沈荣庆	后学	
87	王圻	后学	
88	王炳	后学	
89	王师	后学	
90	杨湛思	后学	
91	陈阶	后学	
92	冯斯佐	后学	
93	郑兰	后学	
94	吴春照	后学	
95	吴仁儁	后学	
96	吴文征	后学	
97	吴原炳	后学	
98	刘铨	后学	
99	顾昉	后学	
100	朱嵩	后学	
101	江衡	后学	清
102	程堂	后学	
103	罗天池	后学	
104	严钰	后学	
105	袁登道	后学	
106	彭望谦	后学	
107	俞永弼	后学	
108	姚天虬	后学	
109	施履谦	后学	
110	孙传浙	后学	
111	陈式金	后学	
112	许宗浑	后学	
113	张涣文	后学	
114	张传耜	后学	
115	邵咏	后学	
116	章绥衔	后学	
117	胡佩衡	后学	
118	沈祖德	后学	近代
119	吴适	后学	
120	朱珊	后学	

</巨然>

No. 014

生卒年・公元10世纪
朝代・五代
籍贯・江宁（今江苏南京）
艺术成就・为开元寺僧，工画山水，师法董源，与其并称"董巨"，为南方山水画派之祖。历史上还将他与荆浩、董源、关仝并称为"五代北宋间四大山水画家"。

以"度中心性"方式统计，有明确记载、在绘画方面直接师承师法巨然的弟子与后学共计117人，在数据库29843位画家中排名第14位。

若以时间维度为依据，宋代8人，元代14人，明代23人，清代70人，近代2人。

若以空间维度为依据，巨然的后学们来自15个省市，除未有详细出生地、籍贯信息的画家11人外，其余分布如下：江苏36人、浙江30人、上海11人、四川5人、江西3人、河南3人、北京3人、安徽3人、湖南2人、吉林2人、福建2人、山东2人、广东2人、贵州1人、广西1人。

直接师承师法巨然的后学画家地理分布图

德阳2人
南充1人
内江1人
其他1人

不详11人

贵州1人

长春2人

北京3人

烟台1人
日照1人

商丘1人
周口1人

江苏南京
南京4人

苏州20人

松江9人
青浦1人
宝山1人

扬州4人
常州3人
无锡2人
其他2人
泰州1人

嘉兴9人　湖州6人
杭州6人
绍兴4人
温州2人
台州2人
衢州1人

黄山2人
巢湖1人

常德1人　　　宜春1人
湘西1人　　　贵溪1人
　　　　　　南昌1人　福州1人
　　　　　　　　　　南平1人

桂林1人　　　佛山1人
　　　　　　惠州1人

以"三度影响力"计算，巨然的影响力值为2463.75，在数据库29843位画家中排名第2。一度后学画家为117人，二度后学画家为1422人，三度后学画家为6543人。

直接师法巨然且自身后学超过10人的后学画家为黄公望（后学画家329人）、王翚（后学画家213人）、沈周（后学画家174人）、吴镇（后学画家156人）、董其昌（后学画家148人）、王蒙（后学画家120人）、王鉴（后学画家89人）、高克恭（后学画家40人）、宋旭（后学画家15人）、龚贤（后学画家12人）、髡残（后学画家12人）、方从义（后学画家10人）等。

"黄公望〔元〕……山水师董源、巨然……〔杭州府志、图绘宝鉴、吴中人物志、画史会要、海虞画苑略、辍耕录、录鬼簿、寓意编、艺苑卮言、眉公秘笈、清河书画舫、梧溪集、清秘阁集、容台集〕"

"王翚〔清〕……将黄公望、王蒙的书法用笔与巨然、范宽的构图完美地结合起来……〔周振宇，《中国画名家大典》，人民日报出版社〕"

"沈周〔明〕……独于董源、巨然、李成尤得心印……〔明史本传、明史艺文志、图绘宝鉴续纂、无声诗史、画禅室随笔、六砚斋笔记、艺苑卮言、珊瑚网、清河书画舫、东图玄览、震泽集、莆田集〕"

"吴镇〔元〕……山水师法董源、巨然而又独出机杼……〔周振宇，《中国画名家大典》，人民日报出版社〕"

"董其昌〔明〕……画山水少学黄公望，中复去而宗董源、巨然……〔明史·本传、明史·艺文志、明画录、桐阴论画、珊瑚网、列朝诗集小传、松江府志、华亭志、五杂俎〕"

"王蒙〔元〕……以王维、董源、巨然为宗……〔明史本传、杭州府志、画史会要、无声诗史、清河书画舫、虚斋名画续录、书画铭心录、珊瑚网、寓意编、辍耕录、东图玄览、六研斋二笔、续弘简录、艺苑卮言、眉公秘籍、云林诗集、吴宽家藏集、容台集、拜经楼诗话、听雨楼诸贤记、玉山雅堂草集、匏翁家藏集〕"

"王鉴〔清〕……承绪南宗正脉，即由董巨至元四家及于董其昌，反复地临仿董、巨、元四家和董其昌画迹……〔单国强，《王鉴应属"虞山派"》，故宫博物院院刊〕"

"高克恭〔元〕……画山水乃用李成、董源、巨然法……〔杭州府志、松雪斋集、柳待制集、巴西集、梧溪集、云林集、图绘宝鉴、艺苑卮言、容台集、清河书画舫〕"

"宋旭〔清〕……创作以五代董源、巨然的画法为基础……〔周振宇，《中国画名家大典》，人民日报出版社〕"

"龚贤〔清〕……创作以五代董源、巨然的画法为基础……〔周振宇，《中国画名家大典》，人民日报出版社〕"

"髡残〔宋〕……汲取董源、巨然、董其昌、文徵明等人画法……〔周振宇，《中国画名家大典》，人民日报出版社〕"

"方从义〔元〕……画山水，初师董源、巨然……〔式古堂书画汇考、图绘宝鉴、画史会要、艺苑卮言、青阳集、俟庵集〕"

北宋沈括有"江南董源僧巨然，淡墨轻岚为一体"之句。在后学画家的师法对象中，"董巨"更像是一个整体，与此对应的是在进行"度中心性"统计时发现一个较特别的数据，即同时师法董源（后学画家192人）与巨然二人的后学画家共计87人，占所有巨然后学画家的75.7%。历史上大量师法"董巨"的后学画家们把巨然的师承师法"三度影响力"数值推到历史第二的高位也就不足为奇了。

附表:
历代直接师承师法巨然的弟子与后学画家列表

序号	姓名	师承师法关系	时期或朝代
1	刘松年	后学	宋
2	江参	后学	宋
3	继肇	后学	宋
4	老悟	后学	宋
5	郑天民	后学	宋
6	朱象先	后学	宋
7	周曾	后学	宋
8	陆文通	后学	宋
9	本诚	弟子	元
10	黄公望	后学	元
11	吴镇	后学	元
12	王蒙	后学	元
13	高克恭	后学	元
14	方从义	后学	元
15	曹知白	后学	元
16	赵雍	后学	元
17	张逊	后学	元
18	卫九鼎	后学	元
19	张舜咨	后学	元
20	陈汝言	后学	元
21	陈选	后学	元
22	李师孟	后学	元
23	沈周	后学	明
24	董其昌	后学	明
25	宋旭	后学	明
26	徐贲	后学	明
27	杜琼	后学	明
28	恽道生	后学	明
29	赵原	后学	明
30	刘珏	后学	明
31	张宏	后学	明
32	马琬	后学	明
33	金锐	后学	明
34	杨文骢	后学	明
35	张宁	后学	明
36	华晞颜	后学	明
37	甄求野	后学	明
38	戚元佐	后学	明
39	王元燿	后学	明
40	王显	后学	明
41	刘光远	后学	明
42	葛澥	后学	明

序号	姓名	师承师法关系	时期或朝代
43	袁枢	后学	明
44	周龙	后学	明
45	林雏鼎	后学	明
46	王翚	后学	清
47	王鉴	后学	清
48	龚贤	后学	清
49	髡残	后学	清
50	张庚	后学	清
51	程邃	后学	清
52	董邦达	后学	清
53	黎简	后学	清
54	沈宗敬	后学	清
55	徐枋	后学	清
56	蒋宝龄	后学	清
57	张涟	后学	清
58	黄易	后学	清
59	唐岱	后学	清
60	陆鼎	后学	清
61	汪士通	后学	清
62	闵贞	后学	清
63	康涛	后学	清
64	张奇	后学	清
65	庞元济	后学	清
66	魏光曦	后学	清
67	柳堉	后学	清
68	祁豸佳	后学	清
69	高层云	后学	清
70	顾大申	后学	清
71	赖裔云	后学	清
72	屠墉	后学	清
73	嵇承咸	后学	清
74	庆泰	后学	清
75	谈麟书	后学	清
76	半桥	后学	清
77	马元熙	后学	清
78	允中	后学	清
79	潘承烈	后学	清
80	牛枢晖	后学	清
81	沈广濡	后学	清
82	沈燮	后学	清
83	王雨谦	后学	清
84	王略	后学	清

序号	姓名	师承师法关系	时期或朝代
85	王鼎	后学	
86	王暹	后学	
87	王赞勷	后学	
88	王巘	后学	
89	黄谟	后学	
90	杨观光	后学	
91	陈万维	后学	
92	韩荣光	后学	
93	李士栋	后学	
94	李华	后学	
95	高骏升	后学	
96	顾胤光	后学	
97	顾昉	后学	
98	朱嵩	后学	
99	熊维熊	后学	
100	罗日琮	后学	清
101	罗存理	后学	
102	谢希曾	后学	
103	汤懋网	后学	
104	翁广平	后学	
105	孙人俊	后学	
106	徐本润	后学	
107	周荃	后学	
108	陈元复	后学	
109	陈汝霖	后学	
110	陈岫林	后学	
111	许维钦	后学	
112	张谦	后学	
113	张藻	后学	
114	薛铨	后学	
115	章戡功	后学	
116	张大千	后学	近代
117	吴湖帆	后学	

</王时敏>

No. 015

生卒年・1592—1680年

朝代・清代

字号・字逊之，号烟客，又号西庐老人、西田主人

籍贯・江苏太仓（今江苏苏州太仓）

艺术成就・明万历二十九年（1601）进士，崇祯初仕至太常寺少卿，人称"王奉常"。少时与董其昌、陈继儒切磋画理，研习黄公望之山水画。与王鉴、王翚、王原祁合称"四王"，为"四王"之首。提携后进，王翚、吴历和孙王原祁俱得其指授。

以"度中心性"方式统计，有明确记载、在绘画方面直接师承师法王时敏的弟子与后学共计99人，在数据库29843位画家中排名第15位。

若以时间维度为依据，清代80人，近代19人。

若以空间维度为依据，王时敏的后学们来自15个省市，除未有详细出生地、籍贯信息的画家3人外，其余分布如下：江苏38人、浙江25人、上海8人、广东6人、福建4人、安徽3人、广西3人、四川2人、河北1人、湖南1人、北京1人、重庆1人、天津1人、陕西1人、山东1人。

直接师承师法王时敏的后学画家地理分布图

● 陕西1人

● 四川2人　　● 重庆1人

● 不详3人

直接师承师法王时敏的后学画家地理分布图

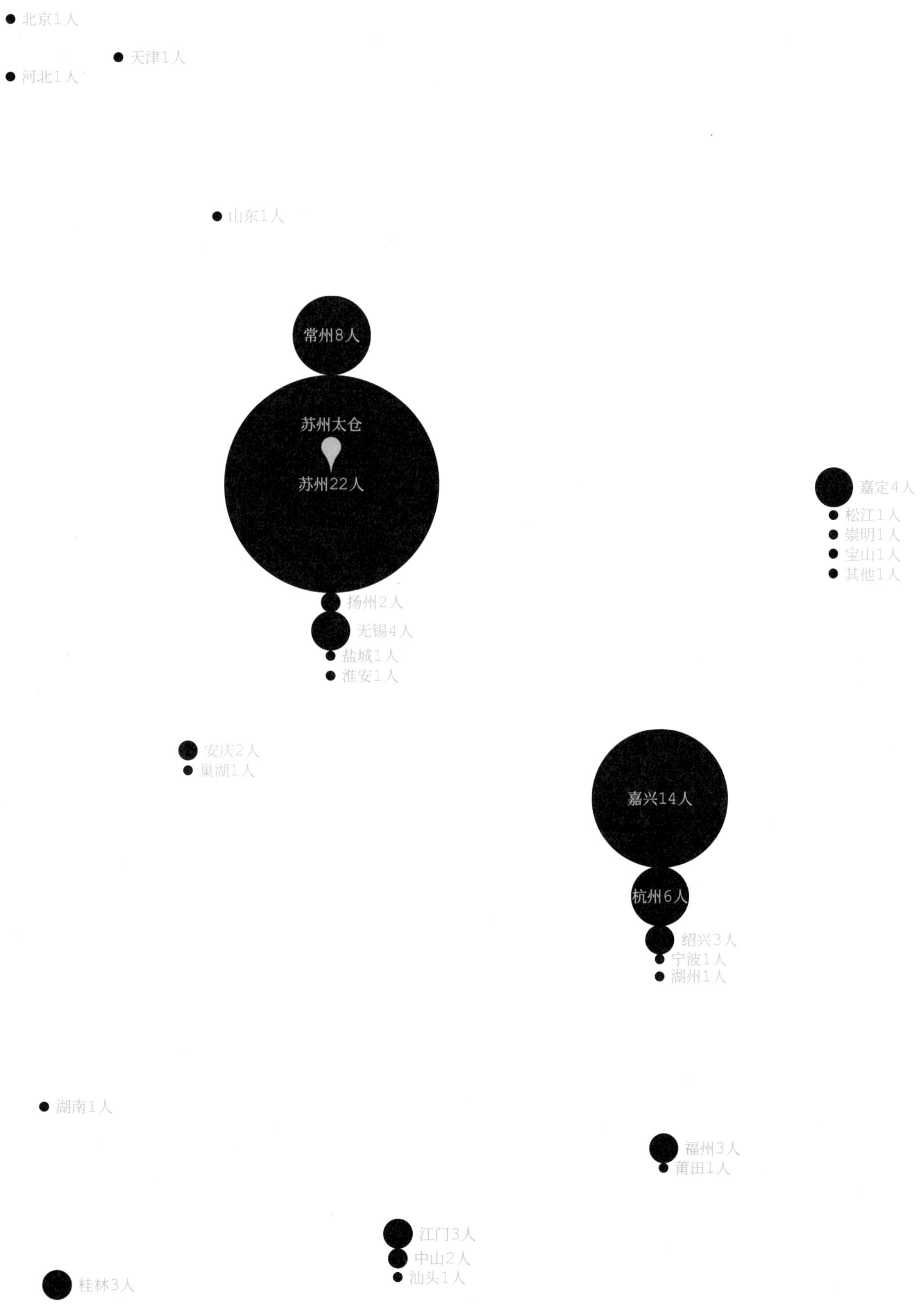

- 北京1人
- 河北1人
- 天津1人
- 山东1人
- 常州8人
- 苏州太仓 苏州22人
- 嘉定4人
- 松江1人
- 崇明1人
- 宝山1人
- 其他1人
- 扬州2人
- 无锡4人
- 盐城1人
- 淮安1人
- 安庆2人
- 巢湖1人
- 嘉兴14人
- 杭州6人
- 绍兴3人
- 宁波1人
- 湖州1人
- 湖南1人
- 福州3人
- 莆田1人
- 江门3人
- 中山2人
- 汕头1人
- 桂林3人

以"三度影响力"计算，王时敏的影响力值为668.5，在数据库29843位画家中排名第17，在清代画家中排名第一，列清初"四王"之首。一度后学画家为99人，二度后学画家为754人，三度后学画家为770人。

直接师法王时敏的几位高质量后学画家为恽寿平（后学画家310人）、王翚（后学画家213人）、王原祁（后学画家171人）、吴历（后学画家24人）、王宸（后学画家22人）等。

"恽寿平〔清〕……中年时获得画坛宗主王时敏指导……〔周振宇,《中国画名家大典》,人民日报出版社〕"

"王翚〔清〕……转师王时敏……〔周振宇,《中国画名家大典》,人民日报出版社〕"

"王原祁〔清〕……时敏孙,……山水能继祖法……〔国（清）朝画征录、熙朝名画录、桐阴论画、居易录、学庵类稿、江南通志、画传编韵、清画家诗史、榆园画志〕"

"吴历〔清〕……学画于太常王时敏……〔张云章墨井道人传、李问渔所作状、陈垣所作年谱、东方杂志姚大荣辩画征录记王石谷与吴渔山绝交事之诬、国（清）朝画征录、青霞馆论画绝句注、竹人续录、书林藻鉴、桐阴论画、榆园画志〕"

"王宸〔清〕……时敏六世孙,原祁曾孙,……山水承家学……〔墨香居画识、南野堂笔记、墨林今话、桐阴论画、芝庭诗稿、画人补遗、清朝书画家笔录、清画家诗史〕"

"度中心性"方式下,王时敏在清代画家中排名第4,其"三度影响力"数值则排名清代第1。从师承师法数据中可以发现"清初四王、吴恽"中的4人都直接得到过王时敏的指授。"四方工画者踵接于门,得其指授,无不知名于时,为一代画苑领袖",其高质量的弟子、后学画家让王时敏在清代影响力达到顶峰也就不足为奇了。

附表：历代直接师承师法王时敏的弟子与后学画家列表

序号	姓名	师承师法关系	时期或朝代
1	王撰	弟子	
2	恽寿平	弟子	
3	王翚	弟子	
4	吴历	弟子	
5	唐蟠	弟子	
6	王元昭	弟子	
7	闻人杰	后学	
8	王原祁	后学	
9	王宸	后学	
10	王愫	后学	
11	沈翰	后学	
12	徐泰增	后学	
13	何维朴	后学	
14	徐鈜	后学	
15	顾沄	后学	
16	金霞起	后学	
17	卜文瑜	后学	
18	张学曾	后学	
19	乔熙	后学	
20	唐肯	后学	
21	元隽	后学	清
22	永瑢	后学	
23	史澜	后学	
24	沈俊贤	后学	
25	沈刚	后学	
26	王同愈	后学	
27	王湘	后学	
28	王应鸿	后学	
29	王璸	后学	
30	黄其勤	后学	
31	黄倬瀛	后学	
32	黄国祯	后学	
33	杨纶	后学	
34	陈韬	后学	
35	陈鼎	后学	
36	陈瀛藻	后学	
37	李询安	后学	
38	李祥凤	后学	
39	李渤	后学	
40	汪金杓	后学	
41	汪彦份	后学	
42	汪善浩	后学	

序号	姓名	师承师法关系	时期或朝代
43	汪诒德	后学	
44	汪养浩	后学	
45	宋云	后学	
46	刘晋	后学	
47	柳溪	后学	
48	高铨	后学	
49	顾蕙生	后学	
50	顾諟	后学	
51	朱莱	后学	
52	朱震	后学	
53	丁嘉植	后学	
54	洪汝源	后学	
55	罗天池	后学	
56	关际泰	后学	
57	谢元麒	后学	
58	谢调梅	后学	
59	钱冰	后学	
60	钱璘	后学	
61	翁绶祺	后学	清
62	项文彦	后学	
63	秦祖永	后学	
64	赵咸亲	后学	
65	赵瑛	后学	
66	赵遂禾	后学	
67	金容	后学	
68	金焘	后学	
69	俞岳	后学	
70	施松山	后学	
71	徐家礼	后学	
72	周立	后学	
73	周愈	后学	
74	周镛	后学	
75	陆应祥	后学	
76	陈汝玉	后学	
77	陈孝思	后学	
78	张伟	后学	
79	邵圣艺	后学	
80	毕绍棠	后学	
81	吴湖帆	后学	
82	屈方桢	后学	近代
83	王世澄	后学	
84	王瑾	后学	

序号	姓名	师承师法关系	时期或朝代
85	郑石桥	后学	
86	郑功燿	后学	
87	李文显	后学	
88	李居端	后学	
89	汪洛年	后学	
90	宋伯鲁	后学	
91	胡琪	后学	
92	胡涛	后学	近代
93	范钟	后学	
94	瞿秋白	后学	
95	钟鹧翔	后学	
96	秦仲文	后学	
97	徐锜	后学	
98	陆龙	后学	
99	林节	后学	

</米友仁>

No. 016

生卒年・1074—1153年
朝代・宋代
字号・名尹仁，字元晖，小名虎儿，晚号懒拙老人
籍贯・祖籍山西太原，出生于湖北襄阳，后定居润州（今江苏镇江）
艺术成就・米芾长子，世称"小米"。其父子所作戏墨曰"米家山水"。

以"度中心性"方式统计，有明确记载、在绘画方面直接师承师法米友仁的弟子与后学共计93人，在数据库29843位画家中排名第16位。

若以时间维度为依据，宋代6人，元代7人，明代23人，清代57人。

若以空间维度为依据，米友仁的后学们来自13个省市，除未有详细出生地、籍贯信息的画家11人外，其余分布如下：江苏27人、浙江18人、上海9人、福建6人、安徽6人、广东6人、江西3人、四川2人、湖北1人、北京1人、辽宁1人、山西1人、河北1人。

直接师承师法米友仁的后学画家地理分布图

山西太原
● 运城1人

● 凉山1人
● 绵羊1人

不详11人

直接师承师法米友仁的后学画家地理分布图

铁岭1人

北京1人

衡水1人

江苏镇江

镇江3人
常州2人
南京2人

苏州11人

松江6人
青浦1人
浦东1人
其他1人

无锡5人

淮安1人
徐州2人
扬州1人

宣城1人
黄山2人
合肥1人
芜湖1人
淮南1人

嘉兴5人

杭州7人

绍兴2人
宁波2人
湖州1人
丽水1人

武汉1人

九江1人
鹰潭1人
其他1人

福州2人
莆田1人
漳州1人
三明1人
宁德1人

江门1人
惠州1人
中山1人
佛山2人
广州1人

以"三度影响力"计算，米友仁的影响力值为567.75，在数据库29843位画家中排名第20，宋代画家总排名第5。一度后学画家为93人，二度后学画家为429人，三度后学画家为1041人。

米友仁早岁即以书画知名，大有父风。在师承师法数据中，米友仁与其父的共同后学共计73人，占所有米友仁后学画家的78.5%。因此，大小米共同以"云山"创格享大名。米友仁的高质量后学画家包括宋代赵孟坚（后学画家18人）。元代涌现出一批追随者，如高克恭（后学画家40人）、方从义（后学画家10人）、郭畀等。入明后，米家画法已渗透在当时"南宗"的山水画里。除董其昌（后学画家148人）、陈淳（后学画家174人）二人外，"明四家"中的沈周、文徵明和唐寅都有仿米的作品，但专学"米氏云山"的名家却难列举。• 清代则有龚贤（后学画家12人）。

"赵孟坚〔宋〕……画宗米家法……〔周振宇,《中国画名家大典》,人民日报出版社〕"

"高克恭〔元〕……画山水初学米氏父子……〔杭州府志、松雪斋集、柳待制集、巴西集、梧溪集、云林集、图绘宝鉴、艺苑卮言、容台集、清河书画舫〕"

"方从义〔元〕……画艺远师董源、巨然、二米……〔周振宇,《中国画名家大典》,人民日报出版社〕"

"董其昌〔明〕……气韵秀润,潇洒生动,尤与米、高为近……〔明史·本传、明史·艺文志、明画录、桐阴论画、珊瑚网、列朝诗集小传、松江府志、华亭志、五杂俎〕"

"陈淳〔明〕……中岁斟酌二米（米芾,米友仁）……〔周振宇,《中国画名家大典》,人民日报出版社〕"

"龚贤〔清〕……以宋初北方画派的笔墨为主体,参以二米（米芾、米友仁父子）……〔周振宇,《中国画名家大典》,人民日报出版社〕"

从"度中心性"和"三度影响力"数据看,米友仁与米芾均位居宋代画家前列,也进一步说明了明清时期米派山水的声誉日著,虽然专擅云山墨戏并有建树者并不多,但宗法者众多。•

• 孙祖白:《米芾 米友仁》,上海人民美术出版社1982年版,第63页。
• 单国强:《漫谈米派山水三大家》,《美术》1992年第5期。

附表：历代直接师承师法米友仁的弟子与后学画家列表

序号	姓名	师承师法关系	时期或朝代
1	赵孟坚	后学	宋
2	赵伯骕	后学	
3	龚开	后学	
4	朱皇后	后学	
5	熊应周	后学	
6	许龙湫	后学	
7	高克恭	后学	元
8	方从义	后学	
9	郭畀	后学	
10	张舜咨	后学	
11	李良心	后学	
12	高然晖	后学	
13	陈公才	后学	
14	陈淳	后学	明
15	董其昌	后学	
16	孙克弘	后学	
17	宋珏	后学	
18	孙隆	后学	
19	黎民表	后学	
20	饶震元	后学	
21	张羽	后学	
22	解如	后学	
23	王抱真	后学	
24	陈珪	后学	
25	陈鸿	后学	
26	邹迪光	后学	
27	刘爵	后学	
28	刘鹏	后学	
29	朱多炡	后学	
30	朱国盛	后学	
31	罗雅	后学	
32	赵迪	后学	
33	孙奕	后学	
34	周思兼	后学	
35	张懋丞	后学	
36	林景时	后学	
37	陈曼	后学	清
38	李觐曾	后学	
39	龚贤	后学	
40	王玖	后学	
41	潘恭寿	后学	
42	沈起鲸	后学	

序号	姓名	师承师法关系	时期或朝代
43	陆妫	后学	
44	颜峰	后学	
45	刘彦冲	后学	
46	吴山	后学	
47	万人长	后学	
48	仰止	后学	
49	安和	后学	
50	潘圭	后学	
51	沈鼎	后学	
52	王槐	后学	
53	黄石	后学	
54	杨振昆	后学	
55	杨书缤	后学	
56	陈维鼎	后学	
57	韩校	后学	
58	韩铸	后学	
59	郑之侨	后学	
60	卢清	后学	
61	李文显	后学	
62	李鼎铭	后学	
63	汪景望	后学	清
64	汪永祚	后学	
65	汪荣	后学	
66	汪蕃	后学	
67	吴俊	后学	
68	顾知	后学	
69	顾曾锡	后学	
70	胡铣	后学	
71	朱丙炎	后学	
72	朱坦	后学	
73	毛际可	后学	
74	熊怡	后学	
75	罗天池	后学	
76	罗文子	后学	
77	严英	后学	
78	严伦	后学	
79	谢廷玉	后学	
80	钱汉霖	后学	
81	翁之泰	后学	
82	梁邦俊	后学	
83	姜桂彩	后学	
84	孙安期	后学	

序号	姓名	师承师法关系	时期或朝代
85	孙荣期	后学	清
86	徐峨	后学	
87	周荣起	后学	
88	郭楠	后学	
89	陆烜	后学	
90	陆远	后学	
91	陈仙源	后学	
92	张谦	后学	
93	张谨	后学	

</王鉴>

No. 017

生卒年・1598—1677年
朝代・清代
字号・字玄照，后改字园照，元照，号湘碧，又号香庵主
籍贯・江苏太仓（今江苏苏州太仓）
艺术成就・为明代著名文人王世贞曾孙。崇祯六年（1633）官廉州知府，世称王廉州。山水擅长临摹，于"元四家"尤为精诣，与王时敏、王翚、王原祁合称"四王"，加吴历、恽寿平，并称"清六家"。

以"度中心性"方式统计，有明确记载、在绘画方面直接师承师法王鉴的弟子与后学共计89人，在数据库29843位画家中排名第17位。
若以时间维度为依据，清代71人、近代18人。

若以空间维度为依据，王鉴的后学们来自13个省市，除未有详细出生地、籍贯信息的画家3人外，其余分布如下：江苏31人、浙江26人、上海9人、广东4人、安徽3人、河北2人、福建2人、四川2人、山东2人、广西2人、湖南1人、吉林1人、天津1人。

直接师承师法王鉴的后学画家地理分布图

● 成都1人
● 其他1人

● 不详3人

吉林1人

天津1人
河北2人

济南1人
济宁1人

常州7人

苏州太仓
苏州17人

宝山1人
嘉定4人
松江1人
崇明1人
其他2人

无锡3人
扬州2人
盐城1人
淮安1人

嘉兴17人

芜湖1人
安庆2人

杭州7人
绍兴1人
宁波1人

湖南1人

莆田1人
福州1人

桂林2人
中山1人
江门2人
汕头1人

以"三度影响力"计算，王鉴的影响力值为322.75，在数据库29843位画家中排名第29。在清代画家中排名第4，列"清初四王"第3。一度后学画家为89人，二度后学画家为251人，三度后学画家为433人。

王翚（后学画家213人）与吴历（后学画家24人）是王鉴仅有的两位自身后学人数超过10人的弟子。其余后学画家自身影响力皆非常有限。

"王翚〔清〕……王鉴游虞山时,爱翚才品出众,收为弟子……〔周振宇,《中国画名家大典》,人民日报出版社〕"

"吴历〔清〕……学画于王鉴、王时敏……〔周振宇,《中国画名家大典》,人民日报出版社〕"

弟子与后学画家数据反映了王鉴在"四王"中相对特殊的传承作用,从侧面印证了他被称为"后学津梁"的原因。王鉴兼收并蓄的艺术对后学主要起多向传布的作用,缺少一种单向特立的号召力,不像王时敏能以艺术教育学的方式使画派传人绵延不息•。

• 单国强:《王鉴应属"虞山派"》,《故宫博物院院刊》2000年第4期总第90期。

附表：历代直接师承师法王鉴的弟子与后学画家列表

序号	姓名	师承师法关系	时期或朝代
1	王翚	弟子	
2	吴历	弟子	
3	王元昭	弟子	
4	王应麟	弟子	
5	通证	弟子	
6	王愫	后学	
7	徐泰增	后学	
8	何维朴	后学	
9	如山	后学	
10	徐鈖	后学	
11	薛宣	后学	
12	顾沄	后学	
13	金霞起	后学	
14	卞文瑜	后学	
15	乔熙	后学	
16	明澈	后学	
17	唐肯	后学	
18	马燮堂	后学	
19	元隽	后学	
20	史澜	后学	
21	沈俊贤	后学	清
22	王同愈	后学	
23	王泽	后学	
24	秦炳文	后学	
25	黄其勤	后学	
26	黄倬瀛	后学	
27	黄国祯	后学	
28	杨纶	后学	
29	陈翔凤	后学	
30	陈韬	后学	
31	陈羲唐	后学	
32	李祥凤	后学	
33	李锡光	后学	
34	汪金杓	后学	
35	汪彦份	后学	
36	汪善浩	后学	
37	汪养浩	后学	
38	宋云	后学	
39	刘晋	后学	
40	柳溪	后学	
41	叶恒	后学	
42	胡曦	后学	

序号	姓名	师承师法关系	时期或朝代
43	朱莱	后学	
44	朱震	后学	
45	丁嘉植	后学	
46	江械	后学	
47	洪汝源	后学	
48	关际泰	后学	
49	谢元麒	后学	
50	谢调梅	后学	
51	钱用仪	后学	
52	钱楷	后学	
53	钱璘	后学	
54	翁绶祺	后学	
55	戴鉴	后学	
56	项文彦	后学	
57	赵咸亲	后学	清
58	赵瑛	后学	
59	赵遂禾	后学	
60	金容	后学	
61	金焘	后学	
62	施松山	后学	
63	徐家礼	后学	
64	周立	后学	
65	周镛	后学	
66	陆应祥	后学	
67	陈汝玉	后学	
68	廖纶	后学	
69	张彦曾	后学	
70	张伟	后学	
71	毕绍棠	后学	
72	吴湖帆	后学	
73	屈方桢	后学	
74	王世澄	后学	
75	郑石桥	后学	
76	郑功燿	后学	
77	李文显	后学	
78	李居端	后学	近代
79	汪洛年	后学	
80	胡琪	后学	
81	胡涛	后学	
82	范钟	后学	
83	瞿秋白	后学	
84	秦仲文	后学	

序号	姓名	师承师法关系	时期或朝代
85	徐锜	后学	近代
86	陆小曼	后学	
87	陆龙	后学	
88	陈子清	后学	
89	林节	后学	

</徐渭>

No. 018

生卒年・1521—1593年

朝代・明代

字号・初字文青，改字文长，号天池，又号天池山人、清藤、青藤道士、天池漱仙、漱老人、天池渔隐、金垒山人、金回山人、之罘山人、山阴布衣、白鹇山人、鹅鼻山人、鹅池漱仙、田水月等

籍贯・山阴（今浙江绍兴）

艺术成就・善诗文亦工书法，中年学画。尝自评云："吾书第一，诗二，文三，画四。"与陈淳并称"青藤、白阳"。

以"度中心性"方式统计，有明确记载、在绘画方面直接师承师法徐渭的弟子与后学共计79人，在数据库29843位画家中排名第18位。

若以时间维度为依据，明代1人，清代71人，近代7人。

若以空间维度为依据，徐渭的后学们来自15个省市，除未有详细出生地、籍贯信息的画家5人外，其余分布如下：浙江26人、江苏19人、安徽4人、湖南3人、四川3人、江西3人、河南2人、上海2人、湖北2人、云南2人、北京2人、山东2人、广东2人、福建1人、陕西1人。

直接师承师法徐渭的后学画家地理分布图

● 陕西1人

● 内江1人
● 德阳1人
● 遂宁1人

● 不详5人

● 昆明1人
● 泸西1人

- 北京2人
- 潍坊1人
- 济宁1人
- 河南2人
- 苏州8人
- 南京5人
- 无锡2人
- 泰州2人
- 南通1人
- 淮安1人
- 嘉定1人
- 其他1人
- 浙江绍兴
- 绍兴7人
- 黄山2人
- 巢湖2人
- 嘉兴9人
- 湖州5人
- 杭州2人
- 温州1人
- 金华1人
- 宁波1人
- 九江1人
- 南昌1人
- 抚州1人
- 湖北2人
- 衡阳2人
- 湘潭1人
- 福建1人
- 佛山1人
- 广州1人

以"三度影响力"计算，徐渭的影响力值为211.5，在数据库29843位画家中排名第42。一度后学画家为79人，二度后学画家为163人，三度后学画家为204人。

徐渭后学画家中自身后学画家超过10人的有6位，分别是明代朱耷（后学画家19人），清代郑燮（后学画家33人）、蒋廷锡（后学画家23人）、钱载（后学画家21人）、吴昌硕（后学画家20人）、赵之谦（后学画家10人）。

"朱耷〔明〕……花鸟在沈周、陈淳、徐渭水墨花鸟基础上……〔朱氏八支宗谱、国（清）朝画征录、青门剩稿、清画家诗史、书林纪事、辞海〕"

"郑燮〔清〕……仿学徐渭、高其佩的墨竹……〔单国强，《郑燮生平与艺术》，《荣宝斋》，2005年〕"

"蒋廷锡〔清〕……水墨折枝，在陈淳、徐渭之间……〔周振宇，《中国画名家大典》，人民日报出版社〕"

"钱载〔清〕……大有徐渭、陈淳遗意……〔国（清）朝画征续录、桐阴论画、墨林今话、清画家史〕"

"吴昌硕〔清〕……初从赵之谦上溯扬州八怪以及石涛、八大、陈淳、徐渭，运以金石书法入画……〔广印人传、海上书画名家年鉴、寒松阁谈艺琐录、清画家诗史、海上墨林、王个簃所作传略〕"

"赵之谦〔清〕……作花卉木石及杂画，能合徐渭、石涛、李鱓……〔寒松阁谈艺琐录、清朝书画家笔录、近代六十名家画传、罗雅堂诗话、清画家诗史、榆园画志〕"

从"度中心性"数据看，徐渭位居明代画家第5，其后学画家主要集中在清代与近代。徐渭开创的水墨大写意花鸟画风格，对后世影响巨大，包括一些近代重要画家如齐白石、陈衡恪、来楚生、潘天寿等。

附表：
历代直接师承师法徐渭的弟子与后学画家列表

序号	姓名	师承师法关系	时期或朝代
1	陈表	后学	明
2	郑燮	后学	
3	蒋廷锡	后学	
4	钱载	后学	
5	吴昌硕	后学	
6	朱耷	后学	
7	赵之谦	后学	
8	陈衡恪	后学	
9	达受	后学	
10	潘是稷	后学	
11	符铸	后学	
12	张问陶	后学	
13	吴观岱	后学	
14	张祥河	后学	
15	姜渔	后学	
16	蒲华	后学	
17	郎葆辰	后学	
18	可韵	后学	
19	郑文焯	后学	
20	郑岳	后学	
21	汪泰来	后学	
22	符翕	后学	清
23	宁祥元	后学	
24	兰头陀	后学	
25	栎庵	后学	
26	舒位	后学	
27	德普	后学	
28	德源	后学	
29	潘曾莹	后学	
30	桂馥	后学	
31	沈惇彝	后学	
32	沈福堃	后学	
33	王祖光	后学	
34	黄继祖	后学	
35	莫兆熊	后学	
36	杨让渔	后学	
37	陈度	后学	
38	郑基成	后学	
39	李玉	后学	
40	李秉绶	后学	
41	李华	后学	
42	宋伯鲁	后学	

序号	姓名	师承师法关系	时期或朝代
43	宋思仁	后学	
44	吴铁士	后学	
45	杜游	后学	
46	杜曙	后学	
47	邓怀农	后学	
48	胡振	后学	
49	朱为弼	后学	
50	朱龄	后学	
51	朱麟	后学	
52	方杲	后学	
53	瞿中溶	后学	
54	袁绶	后学	
55	计瑛	后学	
56	赵种青	后学	
57	俞礼	后学	清
58	查奕照	后学	
59	孙均	后学	
60	孙清士	后学	
61	徐石芝	后学	
62	周峻	后学	
63	周棠	后学	
64	郭适	后学	
65	陆册	后学	
66	陆湄	后学	
67	张度	后学	
68	张璋	后学	
69	邱宝德	后学	
70	薛沅	后学	
71	张弨	后学	
72	张金让	后学	
73	齐璜	后学	
74	吕万	后学	
75	庞左玉	后学	
76	商言志	后学	近代
77	潘天寿	后学	
78	来楚生	后学	
79	吴茀之	后学	

</赵孟頫>

No. 019

生卒年・1254—1322年
朝代・元代
字号・字子昂，号松雪道人、水晶宫道人、欧波
籍贯・湖州（今浙江湖州市）
艺术成就・为宋太祖十一世孙。与夫人管道昇同为中峰明本和尚弟子。精通音乐，擅鉴定古器物，于书法绘画成就尤高。

以"度中心性"方式统计，有明确记载、在绘画方面直接师承师法赵孟頫的弟子与后学共计78人，在数据库29843位画家中排名第19位。

若以时间维度为依据，元代14人，明代25人、清代36人、近代2人。

若以空间维度为依据，赵孟頫的后学们来自15个省市，除未有详细出生地、籍贯信息的画家6人外，其余分布如下：江苏31人、浙江21人、上海3人、江西3人、福建3人、湖北2人、河南1人、云南1人、湖南1人、北京1人、四川1人、贵州1人、山东1人、广东1人、河北1人。

不详6人

直接师承师法赵孟頫的后学画家地理分布图

- 北京1人
- 河北1人
- 山东1人
- 苏州25人
- 河南1人
- 嘉定1人
- 崇明1人
- 青浦1人
- 泰州3人
- 镇江2人
- 常州1人
- 孝感1人
- 武汉1人
- 浙江湖州
- 湖州6人
- 四川1人
- 杭州7人
- 南昌1人
- 宜春1人
- 贵溪1人
- 嘉兴3人
- 绍兴2人
- 温州1人
- 台州1人
- 其他1人
- 湖南1人
- 贵州1人
- 厦门1人
- 常德1人
- 三明1人
- 云南1人
- 广东1人

以"三度影响力"计算，赵孟頫的影响力值为1283.25，在数据库29843位画家中排名第6。在元代画家中排名第3。一度后学画家为77人，二度后学画家为746人，三度后学画家为3333人。

"三度影响力"较"度中心性"排名而言，赵孟頫从第19上升至第6位，且在元代画家中排名第3。《画旨》中称"赵集贤画为元人冠冕"，作为开启有元一代绘画鼎盛局面的关键人物[*]，赵孟頫在元、明拥有大量高质量后学画家，元代的黄公望（后学画家329人）、王蒙（后学画家120人）、盛懋（后学画家20人）、方从义（后学画家10人），明代的文徵明（后学画家156人）、陈洪绶（后学画家59人）、文伯仁（后学画家15人）是自身后学人数超过10人的后学画家。

---

[*] 邵琦：《具眼之识——从董其昌看赵孟頫》，《赵孟頫研究论文集》，上海书画出版社1995年版，第819页。

"黄公望〔元〕……受赵孟頫教导……〔周振宇，《中国画名家大典》，人民日报出版社〕"

"王蒙〔元〕……画从赵孟頫风韵中来……〔明史本传、杭州府志、画史会要、无声诗史、清河书画舫、虚斋名画续录、书画铭心录、珊瑚网、寓意编、辍耕录、东图玄览、六研斋二笔、续弘简录、艺苑卮言、眉公秘籍、云林诗集、吴宽家藏集、容台集、拜经楼诗话、听雨楼诸贤记、玉山雅堂草集、鲍翁家藏集〕"

"盛懋〔元〕……受赵孟頫影响……〔沈柔坚，《中国美术辞典》，上海辞书出版社〕"

"方从义〔元〕……画艺近学赵孟頫、影高克恭……〔周振宇，《中国画名家大典》，人民日报出版社〕"

"文徵明〔明〕……生平雅慕赵孟頫，每事多师之……〔明史本传、明史艺文志、文氏族谱续集、明画录、无声诗史、丹青志、图绘宝鉴续纂、名山藏、五杂俎、珊瑚网、四友斋丛说、东图玄览、澹圃画品、眉公秘笈、黄佐衡山文公墓志铭、文嘉行略、书史会要、广印人传〕"

"陈洪绶〔明〕……所画人物，兼有李公麟、赵孟頫之妙……〔国（清）朝画征录、静志居诗话、绍兴府志、明画录、无声诗史、越画见闻、桐阴论画〕"

"文伯仁〔明〕……工画山水，学"三赵"（令穰、伯驹、孟頫）……〔周振宇，《中国画名家大典》，人民日报出版社〕"

上述统计数据中有一个值得注意的现象，清代没有出现直接师法赵孟頫且其自身后学超过10人的画家。清代直接师法赵孟頫的后学画家仅37人，与"元四家"中黄公望（清代后学232人）、倪瓒（清代后学198人）、吴镇（清代后学104人）、王蒙（清代后学69人）在清代后学人数相比都有相当大的差距。在董其昌的南宗系统中，在"元四家"剔除了赵孟頫并加入了倪瓒。随着南北宗理论对清代画坛产生的巨大影响，赵孟頫在明末、清整个时期后学人数的急剧下降也表明其在绘画领域的地位与传承确实受到了南北宗理论不小的影响。

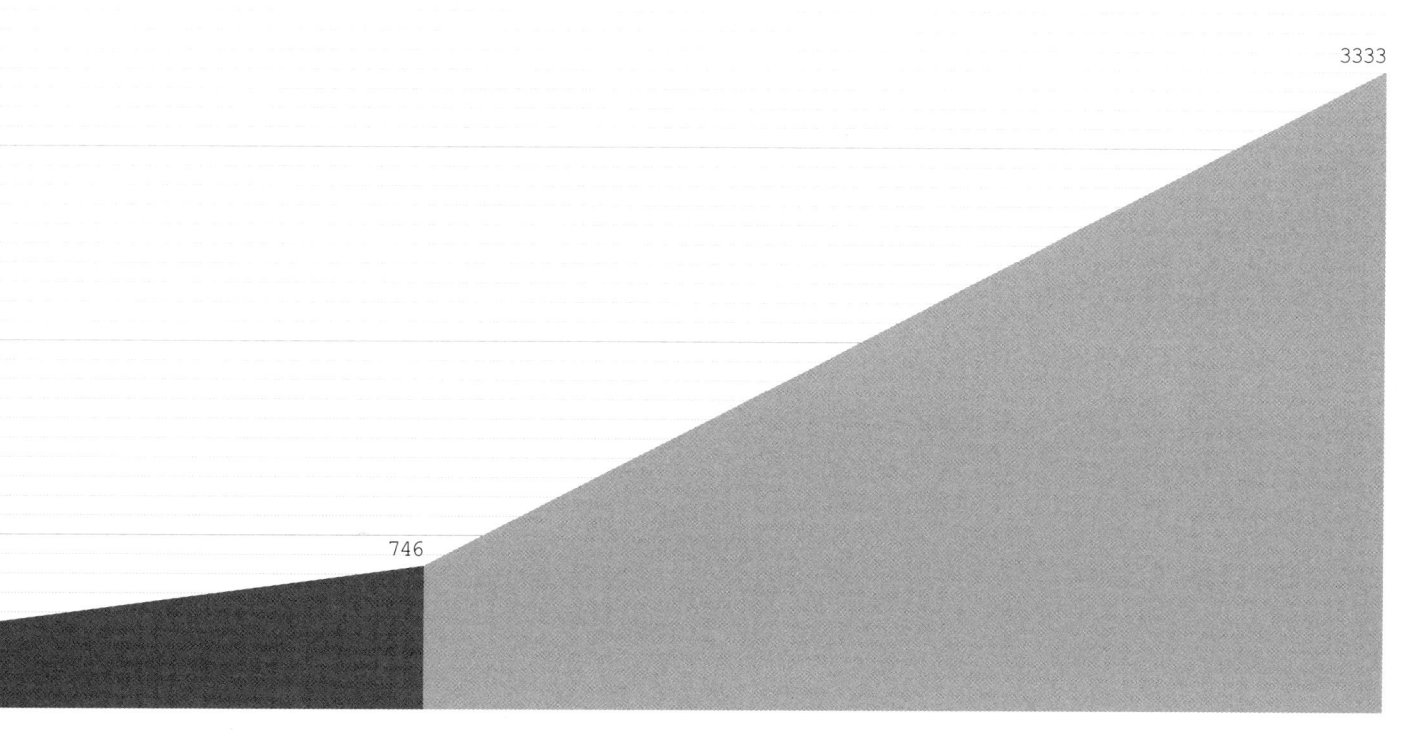

3333

746

附表：历代直接师承师法赵孟頫的弟子与后学画家列表

序号	姓名	师承师法关系	时期或朝代
1	黄公望	弟子	
2	柯九思	弟子	
3	王蒙	弟子	
4	王渊	弟子	
5	赵雍	弟子	
6	陈琳	弟子	
7	唐棣	弟子	元
8	顾安	后学	
9	赵麟	后学	
10	盛懋	后学	
11	方从义	后学	
12	李士行	后学	
13	陈汝言	后学	
14	郑禧	后学	
15	文徵明	后学	
16	陈谦	后学	
17	陈洪绶	后学	
18	文伯仁	后学	
19	周天球	后学	
20	陆师道	后学	
21	姚绶	后学	
22	沈春泽	后学	
23	陈裸	后学	
24	谢缙	后学	
25	杨文骢	后学	
26	骆指挥	后学	
27	张宏儒	后学	明
28	蒋守成	后学	
29	滕用亨	后学	
30	冷谦	后学	
31	沈硕	后学	
32	沈宾	后学	
33	王逢元	后学	
34	陈宣	后学	
35	郑文英	后学	
36	谢道龄	后学	
37	俞臣	后学	
38	张渙	后学	
39	张梦征	后学	
40	鲍鲲	后学	
41	王玖	后学	清
42	石渠	后学	

序号	姓名	师承师法关系	时期或朝代
43	顾符稹	后学	
44	真然	后学	
45	善谒	后学	
46	倪周发	后学	
47	张大白	后学	
48	张孝思	后学	
49	何金寿	后学	
50	何永沇	后学	
51	申涵光	后学	
52	厉珍	后学	
53	沈世勋	后学	
54	沈廷炤	后学	
55	沈湄	后学	
56	沈楩	后学	
57	沈应霖	后学	
58	王鼎	后学	
59	陈树菱	后学	清
60	冯洽	后学	
61	李治运	后学	
62	汪日宾	后学	
63	吴之坤	后学	
64	朱秉	后学	
65	丁峻	后学	
66	江大来	后学	
67	佘凤	后学	
68	程岷	后学	
69	罗经	后学	
70	戴肇先	后学	
71	秦镳	后学	
72	康辰	后学	
73	赵九鼎	后学	
74	赵士麟	后学	
75	郭世钰	后学	
76	俞宗曜	后学	
77	姚虞琴	后学	近代

</华嵒>

No. 020

生卒年・1682—1756年
朝代・清代
字号・字秋岳,原字德嵩,号新罗山人,又号白沙道人、东园生
籍贯・福建上杭(今福建龙岩上杭)
艺术成就・初寓杭州,后客维扬最久,以卖画为生,晚归西湖卒于家。

以"度中心性"方式统计,有明确记载、在绘画方面直接师承师法华嵒的弟子与后学共计73人,在数据库29843位画家中排名第20位。
若以时间维度为依据,清代66人,近代7人。

若以空间维度为依据,华嵒的后学们来自12个省市,除未有详细出生地、籍贯信息的画家3人外,其余分布如下:江苏24人、浙江24人、广东5人、安徽4人、福建3人、江西3人、山东2人、湖北1人、上海1人、陕西1人、云南1人、北京1人。

● 不详3人

直接师承师法华嵒的后学画家地理分布图

- 北京1人
- 潍坊1人
- 滨州1人
- 扬州4人
- 苏州10人
- 无锡4人
- 常州4人
- 泰州2人
- 松江1人
- 西安1人
- 黄山3人
- 安庆1人
- 嘉兴7人
- 杭州11人
- 咸宁1人
- 绍兴3人
- 九江1人
- 湖州1人
- 宜春1人
- 丽水1人
- 抚州1人
- 其他1人
- 龙岩上杭
- 龙岩1人
- 漳州1人
- 福州1人
- 建水1人
- 江门1人
- 佛山1人
- 东莞1人
- 中山1人
- 其他1人

以"三度影响力"计算，华嵒的影响力值为115.75，在数据库29843位画家中排名第59。一度后学画家为73人，二度后学画家为71人，三度后学画家为29人。

华嵒后学画家中有改琦（后学画家21人）、朱偁（后学画家14人）的再传后学人数超过10人。

"改琦〔清〕……山水、花草，得华嵒风趣……〔周振宇，《中国画名家大典》，人民日报出版社〕"
"朱偁〔清〕……仿华嵒亦得其神似……〔海上墨林、桐阴复志、近代六十名家画传〕"

由于华嵒活跃于清代后期，距今的时间跨度有限，受数据库收录近代画家数量的限制，其"三度影响力"排名相对靠后也可以理解。在清代画家中，华嵒的"度中心性"排名仅次于恽寿平和"四王"，位居第五，该数据也说明了华嵒在清代花鸟画领域的巨大影响力，印证了"清代后半期花鸟画之宗匠"的评价。

附表：历代直接师承师法华喦的弟子与后学画家列表

序号	姓名	师承师法关系	时期或朝代
1	华浚	弟子	
2	汪连	弟子	
3	张四教	弟子	
4	徐冈	弟子	
5	改琦	后学	
6	朱偁	后学	
7	赵之琛	后学	
8	王素	后学	
9	陈衡恪	后学	
10	吴观岱	后学	
11	汪鸿	后学	
12	汪如渊	后学	
13	王云	后学	
14	胡锡珪	后学	
15	何作干	后学	
16	何翀	后学	
17	曹锜	后学	
18	郑文焯	后学	
19	汪志周	后学	
20	吴霁	后学	
21	丁宝书	后学	清
22	姚元之	后学	
23	真然	后学	
24	费公直	后学	
25	贺良朴	后学	
26	恽元复	后学	
27	倪复堂	后学	
28	张允迹	后学	
29	张守叙	后学	
30	王式杜	后学	
31	王廷榕	后学	
32	王振声	后学	
33	王锡祚	后学	
34	黄琛	后学	
35	黄寿湄	后学	
36	杨仲波	后学	
37	陈寿昌	后学	
38	陈慰之	后学	
39	李秉绶	后学	
40	李堃	后学	
41	汪用成	后学	
42	汪彦份	后学	

序号	姓名	师承师法关系	时期或朝代
43	吴贤	后学	
44	高树程	后学	
45	朱自恒	后学	
46	莫清波	后学	
47	朱嘉	后学	
48	朱琏	后学	
49	江佑	后学	
50	程萝	后学	
51	罗黼	后学	
52	崔芹	后学	
53	崔宝善	后学	
54	钱凤鸣	后学	清
55	秦联珠	后学	
56	金士鈜	后学	
57	俞麟	后学	
58	施祁	后学	
59	孙义鋆	后学	
60	孙庆治	后学	
61	徐埼	后学	
62	徐峰	后学	
63	徐镛	后学	
64	陈大龄	后学	
65	陈兆楷	后学	
66	陈沅	后学	
67	庞左玉	后学	
68	梁书衣	后学	
69	黄少梅	后学	
70	汪慎生	后学	近代
71	江寒汀	后学	
72	梅兰芳	后学	
73	陈小翠	后学	

</马远>

No. 021

生卒年・约1170—1260年
朝代・宋代
字号・字遥父,号钦山
籍贯・祖籍河中(今山西永济西),长于钱塘(今浙江杭州)
艺术成就・曾祖父马贲为北宋宣和时画院待诏,祖父马兴祖、伯父马公显、马世荣均任职画院,兄马逵、子马麟皆为画院名家。后人将其与夏圭并称"马夏",与李唐、刘松年、夏圭合称"南宋四大家"。

以"度中心性"方式统计,有明确记载、在绘画方面直接师承师法马远的弟子与后学共计69人,在数据库29843位画家中排名第21。

若以时间维度为依据,宋代10人,元代10人,明代38人,清代8人,近代3人。

若以空间维度为依据,马远的后学们来自12个省市,除未有详细出生地、籍贯信息的画家9人外,其余分布如下:浙江20人、江苏17人、上海8人、安徽4人、江西3人、四川2人、湖北1人、湖南1人、福建1人、广东1人、河北1人、河南1人。

不详9人

直接师承师法马远的后学画家地理分布图

● 河北1人

山西永济酉

● 河南1人

苏州12人
● 镇江2人
● 无锡1人
● 南通1人
● 南京1人
● 宿州1人
● 宣城1人
● 阜阳1人
● 其他1人

松江5人
嘉定3人

浙江杭州

● 湖北1人

● 四川2人

杭州12人

● 上饶1人
● 清江1人
● 其他1人

嘉兴5人
● 宁波2人
● 湖州1人

● 湖南1人

● 福建1人

● 广东1人

以"三度影响力"计算，马远的影响力值为464，在数据库29843位画家中排名第25位。一度后学画家为69人，二度后学画家为275人，三度后学画家为1030人。

吴镇（后学画家156人）、仇英（后学画家37人）、戴进（后学画家29人）、吴伟（后学画家25人）是自身后学人数超过10人的马远后学画家。

"吴镇〔元〕……擅画水墨山水，间学马远、夏圭的斧劈皴和刮铁皴……〔沈柔坚，《中国美术辞典》，上海辞书出版社〕"

"仇英〔明〕……山水画发展南宋李唐、刘松年、马远、夏圭的"院体画"传统……〔周振宇，《中国画名家大典》，人民日报出版〕"

"戴进〔明〕……山水得诸家之妙，大率模拟李唐、马远居多……〔明史•聂大年传、杭州府志、明画录、无声诗史、名山藏、四友斋丛说、竹个丛抄〕"

"吴伟〔明〕……吴伟均承继马、夏，成为一时风尚……〔湖广通志、江宁府志、名山藏、稗史汇编、玉剑尊闻、夷白斋诗话、艺苑卮言、海虞画苑略、无声诗史〕"

后学画家共同师法"马夏"的共计41人,占所有师法马远后学人数的59.4%。"度中心性"数据列出的各时期后学画家人数中显示明代后学画家占比最高。当时以戴进和吴伟为代表的浙派画家大多师法"马夏",影响了当时一批院内外画家。清之后,马远的后学画家数量急剧减少,这与明末董其昌"南北宗"理论的巨大影响不无关系。

附表:
历代直接师承师法马远的弟子与后学画家列表

序号	姓名	师承师法关系	时期或朝代
1	楼观	弟子	宋
2	马麟	弟子	
3	李东	后学	
4	朴庵	后学	
5	龙升	后学	
6	王介	后学	
7	刘耀	后学	
8	叶肖岩	后学	
9	苏显祖	后学	
10	徐京	后学	
11	吴镇	后学	元
12	孙君泽	后学	
13	张观	后学	
14	罗稚川	后学	
15	饶自然	后学	
16	沈月溪	后学	
17	丁野夫	后学	
18	金璧	后学	
19	陈君佐	后学	
20	张远	后学	
21	仇英	后学	明
22	戴进	后学	
23	吴伟	后学	
24	孙克弘	后学	
25	周臣	后学	
26	邵弥	后学	
27	王谔	后学	
28	张路	后学	
29	陈沂	后学	
30	李在	后学	
31	张复	后学	
32	朱稚征	后学	
33	沈遇	后学	
34	郭汾涯	后学	
35	胡聪	后学	
36	倪端	后学	
37	万邦正	后学	
38	魏学濂	后学	
39	朱端	后学	
40	潘凤	后学	
41	沈希远	后学	
42	沈应山	后学	

序号	姓名	师承师法关系	时期或朝代
43	沈观	后学	
44	王恭	后学	
45	宋臣	后学	
46	宋祀	后学	
47	雷济民	后学	
48	苏致中	后学	
49	丁玉川	后学	
50	范礼	后学	明
51	周鼎	后学	
52	许永昇	后学	
53	张乾	后学	
54	张葵	后学	
55	张翚	后学	
56	林奴儿	后学	
57	邵南	后学	
58	章瑾	后学	
59	张成	后学	
60	杨泰基	后学	
61	龚振	后学	
62	郑松	后学	清
63	吴嵋	后学	
64	奎山废人	后学	
65	施天章	后学	
66	孙献	后学	
67	陈云章鸟	后学	
68	卢国隽	后学	近代
69	胡振	后学	

</文同>

No. 022

生卒年・1018—1079年
朝代・宋代
字号・字与可，自号笑笑先生，锦江道人，世称石室先生
籍贯・梓潼（今四川绵阳梓潼）
艺术成就・宋神宗时曾奉诏知湖州，但未到任半路而卒，但世人仍称之为"文湖州"。擅画墨竹，为后学之楷模。传派即为"湖州竹派"。

以"度中心性"方式统计，有明确记载、在绘画方面直接师承师法文同的弟子与后学共计66人，在数据库29843位画家中排名第22位。

若以时间维度为依据，宋代12人，金2人，元代13人，明代12人，清代27人。

若以空间维度为依据，文同的后学们来自17个省市，除未有详细出生地、籍贯信息的画家两人外，其余分布如下：浙江21人、江苏14人、河北3人、上海3人、四川3人、山东3人、山西3人、江西2人、北京2人、安徽2人、广东2人、河南1人、湖北1人、甘肃1人、福建1人、贵州1人、广西1人。

● 不详2人

直接师承师法文同的后学画家地理分布图

北京2人
石家庄2人
其他1人

大同1人
太原2人

德州1人
泰安1人
青岛1人

甘肃1人

苏州7人
常州2人
南京2人
无锡1人
南通1人
镇江1人

松江1人
宝山1人
嘉定1人

河南1人

安徽2人

绵阳梓潼
绵阳1人
眉山2人

嘉兴8人
绍兴4人
杭州3人
台州3人
宁波1人
湖州1人
其他1人

湖北1人

九江1人
赣州1人

贵州1人

福建1人

广西1人   广东2人

以"三度影响力"计算，文同的影响力值为637.5，在数据库29843位画家中排名第18位。一度后学画家为66人，二度后学画家为347人，三度后学画家为1592人。

吴镇（后学画家156人）、苏轼（后学画家41人）、金农（后学画家41人）、高克恭（后学画家40人）、夏昶（后学画家16人）、王绂（后学画家14人）是自身后学人数超过10人的文同后学画家。

"吴镇〔元〕……墨竹宗文同……〔画史会要、清河书画舫、六研斋笔记、容台集、仓螺集〕"
"苏轼〔宋〕……能画竹，学文同……〔沈柔坚，《中国美术辞典》，上海辞书出版社〕"
"金农〔清〕……写竹师石室老人……〔国（清）朝画征续录、墨林今话、桐阴论画、学福斋集、蒲褐庵诗话、西泠五布衣集、清画家诗史、广印人传、瓯钵罗室书画过目考〕"
"高克恭〔元〕……善画墨竹，风格近文同……〔周振宇，《中国画名家大典》，人民日报出版社〕"
"夏昶〔明〕……尤精墨竹，得文同笔法……〔李峰，汤钰林，《苏州历代人物大辞典》，上海辞书出版社〕"
"王绂〔明〕……以墨竹名天下，得石室（文同）、橡林（吴镇）遗法……〔明史本传、画史会要、无声诗史、珊瑚网、王进友石先生诗序、六研斋二笔、名山藏、式古堂书画汇考、列朝诗集小传〕"

历代画竹者多学文同，而以元人柯九思、李衎、吴镇等为有名，世称"湖州竹派"。师承师法数据也印证了上述说法，文同的"度中心性"位居22位，三度影响力位居18位。两种统计方式下，文同的排名非常接近，同时他在历代画竹画家中位居第一位。

附表：历代直接师承师法文同的弟子与后学画家列表

序号	姓名	师承师法关系	时期或朝代
1	苏轼	后学	宋
2	王诜	后学	宋
3	写竹妓	后学	宋
4	张昌嗣	后学	宋
5	黄彝	后学	宋
6	程堂	后学	宋
7	王李氏	后学	宋
8	吴璜	后学	宋
9	刘仲怀	后学	宋
10	赵令庇	后学	宋
11	俞澂	后学	宋
12	周尧敏	后学	宋
13	虞仲文	后学	金
14	蔡珪	后学	金
15	李衎	弟子	元
16	吴镇	后学	元
17	高克恭	后学	元
18	顾安	后学	元
19	柯九思	后学	元
20	溥光	后学	元
21	乔达	后学	元
22	李倜	后学	元
23	苏大年	后学	元
24	亮	后学	元
25	姚雪心	后学	元
26	盛昭	后学	元
27	张明卿	后学	元
28	夏昶	后学	明
29	王绂	后学	明
30	文彭	后学	明
31	孙克弘	后学	明
32	邢侗	后学	明
33	朱之蕃	后学	明
34	朱鹭	后学	明
35	马明瑞	后学	明
36	沈龄	后学	明
37	廖明士	后学	明
38	周祚新	后学	明
39	张应召	后学	明
40	金农	后学	清
41	鲁得之	后学	清
42	蒲华	后学	清
43	西崖	后学	清

序号	姓名	师承师法关系	时期或朝代
44	黄士爽	后学	
45	胡椿	后学	
46	金德鉴	后学	
47	房庆恺	后学	
48	王复礼	后学	
49	王德普	后学	
50	黄纲	后学	
51	陈琪	后学	
52	陈霖	后学	
53	冯肇杞	后学	
54	李丰	后学	
55	胡之森	后学	清
56	胡懋銑	后学	
57	朱升	后学	
58	方燮	后学	
59	舒晓	后学	
60	严岳	后学	
61	管庭芬	后学	
62	金章	后学	
63	金霖	后学	
64	张培文	后学	
65	张浩	后学	
66	林讽荂	后学	

</李公麟>

No. 022

生卒年・1049—1106年
朝代・宋代
字号・字伯时，号龙眠居士
籍贯・舒州（今安徽六安舒城）
艺术成就・绘事集顾恺之、陆探微、张僧繇、吴道子及先世名手所善，以为己有，自成一家。擅画人物、佛道像，多用白描，尤精画鞍马。

以"度中心性"方式统计，有明确记载、在绘画方面直接师承师法李公麟的弟子与后学共计66人，在数据库29843位画家中排名第22位。
若以时间维度为依据，宋代18人，金3人，元代10人，明代11人，清代24人。

若以空间维度为依据，李公麟的后学们来自16个省市，除未有详细出生地、籍贯信息的画家9人外，其余分布如下：浙江16人、江苏12人、安徽6人、河北3人、河南3人、上海3人、福建3人、山东2人、北京1人、湖南1人、四川1人、重庆1人、陕西1人、山西1人、广东1人、江西2人。

不详9人

直接师承师法李公麟的后学画家地理分布图

- 北京1人
- 石家庄1人
- 沧州1人
- 其他1人
- 山西1人
- 德州1人
- 泰安1人
- 苏州6人
- 无锡3人
- 南京2人
- 陕西1人
- 开封1人
- 焦作1人
- 许昌1人
- 常州1人
- 松江1人
- 嘉定1人
- 其他1人
- 六安舒城
- 六安1人
- 黄山2人
- 巢湖1人
- 安庆1人
- 合肥1人
- 四川1人
- 重庆1人
- 杭州4人
- 嘉兴4人
- 湖州3人
- 绍兴3人
- 宁波1人
- 温州1人
- 南昌1人
- 宜昌1人
- 湖南1人
- 福建3人
- 广东1人

以"三度影响力"计算，李公麟的影响力值为608.5，在数据库29843位画家中排名第19位。一度后学画家为66人，二度后学画家为267人，三度后学画家为1636人。

赵孟頫（后学画家78人）、陈洪绶（后学画家59人）、李唐（后学画家31人）、赵伯驹（后学画家28人）、梁楷（后学画家13人）、丁云鹏（后学画家10人）是自身后学人数超过10人的李公麟后学画家。

"赵孟頫〔元〕……物、鞍马师法李公麟和唐人……〔沈柔坚，《中国美术辞典》，上海辞书出版社〕"

"陈洪绶〔明〕……所画人物，兼有李公麟、赵孟頫之妙……〔国（清）朝画征录、静志居诗话、绍兴府志、明画录、无声诗史、越画见闻、桐阴论画〕"

"李唐〔宋〕……人物绝类李公麟……〔画继、图绘宝鉴、画鉴、清河书画舫、广川画跋、澹圃画品、云烟过眼录、格古要论〕"

"赵伯驹〔宋〕……精人物，承袭周文矩、李公麟画法……〔周振宇，《中国画名家大典》，人民日报出版社〕"

绘画史家常把李公麟列为北宋道释人物画家之首。从师承师法数据角度，其"度中心性"位居22、"三度影响力"位居19，在历代以画人物为主的画家中，其后学画家人数排名第一位。

附表：历代直接师承师法李公麟的弟子与后学画家列表

序号	姓名	师承师法关系	时期或朝代
1	孙玠	弟子	
2	赵广	弟子	
3	梁楷	后学	
4	丁希颜	后学	
5	李唐	后学	
6	赵伯驹	后学	
7	扬无咎	后学	
8	马和之	后学	
9	贾师古	后学	宋
10	梵隆	后学	
11	乔仲常	后学	
12	宫素然	后学	
13	牟益	后学	
14	颜博文	后学	
15	范正夫	后学	
16	赵令畤	后学	
17	徐德正	后学	
18	周纯	后学	
19	完颜允恭	后学	金
20	杨邦基	后学	
21	李早	后学	
22	赵孟頫	后学	
23	钱选	后学	
24	任仁发	后学	
25	张渥	后学	元
26	赵衷	后学	
27	何大夫	后学	
28	何澄	后学	
29	李士传	后学	
30	金应桂	后学	
31	章月坡	后学	
32	陈洪绶	后学	
33	丁云鹏	后学	
34	方维仪	后学	
35	叶广	后学	
36	文台	后学	
37	仇珠	后学	明
38	王鉴	后学	
39	陈远	后学	
40	朱孟渊	后学	
41	张梦征	后学	
42	张誉	后学	
43	陈铸	后学	清

序号	姓名	师承师法关系	时期或朝代
44	闵贞	后学	
45	汤禄名	后学	
46	潘奕钧	后学	
47	范景姒	后学	
48	方元鹿	后学	
49	顾应泰	后学	
50	俞宗礼	后学	
51	何正位	后学	
52	尹际昌	后学	
53	殳默	后学	
54	黄行健	后学	
55	杨谦	后学	清
56	韩咸	后学	
57	邹溥	后学	
58	洪馥	后学	
59	钱蕙	后学	
60	司马裔	后学	
61	姜之垣	后学	
62	徐贞女	后学	
63	周煜	后学	
64	陆谦	后学	
65	陈兆龙	后学	
66	张恒	后学	

</李成>

No. 024

生卒年·919—967年
朝代·宋代
字号·字咸熙，营丘（今山东淄博）人，世称"李营丘"
籍贯·营丘（今山东淄博）
艺术成就·李成画山石如云动，后人称其为"卷云皴"，是山水画形成时期重要代表画家。郭若虚论山水"惟李成、关仝、范宽三家，鼎跨百代"，形成北宗山水画派的主流。

以"度中心性"方式统计，有明确记载、在绘画方面直接师承师法李成的弟子与后学共计64人，在数据库29843位画家中排名第24位。
若以时间维度为依据，宋代23人，金2人，元代18人，明代6人，清代15人。

若以空间维度为依据，李成的后学们来自17个省市，除未有详细出生地、籍贯信息的画家8人外，其余分布如下：浙江11人、河南8人、陕西6人、山西5人、江苏5人、安徽4人、山东3人、江西2人、河北2人、上海2人、广东2人、内蒙古1人、北京1人、湖北1人、天津1人、福建1人、辽宁1人。

直接师承师法李成的后学画家地理分布图

- 内蒙古1人
- 辽宁1人
- 北京1人
- 天津1人
- 沧州1人
- 其他1人

山东淄博
- 淄博1人
- 潍坊1人
- 菏泽1人

- 太原2人
- 晋中2人
- 运城1人

- 南京2人
- 苏州2人
- 镇江1人

- 渭南2人
- 西安1人
- 铜川1人
- 延安1人
- 其他1人

- 洛阳4人
- 开封2人
- 焦作2人

- 六安1人
- 黄山1人
- 宣城1人
- 其他1人

- 上海2人

- 湖北1人

- 湖州6人
- 嘉兴2人
- 衢州2人
- 宁波1人

- 宜春1人
- 抚州1人

- 福州1人

- 佛山1人
- 韶关1人

以"三度影响力"计算，李成的影响力值为834.75，在数据库29843位画家中排名第13位。一度后学画家为63人，二度后学画家为443人，三度后学画家为2197人。

宋代范宽（后学画家27人）、郭熙（后学画家58人），元代赵孟頫（后学画家78人）、高克恭（后学画家40人），明代沈周（后学画家174人）、唐寅（后学画家39人）等是自身后学人数超过10人的李成后学画家。

"范宽〔宋〕……画山水始师李成……〔圣（宋）朝名画评、宣和画谱、图画见闻志、画鉴、画史、广川画跋、东坡题跋〕"
"郭熙〔宋〕……工画山水，取法李成……〔沈柔坚，《中国美术辞典》，上海辞书出版社〕""赵孟頫〔元〕……山水取法董源、李成……〔沈柔坚，《中国美术辞典》，上海辞书出版社〕"
"高克恭〔元〕……工画山水，吸取李成、董源、巨然三家画法……〔周振宇，《中国画名家大典》，人民日报出版社〕"
"沈周〔明〕……山水独于董源、巨然、李成尤得心印……〔明史本传、明史艺文志、图绘宝鉴续纂、无声诗史、画禅室随笔、六砚斋笔记、艺苑卮言、珊瑚网、清河书画舫、东图玄览、震泽集、莆田集〕"
"唐寅〔明〕……深得李成、范宽等诸大家笔法……〔周振宇，《中国画名家大典》，人民日报出版社〕"

根据师承师法数据，宋之后各朝代师法李成的后学画家人数相对稳定，在数量上处于不温不火的状态。宋、元、明三代中，李成的后学画家质量颇高，但从明末直到清代，则再无特别出类拔萃或影响深远者出现。

443

2197

附表：历代直接师承师法李成的弟子与后学画家列表

序号	姓名	师承师法关系	时期或朝代
1	范宽	弟子	
2	翟院深	弟子	
3	郭熙	后学	
4	许道宁	后学	
5	王诜	后学	
6	宋迪	后学	
7	张远	后学	
8	李公年	后学	
9	和成忠	后学	
10	蒋长源	后学	
11	王元通	后学	
12	李宗成	后学	宋
13	李希成	后学	
14	李远	后学	
15	刘明复	后学	
16	范坦	后学	
17	田和	后学	
18	郝孝隆	后学	
19	司马光	后学	
20	赵林	后学	
21	郭信	后学	
22	郭铁子	后学	
23	薛志	后学	
24	杨邦基	后学	金
25	谢宜休妻	后学	
26	赵孟頫	后学	
27	高克恭	后学	
28	曹知白	后学	
29	赵雍	后学	
30	唐棣	后学	
31	颜辉	后学	
32	商琦	后学	
33	张观	后学	
34	罗稚川	后学	元
35	乔达	后学	
36	陈汝秩	后学	
37	李冲	后学	
38	李端	后学	
39	刘融	后学	
40	刘伯希	后学	
41	朱裕	后学	
42	徐恺	后学	

序号	姓名	师承师法关系	时期或朝代
43	陶铉	后学	元
44	沈周	后学	
45	唐寅	后学	
46	颜宗	后学	明
47	徐士原	后学	
48	陶冶	后学	
49	邵龙	后学	
50	周庸	后学	
51	劳景贤	后学	
52	澹园主人	后学	
53	马飞穆	后学	
54	游光传	后学	
55	年王臣	后学	
56	沈燮	后学	
57	王自越	后学	清
58	李又弦	后学	
59	顾胤光	后学	
60	舒晓	后学	
61	赵希潘	后学	
62	金渊	后学	
63	姚黄	后学	
64	张尚疋	后学	

</石涛>

No. 025

生卒年・1642—1707年

朝代・清代

字号・本名朱若极,小字阿长,发为僧后,更名元济、超济、原济,自称苦瓜和尚

籍贯・广西桂林

艺术成就・明靖江王朱赞仪的十世孙,清初在湘山寺削发为僧,改名石涛。其山水广泛师法历代画家之长,王原祁尝云:"海内丹青家,不能尽识,而大江以南,当推石涛为第一。"与朱耷、髡残和弘仁被后人合称"清四僧"。

以"度中心性"方式统计,有明确记载、在绘画方面直接师承师法石涛的弟子与后学共计63人,在数据库29843位画家中排名第25位。

若以时间维度为依据,清代52人,近代11人。

若以空间维度为依据,石涛的后学们来自13个省市,除未有详细出生地、籍贯信息的画家4人外,其余分布如下:浙江13人、江苏11人、广东9人、福建6人、安徽6人、湖南3人、四川2人、江西2人、河北2人、吉林1人、陕西1人、上海1人、广西1人。

● 不详4人

直接师承师法石涛的后学画家地理分布图

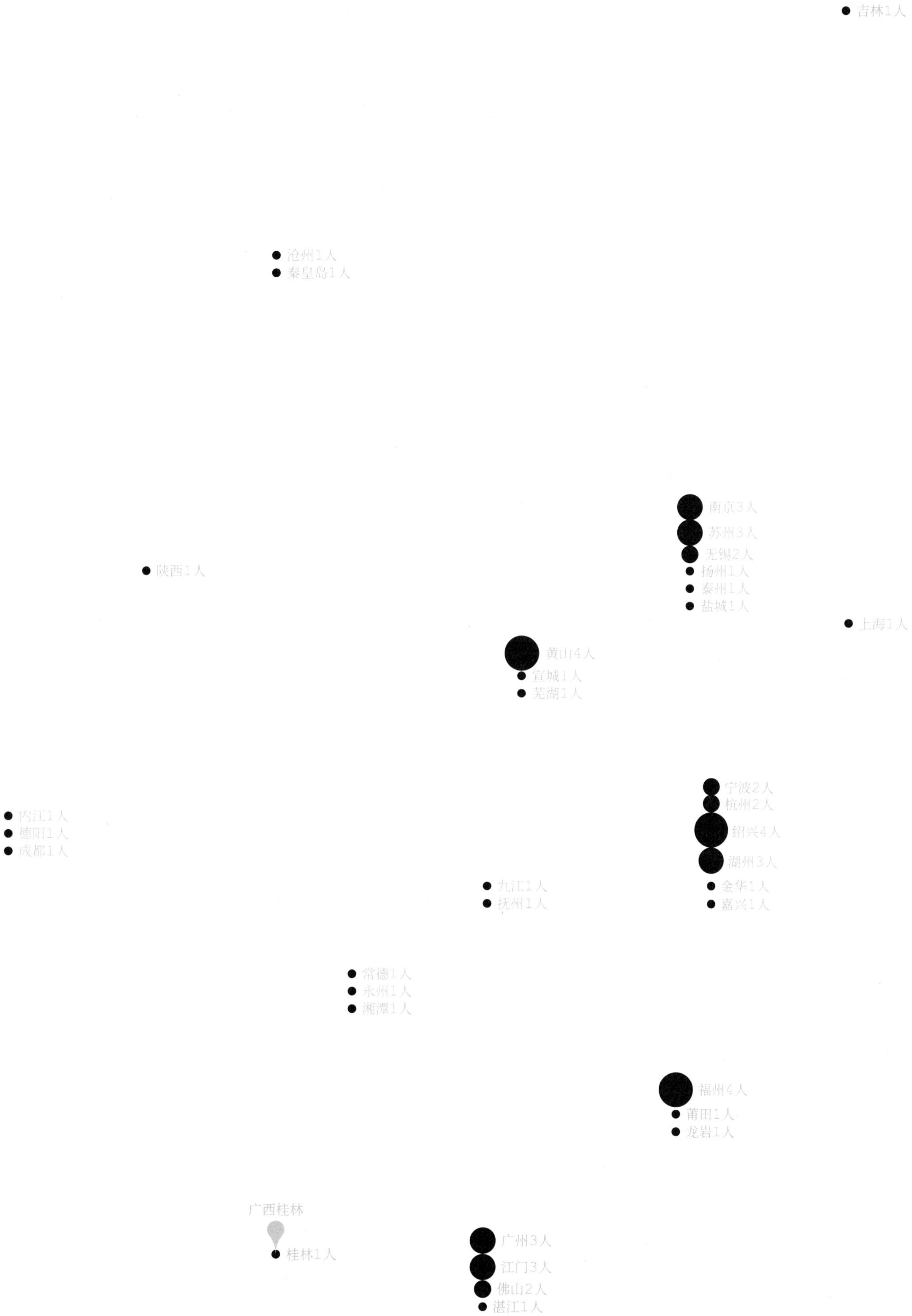

- 吉林1人
- 沧州1人
- 秦皇岛1人
- 陕西1人
- 南京3人
- 苏州3人
- 无锡2人
- 扬州1人
- 泰州1人
- 盐城1人
- 上海1人
- 黄山4人
- 宣城1人
- 芜湖1人
- 内江1人
- 德阳1人
- 成都1人
- 宁波2人
- 杭州2人
- 绍兴4人
- 湖州3人
- 九江1人
- 金华1人
- 抚州1人
- 嘉兴1人
- 常德1人
- 永州1人
- 湘潭1人
- 福州4人
- 莆田1人
- 龙岩1人

广西桂林
- 桂林1人
- 广州3人
- 江门3人
- 佛山2人
- 湛江1人

以"三度影响力"计算，石涛的影响力值为190，在数据库29843位画家中排名第46位。一度后学画家为63人，二度后学画家为150人，三度后学画家为208人。

华嵒（后学画家73人）、吴昌硕（后学画家20人）、赵之谦（后学画家10人）是自身后学人数超过10人的石涛后学画家。

"华嵒〔清〕……其画近受陈洪绶、石涛、金农、高翔、李鱓、郑燮等影响……〔周振宇，《中国画名家大典》，人民日报出版社〕"

"吴昌硕〔清〕……从赵之谦上溯扬州八怪以及石涛、八大、陈淳、徐渭，运以金石书法入画…〔国（清）朝画征录、静志居诗话、绍兴府志、明画录、无声诗史、越画见闻、桐阴论画〕"

"赵之谦〔清〕……作花卉木石及杂画，能合徐渭、石涛、李鱓……〔周振宇，《中国画名家大典》，人民日报出版社〕"

由于近代画家距今时间过近，数据库中收录的画家资料不足以全面反映基于时间跨度的"三度影响力"师承师法关系。以"度中心性"排序的数据中，近代画家超过三分之一，石涛的后学名单中列有齐白石、陈衡恪、何绍基、陈半丁、潘天寿等一大批近代画坛巨匠。作为清初力主革新的个性派绘画大师，石涛杰出的绘画成就和理论成就对于清代中后期，尤其是近现代画坛产生了巨大影响。[*]相信随着时间的推移，石涛在"三度影响力"榜单上的排名会大幅度上升。

[*] 张长虹：《60年来中国大陆石涛研究综述》，《美术研究》2000年第1期，第73页。

附表：历代直接师承师法石涛的弟子与后学画家列表

序号	姓名	师承师法关系	时期或朝代
1	颠道人	后学	
2	华喦	后学	
3	吴昌硕	后学	
4	赵之谦	后学	
5	张赐宁	后学	
6	陈衡恪	后学	
7	陈璞	后学	
8	林纾	后学	
9	黎简	后学	
10	高翔	后学	
11	何绍基	后学	
12	吴观岱	后学	
13	张祥河	后学	
14	蒲华	后学	
15	王根	后学	
16	陈书	后学	
17	朱树德	后学	
18	李魁	后学	
19	吴又和	后学	
20	图清格	后学	
21	载湉	后学	清
22	相润	后学	
23	明基	后学	
24	伍延鎏	后学	
25	常道性	后学	
26	文信	后学	
27	高邕	后学	
28	沈澄	后学	
29	王恩隆	后学	
30	王锡祚	后学	
31	黄崇涛	后学	
32	杨让渔	后学	
33	陈乔森	后学	
34	陈贻衍	后学	
35	杨嘉淦	后学	
36	李秉绶	后学	
37	李居端	后学	
38	杜游	后学	
39	胡照	后学	
40	朱润	后学	
41	朱龄	后学	
42	朱鹤年	后学	

序号	姓名	师承师法关系	时期或朝代
43	朱麟	后学	清
44	江梅鼎	后学	
45	程鸣	后学	
46	钱安均	后学	
47	彭肇旸	后学	
48	赵于密	后学	
49	俞原	后学	
50	周棠	后学	
51	张泉	后学	
52	林节	后学	
53	齐璜	后学	近代
54	张大千	后学	
55	潘龢	后学	
56	陈半丁	后学	
57	张人杰	后学	
58	潘天寿	后学	
59	蒙树培	后学	
60	吴茀之	后学	
61	吴嘉行	后学	
62	刘含章	后学	
63	谢之光	后学	

</吴道子>

No. 026

生卒年・约685—758年
朝代・唐代
字号・初名道子，玄宗为更道玄，时人尊称之为"吴生"
籍贯・阳翟（今河南许昌禹州）
艺术成就・其傅彩，于焦墨痕中略施微染，自然超出绢素，世称"吴装"，其艺术特色对后代影响甚大。所画衣褶，飘逸流利，世谓"吴带当风"。

以"度中心性"方式统计，有明确记载、在绘画方面直接师承师法吴道子的弟子与后学共计62人，在数据库29843位画家中排名第26位。

若以时间维度为依据，唐代15人，五代9人，宋代20人，元代1人，明代9人，清代8人。

若以空间维度为依据，吴道子的后学们来自16个省市，除未有详细出生地、籍贯信息的画家11人外，其余分布如下：河南10人、陕西7人、浙江5人、山东5人、四川4人、安徽4人、山西4人、上海2人、甘肃2人、江苏2人、江西1人、云南1人、湖北1人、内蒙古1人、湖南1人、广东1人。

不详10人

直接师承师法吴道子的后学画家地理分布图

- 内蒙古1人
- 太原2人
- 晋中1人
- 晋城1人
- 泰安2人
- 菏泽1人
- 烟台1人
- 其他1人
- 许昌禹州
- 甘肃2人
- 西安6人
- 其他1人
- 开封4人
- 洛阳3人
- 南阳1人
- 三门峡1人
- 其他1人
- 苏州1人
- 镇江1人
- 松江1人
- 嘉定1人
- 黄山2人
- 六安1人
- 巢湖1人
- 湖北1人
- 成都1人
- 德阳1人
- 其他2人
- 绍兴3人
- 嘉兴1人
- 杭州1人
- 江西1人
- 湖南1人
- 云南1人
- 广东1人

以"三度影响力"计算，吴道子的影响力值为674.5，在数据库29843位画家中排名第16位。一度后学画家为62人，二度后学画家为277人，三度后学画家为1896人。

吴道子在历代都有众多的高质量后学，包括唐代王维（后学画家30人），五代荆浩（后学画家44人），宋代李公麟（后学画家66人）、梁楷（后学画家13人）、丁云鹏（后学画家10人），明代陈洪绶（后学画家59人）、吴伟（后学画家25人）等，他们自身后学人数均超过10人。

"王维〔唐〕……所画山水松石，踪似吴生（道子）……〔新旧唐书本传、唐国史补、历代名画记、唐朝名画录、笔法记、宣和画谱、米芾画史、东坡集、唐诗纪事、画说、画旨、中国山水画南北宗论、美术研究（历代对于王维的评价）〕"

"荆浩〔五代〕……山水画在吴道子的笔墨之间舍短用长……〔周振宇，《中国画名家大典》，人民日报出版社〕"

"李公麟〔宋〕……佛像近吴道子……〔沈柔坚，《中国美术辞典》，上海辞书出版社〕"

"梁楷〔宋〕……宗法吴道子……〔周振宇，《中国画名家大典》，人民日报出版社〕"

"丁云鹏〔宋〕……长于白描人物、道释佛像，宗吴道子……〔周振宇，《中国画名家大典》，人民日报出版社〕"

"陈洪绶〔明〕……设色学吴道子法……〔国（清）朝画征录、静志居诗话、绍兴府志、明画录、无声诗史、越画见闻、桐阴论画〕"

"吴伟〔明〕……画人物出自吴道子……〔湖广通志、江宁府志、名山藏、稗史汇编、玉剑尊闻、夷白斋诗话、艺苑卮言、海虞画苑略、无声诗史〕"

唐宋出现了众多学吴的画家，他们不仅对那些传说中的吴道子画精意临仿，而且在原有基础上加以创新。对于流传至宋代，已为数不多的涉及吴道子的寺观壁画，文人们遍寻踏访，留下了众多题咏。"吴家样"在五代及北宋的影响力甚至超过了唐代。[•]从时间维度上看吴道子的师承师法数据，唐宋间的弟子与后学画家多达44人，占历代后学总数的71%。宋代至明清，随着文人画的兴起，山水、竹石题材成为绘画的主流，这也导致直接师法吴道子的后学人数急剧减少。

[•] 徐涛：《唐宋之际"吴家样"传承研究》，中央美术学院2009年博士论文。

附表：历代直接师承师法吴道子的弟子与后学画家列表

序号	姓名	师承师法关系	时期或朝代
1	卢楞伽	弟子	
2	思道	弟子	
3	张藏	弟子	
4	王耐儿	弟子	
5	翟琰	弟子	
6	李生	弟子	
7	陈皓	后学	
8	徐峤之	后学	唐
9	王维	后学	
10	韩滉	后学	
11	张仙乔	后学	
12	杨朏	后学	
13	杨庭光	后学	
14	彭坚	后学	
15	左全	后学	
16	荆浩	后学	
17	周文矩	后学	
18	朱繇	后学	
19	卫贤	后学	
20	韩求	后学	五代
21	李仁章	后学	
22	李祝	后学	
23	宋卓	后学	
24	胡严征	后学	
25	李公麟	后学	
26	梁楷	后学	
27	朱熹	后学	
28	马和之	后学	
29	王仁寿	后学	
30	李元济	后学	
31	张昉	后学	
32	武岳	后学	
33	武宗元	后学	宋
34	成宗道	后学	
35	王禹偁	后学	
36	王兼济	后学	
37	王瓘	后学	
38	王霭	后学	
39	杨斐	后学	
40	李用及	后学	
41	高彦宝	后学	
42	孟显	后学	

序号	姓名	师承师法关系	时期或朝代
43	孙梦卿	后学	
44	孙怀说	后学	宋
45	周朗	后学	
46	陈洪绶	后学	
47	吴伟	后学	
48	丁云鹏	后学	
49	崔子忠	后学	
50	张靖	后学	明
51	叶广	后学	
52	王长卿妻	后学	
53	朱缨	后学	
54	程还	后学	
55	李世倬	后学	
56	赖裔云	后学	
57	夏杲	后学	
58	顾瑛	后学	清
59	苏遯	后学	
60	佘凤	后学	
61	周德	后学	
62	陆振宗	后学	

</陈洪绶>

No. 027

生卒年・1598—1652年

朝代・明代

字号・字章侯,号老莲,后自号老迟,又称悔迟、弗迟、云门僧、九品莲台主者

籍贯・浙江诸暨(今浙江绍兴诸暨)

艺术成就・擅山水,尤工人物,造型趋向夸张,突破前人陈规。与崔子忠齐名,号"南陈北崔"。

以"度中心性"方式统计,有明确记载、在绘画方面直接师承师法陈洪绶的弟子与后学共计59人,在数据库29843位画家中排名第27位。

若以时间维度为依据,明代1人,清代57人,近代1人。

若以空间维度为依据,陈洪绶的后学们来自9个省市,除未有详细出生地、籍贯信息的画家4人外,其余分布如下:浙江30人、江苏9人、福建5人、广东3人、上海2人、四川2人、山东2人、安徽1人、重庆1人。

不详4人

直接师承师法陈洪绶的后学画家地理分布图

- 潍坊1人
- 淄博1人

- 苏州6人
- 常州1人
- 扬州1人
- 无锡1人

- 松江1人
- 宝山1人

- 宣城1人

绍兴诸暨

绍兴14人

杭州12人

- 湖州2人
- 嘉兴1人
- 温州1人

- 成都1人
- 重庆1人
- 资阳1人

- 福州3人
- 龙岩2人

- 佛山2人
- 其他1人

以"三度影响力"计算，陈洪绶的影响力值为187.75，在数据库29843位画家中排名第47位。一度后学画家为59人，二度后学画家为153人，三度后学画家为209人。

自身后学人数超过10人的陈洪绶后学画家分别是华嵒（后学画家73人）、吴昌硕（后学画家20人），另外，晚清"三任"任颐（后学画家23人）、任熊（后学画家10人）和任薰（后学画家4人）也是受陈洪绶影响的重要后学画家。

"华嵒〔清〕……其画远师宋元诸家，近受陈洪绶、石涛、金农、高翔、李鱓、郑燮等影响……〔周振宇，《中国画名家大典》，人民日报出版社〕"

"吴昌硕〔清〕……受恽寿平、朱耷、石涛、陈洪绶、赵之谦诸家写意画影响……〔周振宇，《中国画名家大典》，人民日报出版社〕"

"任颐〔清〕……白描传神，颇近陈洪绶…〔寒松阁谈艺琐录、海上墨林、韬养斋笔记〕"

"任熊〔清〕……尤擅长人物，直入陈洪绶之室……〔周振宇，《中国画名家大典》，人民日报出版社〕"

"任薰〔清〕……人物与其兄同师陈洪绶……〔寒松阁谈艺琐录、海上墨林、清朝书画家笔录〕"

"绘画之宗，山水居首。"在文人山水画居统治地位的时代，陈洪绶以其极富个性的惊人天赋在人物画上取得卓越的艺术成就，其作品体现出"高古奇骇"•的艺术风格。作为明代人物画家，陈洪绶在师承师法"度中心性"排名第27位，足以表明陈洪绶绘画风格对后世影响的深远，到清末"三任"的传承，更是远播其影响。

当时齐名的所谓"南陈北崔"，对比二人的师承师法数据："度中心性"下，崔子忠仅有三位后学，其三度影响力为4.5。该数据差距也从某种角度印证了陈洪绶的艺术成就远在崔子忠之上。

• 王璜生：《陈洪绶》，吉林美术出版社1997年版，第122页。

附表：历代直接师承师法陈洪绶的弟子与后学画家列表

序号	姓名	师承师法关系	时期或朝代
1	陈道蕴	弟子	明
2	严湛	弟子	
3	陈字	弟子	
4	祝天祺	弟子	
5	陆薪	弟子	
6	沈五集	弟子	
7	吴祺	后学	
8	陆曾熙	后学	
9	华嵒	后学	
10	任颐	后学	
11	吴昌硕	后学	
12	任熊	后学	
13	王礼	后学	
14	任薰	后学	
15	王树榖	后学	
16	江介	后学	
17	张士保	后学	
18	余集	后学	
19	王金庚	后学	
20	杜作舟	后学	
21	张泽钧	后学	
22	胡术	后学	清
23	任淇	后学	
24	屈大濩	后学	
25	商徵说	后学	
26	来吕禧	后学	
27	沈甲	后学	
28	王崿	后学	
29	王龄	后学	
30	杨仲波	后学	
31	杨廷赞	后学	
32	杨东恭	后学	
33	杨秉恭	后学	
34	蒋莲	后学	
35	李增翼	后学	
36	吴济	后学	
37	刘舜璋	后学	
38	苏戳宜	后学	
39	朱珏	后学	
40	丁枢	后学	
41	丁启喆	后学	
42	佘凤	后学	

序号	姓名	师承师法关系	时期或朝代
43	罗坤	后学	清
44	韦子均	后学	
45	魏湘	后学	
46	俞明	后学	
47	姚之麟	后学	
48	孙坤	后学	
49	徐世网	后学	
50	周愈	后学	
51	连仁	后学	
52	陆奎焕	后学	
53	陆柴	后学	
54	庄凤威	后学	
55	许乃谷	后学	
56	张莹	后学	
57	张尚乭	后学	
58	张治学	后学	
59	黄际夏	后学	近代

</郭熙>

No. 028

生卒年 • 1023—约1085
朝代 • 宋代
字号 • 字淳夫
籍贯 • 河阳温县（今河南焦作温县）
艺术成就 • 工画山水，为李成画派之后劲，与李并称"李郭"。郭熙深究画理，取景方法上提出高远、深远、平远的"三远"法。为宋代宫廷画院重要成员。

以"度中心性"方式统计，有明确记载、在绘画方面直接师承师法郭熙的弟子与后学共计58人，在数据库29839位画家中排名第28位。

若以时间维度为依据，宋代13人，金1人，元代22人，明代12人，清代9人，近代1人。

若以空间维度为依据，郭熙的后学们来自16个省市，除未有详细出生地、籍贯信息的画家8人外，其余分布如下：浙江21人、江苏5人、山西4人、河南3人、河北2人、上海2人、福建2人、陕西2人、江西2人、北京1人、四川1人、贵州1人、天津1人、重庆1人、安徽1人、广东1人。

不详8人

直接师承师法郭熙的后学画家地理分布图

- 北京1人
- 天津1人
- 河北2人
- 运城1人
- 吕梁1人
- 太原1人
- 忻州1人
- 河南焦作
- 焦作2人
- 商丘1人
- 陕西2人
- 苏州2人
- 无锡2人
- 南京1人
- 嘉定1人
- 松江1人
- 安徽1人
- 四川1人
- 重庆1人
- 江西2人
- 杭州7人
- 绍兴4人
- 宁波3人
- 湖州3人
- 嘉兴3人
- 衢州1人
- 贵州1人
- 福建2人
- 广东1人

以"三度影响力"计算，郭熙的影响力值为102.25，在数据库29839位画家中排名第68位。一度后学画家为58人，二度后学画家为65人，三度后学画家为47人。

自身后学人数超过10人的郭熙后学画家仅戴进（后学画家29人）1人。

"戴进〔明〕……山水源出郭熙……〔周振宇，《中国画名家大典》，人民日报出版社〕"

从师承师法数据角度，郭熙的"度中心性"位居28，在所有宋代画家中排名第7位。数据上看，郭熙的后学数量不算少，但其"三度影响力"仅位列第68，后学画家中自身拥有10人以上后学的仅戴进一人，说明其后学质量确实不高。上述数据从某种角度印证了"郭熙在宋代的传人较少，在后世也谈不上有多大影响"的说法。

附表：历代直接师承师法郭熙的弟子与后学画家列表

序号	姓名	师承师法关系	时期或朝代
1	杨士贤	弟子	宋
2	郭游卿	弟子	
3	张浃	弟子	
4	张著	弟子	
5	胡舜臣	弟子	
6	郭道卿	弟子	
7	刘尊师	后学	金
8	曹知白	后学	元
9	王渊	后学	
10	赵雍	后学	
11	唐棣	后学	
12	颜辉	后学	
13	朱德润	后学	
14	刘贯道	后学	
15	姚廷美	后学	
16	张观	后学	
17	张舜咨	后学	
18	罗稚川	后学	
19	尚雨	后学	
20	沈麟	后学	
21	从子龙	后学	
22	陈曦	后学	
23	卢师道	后学	
24	李道行	后学	
25	李端	后学	
26	刘融	后学	
27	吴古松	后学	
28	阎骥	后学	
29	秦光	后学	
30	雷宗道	后学	
31	王洗	后学	
32	贺真	后学	
33	陈椿	后学	宋
34	冯久照	后学	
35	顾亮	后学	
36	超然	后学	
37	戴进	后学	
38	李在	后学	
39	张复	后学	明
40	樊晖	后学	
41	马轼	后学	
42	颜宗	后学	

序号	姓名	师承师法关系	时期或朝代
43	茹洪	后学	明
44	唐愈	后学	
45	王元燿	后学	
46	朱自方	后学	
47	莫懋	后学	
48	陶冶	后学	
49	鲍时迪	后学	清
50	甘亮采	后学	
51	王鼎	后学	
52	冯仙湜	后学	
53	胡雁臣	后学	
54	左桢	后学	
55	姚黄	后学	
56	孙献	后学	
57	张维	后学	
58	吴湖帆	后学	近代

</夏圭>

No. 029

生卒年・公元12世纪末—13世纪初
朝代・宋代
字号・亦称夏珪,字禹玉
籍贯・钱塘(今浙江杭州)
艺术成就・其画风构图简括,常用半边取景、近景突出、远景清淡之法作画,被称为"夏半边"。夏圭与马远齐名,时称"马夏"。与南宋院体山水画家李唐、刘松年、马远,被后人合称为"南宋四大家"。

以"度中心性"方式统计,有明确记载、在绘画方面直接师承师法夏圭的弟子与后学共计52人,在数据库29843位画家中排名第29位。

若以时间维度为依据,宋代9人,元代6人,明代31人,清代6人。

若以空间维度为依据,夏圭的后学们来自11个省市,除未有详细出生地、籍贯信息的画家9人外,其余分布如下:江苏16人、浙江12人、上海4人、福建2人、四川2人、江西2人、湖南1人、安徽1人、广东1人、河南1人、湖北1人。

不详9人

直接师承师法夏圭的后学画家地理分布图

苏州11人
无锡3人
镇江2人
松江2人
嘉定2人
河南1人
安徽1人
湖北1人
四川2人
浙江杭州
杭州7人
嘉兴3人
湖州1人
宁波1人
江西2人
湖南1人
福建2人
广东1人

以"三度影响力"计算,夏圭的影响力值为442.25,在数据库29843位画家中排名第27位。一度后学画家为52人,二度后学画家为268人,三度后学画家为1025人。

自身后学人数超过10人的夏圭后学画家分别为吴镇(后学画家156人)、仇英(后学画家37人)、戴进(后学画家29人)和吴伟(后学画家25人)。

"吴镇〔元〕……擅画水墨山水,间学马远、夏圭的斧劈皴和刮铁皴……〔周振宇,《中国画名家大典》,人民日报出版社〕"

"仇英〔明〕……仇英的山水画发展南宋李唐、刘松年、马远、夏圭的"院体画"传统……〔周振宇,《中国画名家大典》,人民日报出版社〕"

"戴进〔明〕……其山水源出郭熙、李唐、马远、夏圭……〔周振宇,《中国画名家大典》,人民日报出版社〕"

"吴伟〔明〕……吴伟承继马、夏……〔湖广通志、江宁府志、名山藏、稗史汇编、玉剑尊闻、夷白斋诗话、艺苑卮言、海虞画苑略、无声诗史〕"

后学画家共同师法"马夏"的共计41人，占所有师法夏圭后学人数的78.8%，且夏圭与马远的高质量后学画家完全一致，分别是元代的吴镇、明代的仇英、戴进和吴伟。"马夏"创造了所谓"边角之景"，对后世山水画的发展起到了重要影响，"度中心性"下的31位明代后学画家就是有力的印证。与马远的数值趋势类似，清代之后夏圭的后学人数急剧减少，也与董其昌"南北宗"理论的影响有直接的关系。

附表：历代直接师承师法夏圭的弟子与后学画家列表

序号	姓名	师承师法关系	时期或朝代
1	楼观	后学	宋
2	李东	后学	
3	朴庵	后学	
4	龙升	后学	
5	王介	后学	
6	黄益	后学	
7	李确	后学	
8	朱怀瑾	后学	
9	刘耀	后学	
10	吴镇	后学	元
11	孙君泽	后学	
12	张观	后学	
13	丁野夫	后学	
14	陈君佐	后学	
15	张远	后学	
16	王履	后学	明
17	仇英	后学	
18	戴进	后学	
19	吴伟	后学	
20	周臣	后学	
21	邵弥	后学	
22	张路	后学	
23	陈沂	后学	
24	李在	后学	
25	张复	后学	
26	周文靖	后学	
27	朱稚征	后学	
28	沈遇	后学	
29	郭汾涯	后学	
30	檀芝瑞	后学	
31	万邦正	后学	
32	朱端	后学	
33	潘凤	后学	
34	沈应山	后学	
35	成性	后学	
36	陈勉	后学	
37	宋祀	后学	
38	吴珵	后学	
39	雷济民	后学	
40	苏致中	后学	
41	朱侃	后学	
42	丁玉川	后学	

序号	姓名	师承师法关系	时期或朝代
43	周鼎	后学	明
44	张乾	后学	
45	张翚	后学	
46	章瑾	后学	
47	张成	后学	清
48	陈云章鸟	后学	
49	郑松	后学	
50	卢国隽	后学	
51	胡振	后学	
52	施天章	后学	

</关仝>

No. 030

生卒年・约907—960年
朝代・五代后梁
字号・仝，一作同，一名穜，又作童
籍贯・长安（今陕西西安）
艺术成就・工画山水，初师荆浩，与荆浩并称"荆关"。与荆浩、董源、巨然并称五代、北宋间四大山水画家。

以"度中心性"方式统计，有明确记载、在绘画方面直接师承师法关仝的弟子与后学共计46人，在数据库29843位画家中排名第30位。

若以时间维度为依据，宋代10人，元代4人，明代11人，清代21人。

若以空间维度为依据，关仝的后学们来自10个省市，除未有详细出生地、籍贯信息的画家2人外，其余分布如下：江苏12人、浙江12人、河南7人、山东3人、上海2人、四川2人、山西2人、江西2人、福建1人、安徽1人。

直接师承师法关仝的后学画家地理分布图

- 大同1人
- 运城1人
- 德州1人
- 淄博1人
- 其他1人

陕西西安

- 开封2人
- 洛阳2人
- 焦作1人
- 周口1人
- 其他1人

苏州9人

- 无锡1人
- 南通1人
- 扬州1人

- 松江1人
- 青浦1人

- 安庆1人

- 四川2人

杭州5人
- 绍兴2人
- 嘉兴2人
- 温州1人
- 湖州1人
- 其他1人

- 吉安1人
- 抚州1人

- 漳州1人

以"三度影响力"计算，关仝的影响力值为1009.75，在数据库29843位画家中排名第10。一度后学画家为46人，二度后学画家为625人，三度后学画家为2605人。

自身后学人数超过10人的关仝后学画家分别为宋代文同（后学画家66人）、李成（后学画家64人）、李唐（后学画家31人），元代倪瓒（后学画家267人），明代沈周（后学画家174人）等。

"文同〔宋〕……工夫不减关仝……〔宋史本传、图绘宝鉴、图画见闻志、宣和画谱、画史会要、攻媿集、甫田集、丹渊集、东坡集、山谷集、东图玄览、宋诗纪事〕"

"李成〔宋〕……山水师关仝……〔宋史·附李觉传、宣和画谱、圣（宋）朝名画评、图绘宝鉴、图画见闻志、海岳画史、清河书画舫、画系、广川画跋、梦溪笔谈、闻见后录、李营丘画目、吴邑志、宋朝事实类苑〕"

"李唐〔宋〕……擅画山水，宗法荆浩、关仝、范宽……〔周振宇，《中国画名家大典》，人民日报出版社〕"

"倪瓒〔元〕……工画山水，法荆、关……〔云林诗集序、云林遗事、图绘宝鉴、画史会要、无声诗史、清河书画舫、画禅室随笔、容台集、弇州山人四部类稿、艺苑卮言、妮古录、六研斋二笔、徐文长集、甫田集〕"

"沈周〔明〕……画法宗荆浩、关仝……〔李峰、汤钰林，《苏州历代人物大辞典》，上海辞书出版社〕"

中国画史、画论中，荆浩、关仝因为师承关系明显、画风相似而被后世并称为"荆关"。无论是倪瓒的"荆关遗意"还是董其昌将"荆关"列入南宗，从师承师法数据中可以发现，同时师法二人的后学画家共计37人，占关仝所有后学人数的82.2%，数据上表明"荆关"已成为画史上的一个特定概念。

2605

625

附表：
历代直接师承师法关全
的弟子与后学画家列表

序号	姓名	师承师法关系	时期或朝代
1	李成	弟子	
2	文同	后学	
3	李唐	后学	
4	阎次平	后学	
5	王士元	后学	宋
6	商训	后学	
7	王端	后学	
8	刘永	后学	
9	范坦	后学	
10	钟文秀	后学	
11	倪瓒	后学	
12	罗稚川	后学	元
13	溥光	后学	
14	张衡	后学	
15	沈周	后学	
16	关思	后学	
17	邵弥	后学	
18	姚允在	后学	
19	张复	后学	
20	项德新	后学	明
21	谢环	后学	
22	张子俊	后学	
23	卓向	后学	
24	沈应山	后学	
25	刘光远	后学	
26	王铎	后学	
27	徐枋	后学	
28	张涟	后学	
29	李世则	后学	
30	章声	后学	
31	郁国章	后学	
32	潘冰蟾	后学	
33	文福元	后学	
34	沈甲	后学	清
35	王永光	后学	
36	黄海	后学	
37	黄掌纶	后学	
38	蒋维勤	后学	
39	李宪	后学	
40	刘晋	后学	
41	方庶	后学	
42	罗日琼	后学	

序号	姓名	师承师法关系	时期或朝代
43	孙云鹏	后学	清
44	徐家礼	后学	
45	徐晟雅	后学	
46	周荃	后学	

</荆浩>

No. 031

生卒年・不详
朝代・五代后梁
字号・字浩然
籍贯・沁水（今山西晋城）
艺术成就・隐居太行山洪谷，号洪谷子。工画佛像，尤妙画山水，其山水被称"唐末之冠"，并成为北方山水画的开创者。与董源、巨然、关仝并称五代、北宋间四大山水画家。

以"度中心性"方式统计，有明确记载、在绘画方面直接师承师法荆浩的弟子与后学共计44人，在数据库29843位画家中排名第31位。
若以时间维度为依据，五代1人，宋代6人，元代4人，明代11人，清代22人。

若以空间维度为依据，荆浩的后学们来自11个省市，除未有详细出生地、籍贯信息的画家3人外，其余分布如下：江苏12人、浙江11人、河南4人、上海3人、福建2人、陕西2人、山东2人、江西2人、四川1人、安徽1人、山西1人。

不详3人

直接师承师法荆浩的后学画家地理分布图

山西晋城
● 山西1人

● 德州1人
● 淄博1人

苏州9人

● 西安1人   ● 焦作1人   ● 扬州1人
● 铜川1人   ● 开封1人   ● 南通1人   ● 松江1人
                ● 洛阳1人   ● 无锡1人   ● 嘉定1人
                ● 其他1人   ● 青浦1人

                        ● 安庆1人

● 四川1人
                                                杭州5人
                                                嘉兴2人
                                                ● 湖州1人
                                                ● 温州1人
                        ● 吉安1人   ● 绍兴1人
                        ● 抚州1人   ● 其他1人

                                                ● 福州1人
                                                ● 漳州1人

以"三度影响力"计算，荆浩的影响力值为1164.75，在数据库29843位画家中排名第7位。一度后学画家为44人，二度后学画家为631人，三度后学画家为3221人。

自身后学人数超过10人的荆浩后学画家分别为五代关仝（后学画家46人），宋代李成（后学画家64人）、李唐（后学画家31人）和范宽（后学画家27人），元代倪瓒（后学画家267人），以及明代沈周（后学画家174人）。

"关仝〔五代〕……工画山水，师荆浩……〔沈柔坚，《中国美术辞典》，上海辞书出版社〕"
"李成〔宋〕……山水画初师荆浩、关仝……〔沈柔坚，《中国美术辞典》，上海辞书出版社〕"
"李唐〔宋〕……擅画山水，宗法荆浩、关仝、范宽……〔周振宇，《中国画名家大典》，人民日报出版社〕"
"范宽〔宋〕……画山水始师李成，又师荆浩……〔圣（宋）朝名画评、宣和画谱、图画见闻志、画鉴、画史、广川画跋、东坡题跋〕"
"倪瓒〔元〕……工画山水，法荆、关……〔云林诗集序、云林遗事、图绘宝鉴、画史会要、无声诗史、清河书画舫、画禅室随笔、容台集、弇州山人四部类稿、艺苑卮言、妮古录、六研斋二笔、徐文长集、甫田集〕"
"沈周〔明〕……画法宗荆浩、关仝……〔李峰、汤钰林，《苏州历代人物大辞典》，上海辞书出版社〕"

荆浩画风在北宋和南宋占据了重要地位。从师承师法数据上看,"北宋三大家"都曾师法荆浩,南宋初年的山水画名家李唐亦深受荆浩影响。"元四家"中的倪瓒、"明四家"之首的沈周都曾师法荆浩。另外,荆浩后学画家在明清仍保持较高数量,与明代董其昌提出的"南北宗"理论将荆浩、关仝列入南宗大师行列,使"荆关"在明、清画家间影响甚巨•有一定关联。

• 裴瑞欣:《中国画史、画论中的"荆关"概念》,《文艺研究》2015年第12期。

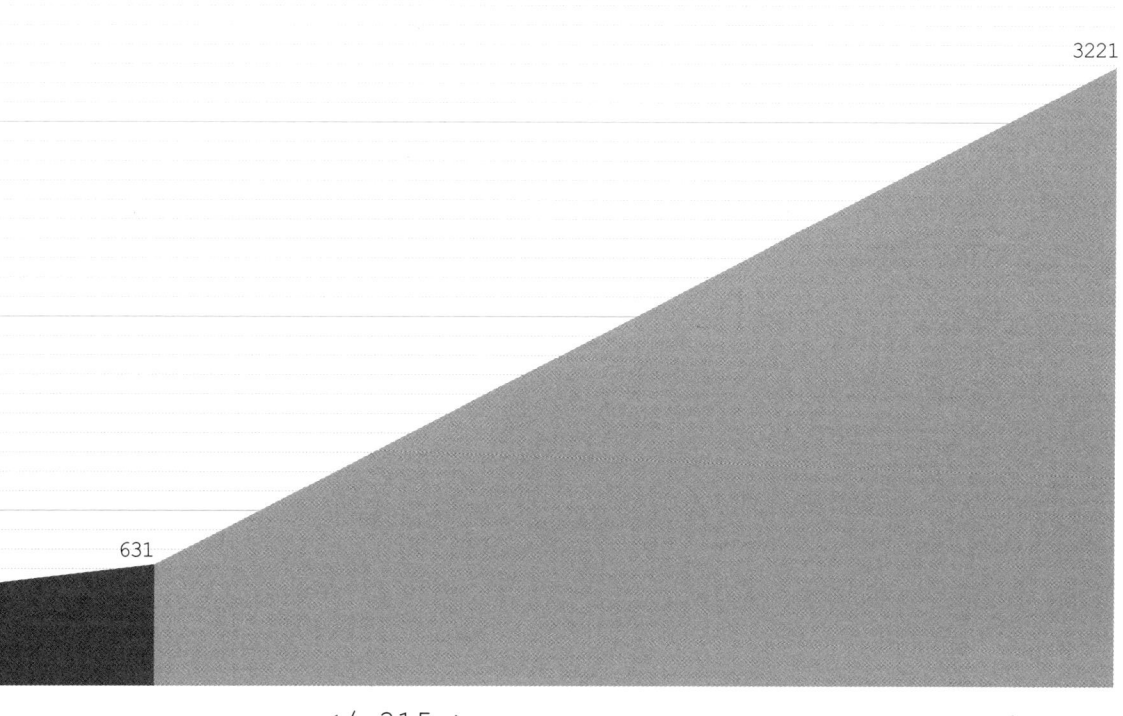

附表：历代直接师承师法荆浩的弟子与后学画家列表

序号	姓名	师承师法关系	时期或朝代
1	关仝	弟子	五代
2	李成	弟子	宋
3	范宽	弟子	宋
4	李唐	后学	宋
5	阎次平	后学	宋
6	蒋长源	后学	宋
7	刘永	后学	宋
8	倪瓒	后学	元
9	罗稚川	后学	元
10	李冲	后学	元
11	张衡	后学	明
12	沈周	后学	明
13	关思	后学	明
14	邵弥	后学	明
15	姚允在	后学	明
16	张复	后学	明
17	项德新	后学	明
18	谢环	后学	明
19	张子俊	后学	明
20	卓向	后学	明
21	沈应山	后学	明
22	刘光远	后学	明
23	王铎	后学	明
24	徐枋	后学	清
25	张涟	后学	清
26	李世则	后学	清
27	章声	后学	清
28	郁国章	后学	清
29	游光传	后学	清
30	浦灿	后学	清
31	潘冰蟾	后学	清
32	文福元	后学	清
33	沈甲	后学	清
34	王永光	后学	清
35	黄海	后学	清
36	黄掌纶	后学	清
37	蒋维勤	后学	清
38	李宪	后学	清
39	方庶	后学	清
40	罗日琮	后学	清
41	孙云鹏	后学	清
42	徐家礼	后学	清

序号	姓名	师承师法关系	时期或朝代
43	徐晟雅	后学	清
44	周荃	后学	

</金农>

No. 032

生卒年・1687—1763年
朝代・清代
字号・字寿门，号冬心，又号司农、金二十六郎
籍贯・仁和（今浙江杭州）

艺术成就・书法工隶、楷，独创一格，号称"漆书"。年五十始从事于画。其在书法意韵中强调了稚拙及装饰趣味、强调了书画的有机关联，使题款成为画面的重要构成部分。他的独到探索对后学画家的启迪作用至今不息。他作品的气息、格调、意味独特，当推为扬州画派之首。金农生平好游，晚寓扬州卖书画以自给，为扬州画派最为重要的天才画家。

以"度中心性"方式统计，有明确记载、在绘画方面直接师承师法金农的弟子与后学共计41人，在数据库29843位画家中排名第32位。
若以时间维度为依据，清代34人，近代7人。

若以空间维度为依据，金农的后学们来自9个省市，除未有详细出生地、籍贯信息的画家2人外，其余分布如下：浙江15人、江苏11人、福建3人、上海2人、安徽2人、广西2人、江西2人、广东1人、湖南1人。

● 不详2人

直接师承师法金农的后学画家地理分布图

苏州8人
常州2人
扬州1人
上海2人
安徽2人
浙江杭州
杭州5人
嘉兴6人
湖州2人
绍兴1人
金华1人
江西2人
湖南1人
福州2人
龙岩1人
柳州1人
广东1人
桂林1人

以"三度影响力"计算，金农的影响力值为134.75，在数据库29843位画家中排名第55位。一度后学画家为41人，二度后学画家为123人，三度后学画家为129人。

自身后学人数超过10人的金农后学画家为华喦（后学画家73人）、吴昌硕（后学画家20人）、罗聘（后学画家17人）。近代齐白石、陈衡恪等大家也是金农的后学。

"华喦〔清〕……其画近受陈洪绶、石涛、金农、高翔、李鱓、郑燮等影响……〔周振宇，《中国画名家大典》，人民日报出版社〕"

"吴昌硕〔清〕……上溯扬州八怪，运以金石书法入画……〔广印人传、海上书画名家年鉴、寒松阁谈艺琐录、清画家诗史、海上墨林、王个簃所作传略〕"

"罗聘〔清〕……金农高弟，深得金农神味……〔墨香居画识、续疑年录、安徽通志、桐阴论画、墨林今话、张船山诗草〕"

无论是"度中心性"还是"三度影响力",金农都是"扬州八怪"群体画家中排名最高的,在师承师法角度可以支撑他被推为"扬州八怪之冠"的说法。

附表：历代直接师承师法金农的弟子与后学画家列表

序号	姓名	师承师法关系	时期或朝代
1	罗聘	弟子	
2	项均	弟子	
3	陈鸿诰	后学	
4	冯培元	后学	
5	佘文植	后学	
6	华嵒	后学	
7	吴昌硕	后学	
8	周农	后学	
9	招子庸	后学	
10	戈书涛	后学	
11	沈良达	后学	
12	卫蘧	后学	
13	王拯	后学	
14	王绮	后学	
15	王锡祚	后学	
16	冯有光	后学	
17	李吉寿	后学	
18	李炳铨	后学	清
19	宋恭敬	后学	
20	叶翰仙	后学	
21	朱瀚	后学	
22	瞿树本	后学	
23	钱安均	后学	
24	钱履坦	后学	
25	祝喆	后学	
26	赵懿	后学	
27	金士鉉	后学	
28	姚孟起	后学	
29	郭桐	后学	
30	陈坤	后学	
31	许敬	后学	
32	陶琯	后学	
33	张春雷	后学	
34	张泉	后学	
35	齐璜	后学	
36	陈衡恪	后学	
37	王庆芝	后学	
38	李可信	后学	近代
39	吴荛之	后学	
40	俞礼	后学	
41	徐镛	后学	

</苏轼>

No. 033

生卒年・1037—1101年
朝代・宋代
字号・字子瞻，又字和仲，又称大苏，号东坡居士
籍贯・眉山（今四川眉山）
艺术成就・书与父苏洵、弟苏辙合称"三苏"。以朱墨画竹，创朱竹新格，为后代所宗。论画力主"神似"，认为"论画以形似，见与儿童邻"，并提出"士夫画"（即文人画）之说。

以"度中心性"方式统计，有明确记载、在绘画方面直接师承师法苏轼的弟子与后学共计41人，在数据库29843位画家中排名第32位。
若以时间维度为依据，宋代11人，金1人，元代3人，明代7人，清代19人。

若以空间维度为依据，苏轼的后学们来自11个省市，除未有详细出生地、籍贯信息的画家4人外，其余分布如下：江苏11人、浙江11人、山东3人、河南3人、广东2人、河北2人、甘肃1人、四川1人、安徽1人、山西1人、江西1人。

直接师承师法苏轼的后学画家地理分布图

- 石家庄1人
- 沧州1人
- 山西1人
- 济宁1人
- 潍坊1人
- 青岛1人
- 甘肃1人
- 苏州5人
- 信阳1人
- 镇江2人
- 开封1人
- 南通2人
- 许昌1人
- 南京1人
- 泰州1人
- 安徽1人
- 四川眉山
- 四川1人
- 绍兴3人
- 杭州3人
- 嘉兴1人
- 台州1人
- 温州1人
- 江西1人
- 湖湘1人
- 其他1人
- 广东2人

以"三度影响力"计算，苏轼的影响力值为65.75，在数据库29843位画家中排名第79位。一度后学画家为41人，二度后学画家为24人，三度后学画家为51人。

自身后学人数超过10人的苏轼后学画家为赵令穰（后学画家11人）。

"赵令穰〔宋〕……学苏轼作小山丛竹……〔宣和画谱、画史会要、画史、画继、广川画跋、澹圃画品、清河书画舫、画禅室随笔、墨庄漫录、珊瑚网、山谷集、容台集、书史会要〕"

苏轼在中国文人画史上有着非常重要的地位。作为文人绘画的肇始者，他的绘画艺术理论挑战了院体绘画，更强化了个体的气质与综合学养，强调了绘画的精神内涵，顺应了文人画成为传统绘画主流这一历史趋势。

苏轼在文学史上的极高地位令他失去了画家的社会身份，可以说他的艺术主张影响了所有后学画家，却因没有具体、明确的师承师法关系记载，令其师承师法数据并不如预期。衡量后学数量的"度中心性"数值，苏轼位列宋代第9；衡量后学画家质量的"三度影响力"更是下滑到宋代第20名。这当然与苏轼传世作品极少且存世作品的真伪存疑有一定关系。即便数据表现不佳，但以苏轼为代表的北宋文人对中国绘画特别是文人画理论有很多创获，苏轼对王维绘画的评价成为明代董其昌"南北宗"理论产生的原因之一。

● 不详4人

附表：历代直接师承师法苏轼的弟子与后学画家列表

序号	姓名	师承师法关系	时期或朝代
1	王安中	弟子	
2	蔡肇	弟子	
3	苏过	弟子	
4	高述	后学	
5	赵奇	后学	
6	赵令穰	后学	宋
7	廉布	后学	
8	王世英	后学	
9	刘松老	后学	
10	田白	后学	
11	俞澂	后学	
12	杨世昌	后学	金
13	柯九思	后学	
14	苏大年	后学	元
15	方厓	后学	
16	李绍	后学	
17	朱之蕃	后学	
18	马闲卿	后学	
19	杨所修	后学	明
20	万国桢	后学	
21	顾骢	后学	
22	张应召	后学	
23	蒲华	后学	
24	鲍鲲	后学	
25	董良骃	后学	
26	鲁得之	后学	
27	洪范	后学	
28	华山	后学	
29	温汝遂	后学	
30	明奇	后学	
31	潘班	后学	
32	沈世勋	后学	清
33	陈霖	后学	
34	冯肇杞	后学	
35	蒲石斋	后学	
36	蒋深	后学	
37	汪震	后学	
38	周拔	后学	
39	高楷	后学	
40	戴笠	后学	
41	金霖	后学	

</高克恭>

No. 034

生卒年・1248—1310年
朝代・元代
字号・字彦敬，号房山、房山道人、房山老人
籍贯・眉山（今四川眉山）
艺术成就・维吾尔族画家，其山水是继米氏父子后擅画云山墨戏的一代名家。好作墨竹，妙处不减文湖州（同）。与赵孟頫齐名，当时有"南赵北高"之称。

以"度中心性"方式统计，有明确记载、在绘画方面直接师承师法高克恭的弟子与后学共计40人，在数据库29843位画家中排名第34位。
若以时间维度为依据，元代5人，明代20人，清代15人。

若以空间维度为依据，高克恭的后学们来自8个省市，除未有详细出生地、籍贯信息的画家3人外，其余分布如下：浙江13人、上海5人、江苏5人、福建5人、江西4人、安徽3人、山东1人、辽宁1人。

直接师承师法高克恭的后学画家地理分布图

- 辽宁1人
- 北京
- 山东1人
- 苏州3人
- 南京1人
- 无锡1人
- 松江3人
- 青浦1人
- 其他1人
- 宣城1人
- 巢湖1人
- 黄山1人
- 杭州7人
- 嘉兴2人
- 丽水2人
- 赣州1人
- 绍兴1人
- 九江1人
- 湖州1人
- 抚州1人
- 洪溪1人
- 福州3人
- 长乐1人
- 南平1人

以"三度影响力"计算，高克恭的影响力值为379.5，在数据库29843位画家中排名第28位。一度后学画家为40人，二度后学画家为337人，三度后学画家为684人。

自身后学人数超过10人的高克恭后学画家为陈淳（后学画家174人）、董其昌（后学画家148人）、方从义（后学画家10人）。

"陈淳〔明〕……少时学黄公望、王蒙，中岁斟酌二米（米芾，米友仁）、高克恭……〔周振宇，《中国画名家大典》，人民日报出版社〕"

"董其昌〔明〕……气韵秀润，尤与米、高为近……〔明史·本传、明史·艺文志、明画录、桐阴论画、珊瑚网、列朝诗集小传、松江府志、华亭志、五杂俎〕"

"方从义〔元〕……初师董源、巨然、米芾、高克恭……〔式古堂书画汇考、图绘宝鉴、画史会要、艺苑卮言、青阳集、佚庵集〕"

高克恭是继米氏父子后擅画云山墨戏的一代名家。其成熟的画风，实是融会了"二米"和"董巨"之长而自成一格。明清时期，米派山水的声誉日著，宗法者也众多。• "三度影响力"正反映了高克恭众多后学如明代陈淳、董其昌等，推动其"米氏云山"的声誉与影响。

他的画在当时被人推崇到了十分惊人的高度，如张羽一直将其与赵孟頫相提并论，将他们同列为元代两大家，"近代丹青谁豪，南有赵魏北有高"。••高克恭的"度中心性"位居元代第5位，仅在"元四家"及赵孟頫之后，因此"南赵北高"的说法从师承师法数据的角度看是完全成立的。

• 单国强：《漫谈米派山水三大家》，《美术》1992年第5期。
•• 范银花：《高克恭和他的山水画艺术》，《苏州大学学报》2004年第6期。

● 不详3人

附表：历代直接师承师法高克恭的弟子与后学画家列表

序号	姓名	师承师法关系	时期或朝代
1	方从义	后学	
2	张舜咨	后学	
3	高然晖	后学	元
4	朱璟	后学	
5	周如斋	后学	
6	陈淳	后学	
7	董其昌	后学	
8	金铉	后学	
9	黄希榖	后学	
10	聂大年	后学	
11	张羽	后学	
12	夏昺	后学	
13	沈彦成	后学	
14	王田	后学	
15	王显	后学	明
16	胡士亮	后学	
17	吴允燉	后学	
18	刘传	后学	
19	叶大年	后学	
20	高廷礼	后学	
21	高淮	后学	
22	程敏德	后学	
23	莫懋	后学	
24	宗周	后学	
25	周思兼	后学	
26	沈起鲸	后学	
27	陆妫	后学	
28	吴庆云	后学	
29	金玥	后学	
30	佟世晋	后学	
31	马景约	后学	
32	弘瑜	后学	
33	沈爕	后学	清
34	黄石	后学	
35	叶其湑	后学	
36	方燮	后学	
37	毛际可	后学	
38	金宝田	后学	
39	柏古	后学	
40	陆暘	后学	

</黄筌>

No. 035

生卒年 • 约903—965年
朝代 • 五代西蜀
字号 • 字要叔
籍贯 • 成都（今四川成都）
艺术成就 • 作品多描绘宫廷中的异卉珍禽。后人把他与南唐徐熙并称"黄徐"，有"黄家富贵，徐熙野逸"之评，形成五代、宋初花鸟画的两大流派。

以"度中心性"方式统计，有明确记载、在绘画方面直接师承师法黄筌的弟子与后学共计39人，在数据库29843位画家中排名第35位。

若以时间维度为依据，唐代1人，五代1人，宋代10人，元代2人，明代9人，清代16人。

若以空间维度为依据，黄筌的后学们来自12个省市，除未有详细出生地、籍贯信息的画家2人外，其余分布如下：江苏11人、浙江7人、四川4人、安徽3人、上海2人、陕西2人、云南2人、河南2人、福建1人、贵州1人、广东1人、江西1人。

直接师承师法黄筌的后学画家地理分布图

陕西2人　　河南2人　　　　　　　　　　　苏州5人
　　　　　　　　　　　　　　　　　　　　　无锡2人
　　　　　　　　　　　　　　　　　　　　　南京2人
　　　　　　　　　　　　　　　　　　　　　扬州1人
　　　　　　　　　　　　　　　　　　　　　常州1人　　松江1人
　　　　　　　　　　　　　　　　　　　　　　　　　　其他1人
　　　　　　　　　　　　黄山2人
　　　　　　　　　　　　芜湖1人

四川成都
　　四川2人　　　　　　　　　　　　　　　　杭州3人
　　　　　　　　　　　　　　　　　　　　　湖州1人
　　　　　　　　　　　　　　　　　　　　　温州1人
　　　　　　　　　　　　　　　　　　　　　绍兴1人
　　　　　　　　　　　　江西1人　　　　　　嘉兴1人

　　　　　　　　贵州1人

　　　　　　　　　　　　　　　　福建1人

云南2人

　　　　　　　　　　　　广东1人

以"三度影响力"计算，黄筌的影响力值为220.5，在数据库29843位画家中排名第40位，一度后学画家为39人，二度后学画家为95人，三度后学画家为536人。

黄筌的后学画家中拥有自身后学画家的分别为陆治（后学画家25人）、周之冕（后学画家18人）、徐崇嗣（后学画家16人）、林良（后学画家12人）。

"陆治〔明〕……工写生得徐熙、黄筌遗意……〔吴县志、苏州明贤画像册、列朝诗集小传、明画录、无声诗史、图绘宝鉴续纂、尔雅楼书画记、潜固画品、珊瑚网、弇州续稿〕"
"周之冕〔明〕……融合了黄筌画体与淡色写意一派……〔周振宇，《中国画名家大典》，人民日报出版社〕"
"徐崇嗣〔宋〕……效黄筌、黄居寀父子画法……〔沈柔坚，《中国美术辞典》，上海辞书出版社〕"
"林良〔明〕……其设色花鸟精巧，祖黄筌、边景昭……〔周振宇，《中国画名家大典》，人民日报出版社〕"

在师承师法数据的"度中心性"统计方式下，可以看出黄筌、黄居寀父子的后学画家们均匀分布于各个历史时期，虽然数量与某些特定时期"当红"山水画家的后学人数相比有明显差距，但其影响力却持续存在，延续至今。

● 不详2人

39　　　　　　　　95　　　　　　　　536

附表：历代直接师承师法黄筌的弟子与后学画家列表

序号	姓名	师承师法关系	时期或朝代
1	光胤	弟子	唐
2	黄居宝	弟子	五代
3	黄居寀	弟子	
4	黄惟亮	弟子	
5	徐崇嗣	后学	宋
6	徐崇矩	后学	
7	夏侯延祐	后学	
8	申屠亨	后学	
9	李吉	后学	
10	李怀衮	后学	
11	傅文用	后学	
12	陶裔	后学	
13	王渊	后学	元
14	罗稚川	后学	
15	陆治	后学	明
16	周之冕	后学	
17	林良	后学	
18	谈志伊	后学	
19	祝天祥	后学	
20	缪辅	后学	
21	黄珍	后学	
22	陈稞	后学	
23	徐大渊	后学	
24	沈铨	后学	清
25	孙杕	后学	
26	王斌	后学	
27	恽焯	后学	
28	张光	后学	
29	沈焕	后学	
30	王鼎	后学	
31	黄汝蕙	后学	
32	陈鹍	后学	
33	董建中	后学	
34	吴正	后学	
35	顾瑛	后学	
36	钟泰来	后学	
37	梁璠	后学	
38	徐邦	后学	
39	周其淳	后学	

</唐寅>

No. 035

生卒年 · 1470—1523年
朝代 · 明代
字号 · 字伯虎,一字子畏,号六如居士、桃花庵主、逃禅仙史等
籍贯 · 吴县(今江苏苏州)
艺术成就 · 唐寅的诗、书、画皆名于世,尝镌其章曰"江南第一风流才子"。与沈周、文徵明、仇英合称"明四家",也称"吴门四家"。

以"度中心性"方式统计,有明确记载、在绘画方面直接师承师法唐寅的弟子与后学共计39人,在数据库29843位画家中排名第35位。
若以时间维度为依据,明代10人,清代28人,近代1人。

若以空间维度为依据,唐寅的后学们来自6个省市,除未有详细出生地、籍贯信息的画家6人外,其余分布如下:江苏19人、浙江5人、福建4人、上海3人、北京1人、安徽1人。

直接师承师法唐寅的后学画家地理分布图

● 北京1人

江苏苏州
苏州12人
● 南京2人
● 扬州2人
● 常州1人   ● 松江2人
● 无锡1人   ● 浦东1人
● 芜湖1人 ● 镇江1人

● 嘉兴4人
● 绍兴1人

● 泉州1人
● 三明1人
● 南平1人
● 厦门1人

以"三度影响力"计算，唐寅的影响力值为44.5，在数据库29843位画家中排名第103位，与"明四家"中的沈周、文徵明的排名相去甚远。一度后学画家为39人，二度后学画家为5人，三度后学画家为12人。

唐寅的后学画家中拥有自身后学画家的仅4位，沈焯（后学画家2人）、沈恒（后学画家1人）、吴谷祥（后学画家1人）、陈枚（后学画家1人）。

"沈焯〔清〕……笔墨又变而为文、唐矣……〔小蓬莱阁画鉴、墨林今话续编、桐阴论画、海上墨林、艺林年鉴、中国版画研究重要书目〕"

"沈恒〔明〕……画宗沈、唐……〔画髓元诠〕"

"吴谷祥〔清〕……工山水，远师文徵明、沈周、唐寅……〔周振宇，《中国画名家大典》，人民日报出版社〕"

"陈枚〔清〕……画初学宋人，折衷于唐寅……〔娄县志、墨林今话、中国艺术家征略〕"

作为"吴中四才子"之一，唐寅在诗、书、画等几方面均有涉猎，就绘画而言，后人也把他与沈周、文徵明、仇英并称"明四家"。单从师承师法数据入手，无论是强调后学画家人数的"度中心性"还是强调后学画家质量的"三度影响力"指标，唐寅与沈周、文徵明在数值上都相差了几个量级，而且后学画家的地理分布范围有限，除一位清代后学画家黄应谌［北京人，曾任上元县（今江苏南京）知县］外，其余有籍贯记录的也都局限在东南沿海的江、浙、沪、皖、闽一带。上述数据表明，唐寅带有院体画风格的画风在当时未被南宗文人画体系完全接受。

不详6人

39　　　5　　　12

附表：历代直接师承师法唐寅的弟子与后学画家列表

序号	姓名	师承师法关系	时期或朝代
1	沈恒	后学	明
2	钱贡	后学	明
3	张灵	后学	明
4	沈士鲠	后学	明
5	沈硕	后学	明
6	王允京	后学	明
7	杜元礼	后学	明
8	程鹏	后学	明
9	萧琛	后学	明
10	孙枝	后学	明
11	沈焊	后学	清
12	陈枚	后学	清
13	吴谷祥	后学	清
14	黄应谌	后学	清
15	上睿	后学	清
16	蒋升旭	后学	清
17	曹集南	后学	清
18	沈玉佩	后学	清
19	沈翼天	后学	清
20	王晋	后学	清
21	杨昌绪	后学	清
22	郑杰	后学	清
23	叶青甫	后学	清
24	叶晖	后学	清
25	朱文新	后学	清
26	朱龄	后学	清
27	朱麟	后学	清
28	洪峙皋	后学	清
29	谢正	后学	清
30	袁羽熊	后学	清
31	萧一芸	后学	清
32	戴峻	后学	清
33	姜彭	后学	清
34	徐令	后学	清
35	陈全	后学	清
36	庄凤威	后学	清
37	张俨	后学	清
38	法嘉梓	后学	清
39	胡振	后学	近代

</仇英>

No. 037

生卒年・约1482—1559年
朝代・明代
字号・字实父,号十洲
籍贯・太仓(今属江苏苏州太仓)
艺术成就・初为漆工,画师周臣,工山水、人物、仕女,为文徵明所赏识。与沈周、文徵明、唐寅并称"明四家"。

以"度中心性"方式统计,有明确记载、在绘画方面直接师承师法仇英的弟子与后学共计37人,在数据库29843位画家中排名第37位。
若以时间维度为依据,明代8人,清代28人。

若以空间维度为依据,仇英的后学们来自9个省市,除未有详细出生地、籍贯信息的画家5人外,其余分布如下:江苏11人、浙江7人、上海5人、安徽2人、广东2人、北京1人、四川1人、湖北1人、重庆1人。

直接师承师法仇英的后学画家地理分布图

北京1人

苏州太仓
苏州9人
扬州2人

松江2人
嘉定1人
浦东1人
其他1人

安徽2人

孝感1人

四川1人　重庆1人

嘉兴4人
杭州2人
温州1人

中山1人
佛山1人

以"三度影响力"计算，仇英的影响力值为41.5，在数据库29843位画家中排名第108位，与沈周、文徵明的数值相差甚远，与103位的唐寅接近。一度后学画家为37人，二度后学画家为10人，三度后学画家为2人。

仇英的后学中存在再传后学画家的共计6位，分别是袁江（后学画家4人）、王云（后学画家2人）、朱英（后学画家1人）、何作干（后学画家1人）、钮枢（后学画家1人）、吴谷祥（后学画家1人）。

"袁江〔清〕……初学仇英……〔周振宇，《中国画名家大典》，人民日报出版社〕"

"王云〔清〕…楼台、人物近似仇英……〔高邮州志、桐阴论画、画传编韵〕"

"朱英〔清〕……初师文、仇作青绿界画……〔清画家诗史〕"

"何作干〔清〕……人物仕女，则宗赵伯驹、仇英……〔宝凤阁随笔〕"

"钮枢〔清〕……工仕女，宗仇英……〔吴门补乘、墨香居画识〕"

"吴谷祥〔清〕……喜好青绿设色，取仇英之神……〔周振宇，《中国画名家大典》，人民日报出版社〕"

明、清到近代，仇英没有高质量的弟子后学（即自身后学超过10人），无论从数量还是质量与"明四家"中的沈周、文徵明都不是一个数量级，与唐寅也相去甚远。从师承师法角度而言，仇英"度中心性"位居明代第8，但"三度影响力"排名过低，印证了自明清以来对仇英艺术成就的褒贬不一，导致传承仇英绘画艺术的后辈画家数量有限。

不详5人

36　　　　　10　　　　2

附表：历代直接师承师法仇英的弟子与后学画家列表

序号	姓名	师承师法关系	时期或朝代
1	沈完	弟子	
2	仇珠	弟子	
3	尤求	后学	
4	沈硕	后学	明
5	黄景星	后学	
6	李应年	后学	
7	程寰	后学	
8	袁问	后学	
9	袁江	后学	
10	王云	后学	
11	吴谷祥	后学	
12	钮枢	后学	
13	何作干	后学	
14	朱英	后学	
15	黄应谌	后学	
16	富灏	后学	
17	汪一桂	后学	
18	马俊	后学	
19	曹集南	后学	
20	沈玉佩	后学	
21	沈兆升	后学	
22	黄恩长	后学	清
23	吴求	后学	
24	吴汝然	后学	
25	叶青甫	后学	
26	朱士瑛	后学	
27	朱鼎新	后学	
28	佘凤	后学	
29	舒荣	后学	
30	袁羽熊	后学	
31	袁桐	后学	
32	彭煜	后学	
33	殷球	后学	
34	徐勋	后学	
35	张俨	后学	
36	毕澄	后学	

</郑燮>

No. 038

生卒年・1693—1765年
朝代・清代
字号・字克柔,号板桥、板桥居士、板桥道人、板桥老人等
籍贯・江苏兴化（今江苏泰州兴化）
艺术成就・曾为山东范县、潍县知县,罢官后居扬州以鬻卖字画为生,工兰、竹,尤精竹石,书法自称"六分半书"。诗文深受明末思想界影响,主张"真性情"。由于他的个性与主张使其在民间享有极高知名度,为"扬州八怪"之一。

以"度中心性"方式统计,有明确记载、在绘画方面直接师承师法郑燮的弟子与后学共计33人,在数据库29843位画家中排名第38位。
若以时间维度为依据,清代29人,近代4人。

若以空间维度为依据,郑燮的后学们来自11个省市,除未有详细出生地、籍贯信息的画家1人外,其余分布如下：浙江9人、江苏8人、福建6人、山东2人、辽宁1人、上海1人、四川1人、安徽1人、广东1人、河北1人、湖南1人。

直接师承师法郑燮的后学画家地理分布图

辽宁1人

河北1人

济南1人
潍坊1人

泰州兴化
泰州6人
南京1人
扬州1人
上海1人
安徽1人

四川1人

嘉兴3人
杭州3人
绍兴1人
湖州1人
金华1人

湖南1人

福州3人
龙岩1人
三明1人
漳州1人

广东1人

以"三度影响力"计算，郑燮的影响力值为102，在数据库29843位画家中排名第69位。一度后学画家为33人，二度后学画家为93人，三度后学画家为90人。

郑燮的后学中存在再传后学画家的共计两位，分别是华嵒（后学画家73人）、吴昌硕（后学画家20人）。

"华嵒〔清〕……近受陈洪绶、石涛、金农、高翔、李鱓、郑燮等影响……〔周振宇，《中国画名家大典》，人民日报出版社〕"

"吴昌硕〔清〕……上溯扬州八怪……〔广印人传、海上书画名家年鉴、寒松阁谈艺琐录、清画家诗史、海上墨林、王个簃所作传略〕"

作为"扬州八怪"的重要代表人物，郑燮的"度中心性"与"三度影响力"排名位居"扬州八怪"群体的第二和第三名，数据与影响力非常接近。

附表：历代直接师承师法郑燮的弟子与后学画家列表

序号	姓名	师承师法关系	时期或朝代
1	朱文震	弟子	
2	黄额	后学	
3	吴芳城	后学	
4	谭云龙	后学	
5	华嵒	后学	
6	吴昌硕	后学	
7	半桥	后学	
8	招子庸	后学	
9	能越	后学	
10	篠衫	后学	
11	文九苞	后学	
12	曹花尹	后学	
13	沈文澜	后学	
14	王为翰	后学	
15	杨廷熙	后学	清
16	杨嘉淦	后学	
17	郑恩源	后学	
18	郑煜	后学	
19	李炳铨	后学	
20	吴于宣	后学	
21	吴凤喈	后学	
22	高廪	后学	
23	朱鼎鋐	后学	
24	谢颖苏	后学	
25	袁少椿	后学	
26	赵九鼎	后学	
27	徐退	后学	
28	陈如璋	后学	
29	邱定中	后学	
30	成兰荪	后学	
31	吴茀之	后学	
32	姚景瀛	后学	近代
33	周光煦	后学	

</奚冈>

No. 038

生卒年・1746—1803年

朝代・清代

字号・初名钢，字铁生，一字纯章，又号萝龛，别署鹤渚生、蒙泉外史、蒙道士、奚道士、野蝶子、散木居士

籍贯・钱塘（今浙江杭州）

艺术成就・画家、篆刻家，善画山水、花卉，与方薰驰誉乾隆年间，世称"方奚"。刻印与丁敬、黄易、庄仁齐名，号"西泠四大家"。

以"度中心性"方式统计，有明确记载、在绘画方面直接师承师法奚冈的弟子与后学共计33人，在数据库29843位画家中排名第38位。

若以时间维度为依据，清代33人。

若以空间维度为依据，奚冈的后学们来自7个省市，除未有详细出生地、籍贯信息的画家1人外，其余分布如下：浙江24人、江苏3人、四川1人、广东1人、江西1人、福建1人、重庆1人。

直接师承师法奚冈的后学画家地理分布图

● 四川1人　　● 重庆1人

● 苏州2人
● 镇江1人

浙江杭州
杭州18人

● 景德镇1人
　　　嘉兴4人
● 宁波1人
● 湖州1人

● 福州1人

● 广州1人

以"三度影响力"计算，奚冈的影响力值为57.75，在数据库29843位画家中排名第84。一度后学画家为33人，二度后学画家为39人，三度后学画家为21人。

奚冈的后学中自身有超过10位后学画家的为戴熙（后学画家29人）。

"戴熙〔清〕……山水画受奚冈影响……〔周振宇，《中国画名家大典》，人民日报出版社〕"

从奚冈的"度中心性"数据来看，其后学画家主要来自南方地区，72%来自浙江，其中有17人来自杭州，从而可以看出作为"西泠八家"之一的奚冈在浙江地区的影响力。

附表：
历代直接师承师法奚冈的弟子与后学画家列表

序号	姓名	师承师法关系	时期或朝代
1	余锷	弟子	
2	汪成毅	弟子	
3	姚嗣懋	弟子	
4	了义	弟子	
5	曹岐山	弟子	
6	沈唐	弟子	
7	赵锦	弟子	
8	许华文	弟子	
9	黄德源	后学	
10	戴熙	后学	
11	吴滔	后学	
12	沈焞	后学	
13	李修易	后学	
14	罗清	后学	
15	关槐	后学	
16	饶其寅	后学	
17	张光洽	后学	清
18	雪岑	后学	
19	曹冈	后学	
20	曹锟	后学	
21	沈麟元	后学	
22	王堃	后学	
23	计楠	后学	
24	李荣	后学	
25	叶兆荨	后学	
26	高树程	后学	
27	严宪曾	后学	
28	梁学昌	后学	
29	项绅	后学	
30	俞熊	后学	
31	姚绍干	后学	
32	徐善立	后学	
33	陈文濂	后学	

</李唐>

No. 040

生卒年 • 约1066—1150年
朝代 • 宋代
字号 • 字晞古
籍贯 • 河阳三城（今河南焦作孟县）
艺术成就 • 进入画院任画院待诏。擅画山水，对后世影响很大。与刘松年、马远、夏圭合称"南宋四家"。

以"度中心性"方式统计，有明确记载、在绘画方面直接师承师法李唐的弟子与后学共计31人，在数据库29843位画家中排名第40位。

若以时间维度为依据，宋代15人，明代12人，清代4人。

若以空间维度为依据，李唐的后学们来自6个省市，除未有详细出生地、籍贯信息的画家6人外，其余分布如下：江苏11人、浙江5人、安徽3人、山西3人、河南2人、河北1人。

直接师承师法李唐的后学画家地理分布图

● 河北1人

● 晋城2人
● 运城1人

焦作盂县
● 河南2人

● 苏州7人
● 南京2人
● 镇江2人

● 黄山1人
● 阜阳1人
● 其他1人

● 浙江5人

以"三度影响力"计算，李唐的影响力值为529.75，在数据库29843位画家中排名第21位。一度后学画家为31人，二度后学画家为408人，三度后学画家为1179人。

李唐的后学中自身超过10位后学画家的为宋代马远（后学画家69人）、夏圭（后学画家52人），明代文徵明（后学画家156人）、唐寅（后学画家39人）、仇英（后学画家37人）、戴进（后学画家29人）等。

"马远〔宋〕……善画山水，始承家学，后学李唐……〔沈柔坚，《中国美术辞典》，上海辞书出版社〕"

"夏圭〔宋〕……精山水，师法李唐……〔周振宇，《中国画名家大典》，人民日报出版社〕"

"文徵明〔明〕……画师沈周，兼有李唐之体……〔陈师曾，《陈师曾讲中国绘画史》，凤凰出版社〕"

"唐寅〔明〕……学刘松年、李唐之皴法……〔明史本传、明史艺文志、明画录、无声诗史、丹青志、清河书画舫、尔雅楼书画记、澹圃画品、严氏书画记、艺苑卮言、祝氏集略、珊瑚网、式古堂书画汇考〕"

"仇英〔明〕……山水画发展南宋李唐、刘松年、马远、夏圭的"院体画"传统……〔周振宇，《中国画名家大典》，人民日报出版社〕"

"戴进〔明〕……山水得诸家之妙，大率模拟李唐、马远居多……〔明史•聂大年传、杭州府志、明画录、无声诗史、名山藏、四友斋丛说、竹个丛抄〕"

明人王世贞认为山水画"大小李（李思训、李昭道）一变也，荆（浩）关（仝）董（源）巨（然）一变也，李（成）范（宽）又一变也，李（唐）刘（松年）马（远）夏（圭）又一变也，大痴（黄公望）黄鹤（王蒙）又一变也"。吴镇则认为李唐为南渡画院中画家之最。从师承师法数据看，李唐的"度中心性"位居宋代画家第10，"三度影响力"更是位居宋代画家第6。从李唐后学画家的时间分布来看，清代追随者急剧减少，这与明代董其昌把李唐列入"北宗"不无关系。

不详6人

31　　408　　1179

附表：历代直接师承师法李唐的弟子与后学画家列表

序号	姓名	师承师法关系	时期或朝代
1	刘松年	弟子	
2	萧照	弟子	
3	徐改之	弟子	
4	赵芾	弟子	
5	箫照	弟子	
6	陆青	弟子	
7	马远	后学	
8	夏圭	后学	宋
9	李迪	后学	
10	张训礼	后学	
11	阎次平	后学	
12	游昭	后学	
13	李澄	后学	
14	高嗣昌	后学	
15	施义	后学	
16	文徵明	后学	
17	唐寅	后学	
18	仇英	后学	
19	戴进	后学	
20	周臣	后学	
21	沈遇	后学	明
22	倪端	后学	
23	钱贡	后学	
24	宋臣	后学	
25	吴羽	后学	
26	赵澄	后学	
27	张厚卿	后学	
28	王时翼	后学	
29	吴述善	后学	清
30	吴喈	后学	
31	孙献	后学	

</蓝瑛>

No. 041

生卒年・1585—约1664后
朝代・明代
字号・字田叔,号蝶叟,晚号石头陀,又自署东郭老农
籍贯・钱塘(今浙江杭州)
艺术成就・工书擅画,长于山水。系浙派后期代表画家之一,"武林画派"之开创者。

以"度中心性"方式统计,有明确记载、在绘画方面直接师承师法蓝瑛的弟子与后学共计30人,在数据库29843位画家中排名第41。

若以时间维度为依据,明代1人,清代29人。

若以空间维度为依据,蓝瑛的后学们来自于7个省市,分布如下:浙江19人、江苏5人、广东2人、上海1人、四川1人、江西1人、辽宁1人。

直接师承师法蓝瑛的后学画家地理分布图

- 辽阳1人
- 无锡2人
- 苏州1人
- 兴化1人
- 南京1人
- 松江1人
- 浙江杭州
- 杭州11人
- 绍兴6人
- 嘉兴1人
- 宁波1人
- 成都1人
- 九江1人
- 佛山1人
- 广州1人

以"三度影响力"计算,蓝瑛的影响力值为106.75,在数据库29843位画家中排名第62。一度后学画家为30人,二度后学画家为75人,三度后学画家为157人。

蓝瑛后学中自身超过10位后学画家的为陈洪绶(后学画家59人),其他一些重要后学包括明代高岑(后学画家4人)、刘度(后学画家3人)、禹之鼎(后学画家3人),近代陈衡恪(后学画家5人)。

"陈洪绶〔明〕……十岁从杭州蓝瑛学画……〔周振宇,《中国画名家大典》,人民日报出版社〕"

"刘度〔明〕……山水为蓝田叔(瑛)弟子……〔钱塘县志、明画录、无声诗史、清画家诗史、图绘宝鉴续纂、桐阴论画、中国名画绝品〕"

明末清初,蓝瑛与其儿孙(包括子蓝孟,侄蓝洞,孙蓝涛、蓝深等)及其门人形成的"武林派"画家众多,但从师承师法角度而言,"度中心性"和"三度影响力"数值较以董其昌为首的"松江派"相比则差距甚远,从数据上印证了"声势没有松江画派高"•的说法。

• 胡光华:《蓝瑛及其武林派的山水画》,《中国书画》2006年第8期。

附表：
历代直接师承师法蓝瑛的弟子与后学画家列表

序号	姓名	师承师法关系	时期或朝代
1	陈洪绶	弟子	明
2	蓝孟	弟子	
3	何士凤	弟子	
4	刘度	弟子	
5	禹之鼎	弟子	
6	蓝深	弟子	
7	王奂	弟子	
8	王巘	弟子	
9	龚振	弟子	
10	吴达	弟子	
11	顾星	弟子	
12	丁锡	弟子	
13	洪都	弟子	
14	田旷	后学	
15	高岑	后学	
16	佟毓秀	后学	清
17	陈衡恪	后学	
18	蓝涛	后学	
19	蓝泂	后学	
20	蒙而著	后学	
21	王恩隆	后学	
22	周世臣	后学	
23	吴讷	后学	
24	吴録	后学	
25	苏谊	后学	
26	朱龄	后学	
27	罗阳	后学	
28	计长发	后学	
29	田赋	后学	
30	姚与穆	后学	

</王维>

No. 041

生卒年・700—761年
朝代・唐代
字号・字摩诘
籍贯・太原祁县（今山西晋中祁县）
艺术成就・官至尚书右丞，世称王右丞。明代董其昌等提出南北宗理论，"文人之画，自王右丞始"，以王维为南宗之祖。

以"度中心性"方式统计，有明确记载、在绘画方面直接师承师法王维的弟子与后学共计30人，在数据库29843位画家中排名第41位。

若以时间维度为依据，五代4人，宋代6人，元代3人，明代8人，清代9人。

若以空间维度为依据，王维的后学们来自13个省市，除未有详细出生地、籍贯信息的画家2人外，其余分布如下：江苏7人、四川4人、浙江3人、福建2人、安徽2人、江西2人、河南2人、上海1人、辽宁1人、陕西1人、山东1人、山西1人、河北1人。

直接师承师法王维的后学画家地理分布图

- 沈阳1人
- 河北1人

晋中祁县
- 太原1人
- 潍坊1人

- 西安1人
- 开封1人
- 洛阳1人
- 常州2人
- 扬州2人
- 苏州1人
- 南京1人
- 其他1人
- 嘉定1人

- 六安1人
- 黄山1人

- 绵阳2人
- 德阳1人
- 成都1人
- 湖州2人
- 绍兴1人

- 南昌1人
- 萍乡1人

- 漳州2人
- 莆田1人

以"三度影响力"计算，王维的影响力值为1589.25，在数据库29843位画家中排名第4位。一度后学画家为30人，二度后学画家为588人，三度后学画家为5061人。

自身后学人数超过10人的王维后学画家共计7人，分别是董源（后学画家192人）、王蒙（后学画家120人）、赵孟頫（后学画家78人）、李公麟（后学画家66人）、文同（后学画家66人）、关仝（后学画家46人）、赵令穰（后学画家11人）。

"董源〔五代〕……水墨类王维……〔十国春秋、江表志、宣和画谱、图画见闻志、海岳画史、画史会要、梦溪笔谈、云烟过眼录、东图玄览、辍耕录、妮古录、容台集、莫是龙画谈、画谱拾遗、宋元明清书画家年表〕"

"王蒙〔元〕……以王维、董源、巨然为宗……〔明史本传、杭州府志、画史会要、无声诗史、清河书画舫、虚斋名画续录、书画铭心录、珊瑚网、寓意编、辍耕录、东图玄览、六研斋二笔、续弘简录、艺苑卮言、眉公秘籍、云林诗集、吴宽家藏集、容台集、拜经楼诗话、听雨楼诸贤记、玉山雅堂草集、鲍翁家藏集〕"

"赵孟頫〔元〕……少时步武李思训、王维、李成……〔元史本传、杨载撰翰林学士赵公状、湖州府志、书史会要、辍耕录、真迹日录、艺苑卮言、澹圃画品、容台集、主齐集、白云遗稿、六砚斋三笔、云烟过眼录、严氏书画记、潜溪集、困学斋集、书学传授、广印人传〕"

"李公麟〔宋〕……山水气韵清秀，得王维正传……〔周振宇，《中国画名家大典》，人民日报出版社〕"

"文同〔宋〕……潇洒大似王摩诘（维）……〔宋史本传、图绘宝鉴、图画见闻志、宣和画谱、画史会要、攻媿集、甫田集、丹渊集、东坡集、山谷集、东图玄览、宋诗纪事〕"

"关仝〔五代〕……参王维笔法……〔沈柔坚，《中国美术辞典》，上海辞书出版社〕"

"赵令穰〔宋〕…笔墨秀润，颇类王维笔调…〔沈柔坚，《中国美术辞典》，上海辞书出版社〕"

● 不详2人

王维作为文人画的开山，首先由苏轼提出。明代莫是龙、董其昌提出"南北宗"论把王维推上了南宗文人画之祖。从师承师法角度看，单就后学数量而言，王维的"度中心性"排名与"文人画之祖"相比有一定差距，或许与王维的真迹作品存世较少有关。但王维的"三度影响力"数值极高，在历代画家中位居第4，这与其后学中存在董源、关仝、王蒙、赵孟頫等高质量画家有直接的关系。

附表：
历代直接师承师法王维的弟子与后学画家列表

序号	姓名	师承师法关系	时期或朝代
1	董源	后学	五代
2	关仝	后学	
3	郭忠恕	后学	
4	李升	后学	
5	李公麟	后学	宋
6	文同	后学	
7	赵令穰	后学	
8	王诜	后学	
9	朱锐	后学	
10	陆瑾	后学	
11	王蒙	后学	元
12	赵孟頫	后学	
13	张逊	后学	
14	邢尚巽	后学	明
15	黄久庵	后学	
16	董荆	后学	
17	朱缨	后学	
18	瞿汝臣	后学	
19	包壮行	后学	
20	陈伯献	后学	
21	毕懋康	后学	
22	马世俊	后学	清
23	王云风	后学	
24	杨光暄	后学	
25	李炳旦	后学	
26	李朗山	后学	
27	高械	后学	
28	钟谔	后学	
29	姜补堂	后学	
30	张槐	后学	

</徐熙>

No. 041

生卒年·生卒年不详
朝代·五代南唐
籍贯·金陵（今江苏南京）
艺术成就·与后蜀黄筌的花鸟画为五代两大流派，有"黄家富贵，徐熙野逸"之说，为历代所宗。

以"度中心性"方式统计，有明确记载、在绘画方面直接师承师徐熙的弟子与后学共计30人，在数据库29843位画家中排名第41位。

若以时间维度为依据，五代1人，宋代6人，明代8人，清代13人，近代2人。

若以空间维度为依据，徐熙的后学们来自9个省市，除未有详细出生地、籍贯信息的画家3人外，其余分布如下：江苏10人、浙江6人、上海3人、云南2人、安徽2人、四川1人、山东1人、广东1人、湖北1人。

直接师承师法徐熙的后学画家地理分布图

● 日照1人

江苏南京
● 南京2人
● 苏州3人
● 常州3人
● 南通1人
● 无锡1人   ● 松江2人
                  ● 嘉定1人
● 凤阳1人
● 芜湖1人

● 孝感1人

● 四川1人   ● 绍兴2人
                  ● 杭州1人
                  ● 温州1人
                  ● 丽水1人
                  ● 嘉兴1人

● 昆明2人

● 佛山1人

以"三度影响力"计算，徐熙的影响力值为185.75，在数据库29843位画家中排名第48位。一度后学画家为30人，二度后学画家为74人，三度后学画家为475人。

自身后学人数超过10人的徐熙弟子或后学画家共计3人，分别是陆治（后学画家25人）、徐崇嗣（后学画家16人）、林良（后学画家12人）。

"陆治〔明〕……花鸟以工笔见胜，得徐熙、黄筌遗意……〔周振宇，《中国画名家大典》，人民日报出版社〕"
"徐崇嗣〔宋〕……徐熙孙，承家学……〔沈柔坚，《中国美术辞典》，上海辞书出版社〕"
"林良〔明〕……继承了徐熙的文人风格……〔沈柔坚，《中国美术辞典》，上海辞书出版社〕"

从师承师法数据的角度看，徐熙的"度中心性"排名第41位、"三度影响力"位居第48位，二种计算方式下的排名非常接近，与黄筌"度中心性"35位的排名亦相差不远，反映了"徐、黄二体"在数百年花鸟画传承影响过程中的旗鼓相当。

附表：历代直接师承师法徐熙的弟子与后学画家列表

序号	姓名	师承师法关系	时期或朝代
1	李元本	弟子	五代
2	徐崇嗣	弟子	宋
3	徐崇矩	弟子	宋
4	崔白	后学	宋
5	曹访	后学	宋
6	陈珍	后学	宋
7	陈可久	后学	宋
8	陆治	后学	明
9	林良	后学	明
10	孙克弘	后学	明
11	孙隆	后学	明
12	谈志伊	后学	明
13	朱稚征	后学	明
14	祝天祥	后学	明
15	薛仁	后学	明
16	费而奇	后学	清
17	屠兆熙	后学	清
18	恽元复	后学	清
19	马俊	后学	清
20	黄汝蕙	后学	清
21	黄恩长	后学	清
22	陈鸥	后学	清
23	顾廉	后学	清
24	顾瑛	后学	清
25	朱霞	后学	清
26	范利仁	后学	清
27	梁璠	后学	清
28	周其淳	后学	清
29	汪如渊	后学	近代
30	张光	后学	近代

</戴进>

No. 044

生卒年 • 1388—1462年
朝代 • 明代
字号 • 明画录作名戴琎,字文进,号静庵,又号玉泉山人
籍贯 • 钱塘（今浙江杭州）
艺术成就 • 善画山水、人物、花鸟。被后人称为"浙派之祖"。

以"度中心性"方式统计,有明确记载、在绘画方面直接师承师戴进的弟子与后学共计29人,在数据库29843位画家中排名第44位。
若以时间维度为依据,明代20人,清代9人。

若以空间维度为依据,戴进的后学们来自7个省市,除未有详细出生地、籍贯信息的画家3人外,其余分布如下：浙江16人、江苏5人、上海1人、北京1人、安徽1人、河南1人、湖北1人。

直接师承师法戴进的后学画家地理分布图

北京1人

南京3人
苏州2人
河南1人
上海1人
安徽1人
浙江杭州
湖北1人
杭州10人
宁波2人
绍兴2人
嘉兴1人
其他1人

以"三度影响力"计算，戴进的影响力值为53.75，在数据库29843位画家中排名第87。一度后学画家为29人，二度后学画家为33人，三度后学画家为33人。

自身后学人数超过10人的戴进后学画家为吴伟（后学画家25人）。

"吴伟（明）……山水远师马、夏，近学戴进……〔周振宇，《中国画名家大典》，人民日报出版社〕"

对"浙派"绘画的研究，在清代一直未受重视。直至20世纪初，情况才有所改变。部分绘画史家提出以戴进为首的"浙派"绘画，是明代中期画坛的一个重要流派，它在画史上和吴门派先后对峙，影响一时。

明末董其昌提出"南北宗"说以来，被列为北宗的"浙派"就一直为持扬南抑北观点的文人评论家所贬斥。从师承师法数据角度来看，直接对比"浙派之祖"戴进与吴门代表人物沈周间的数据可以发现无论是"度中心性"考量的后学数量还是"三度影响力"考量的后学质量，戴进与沈周都不是一个数量级，数值相去甚远。

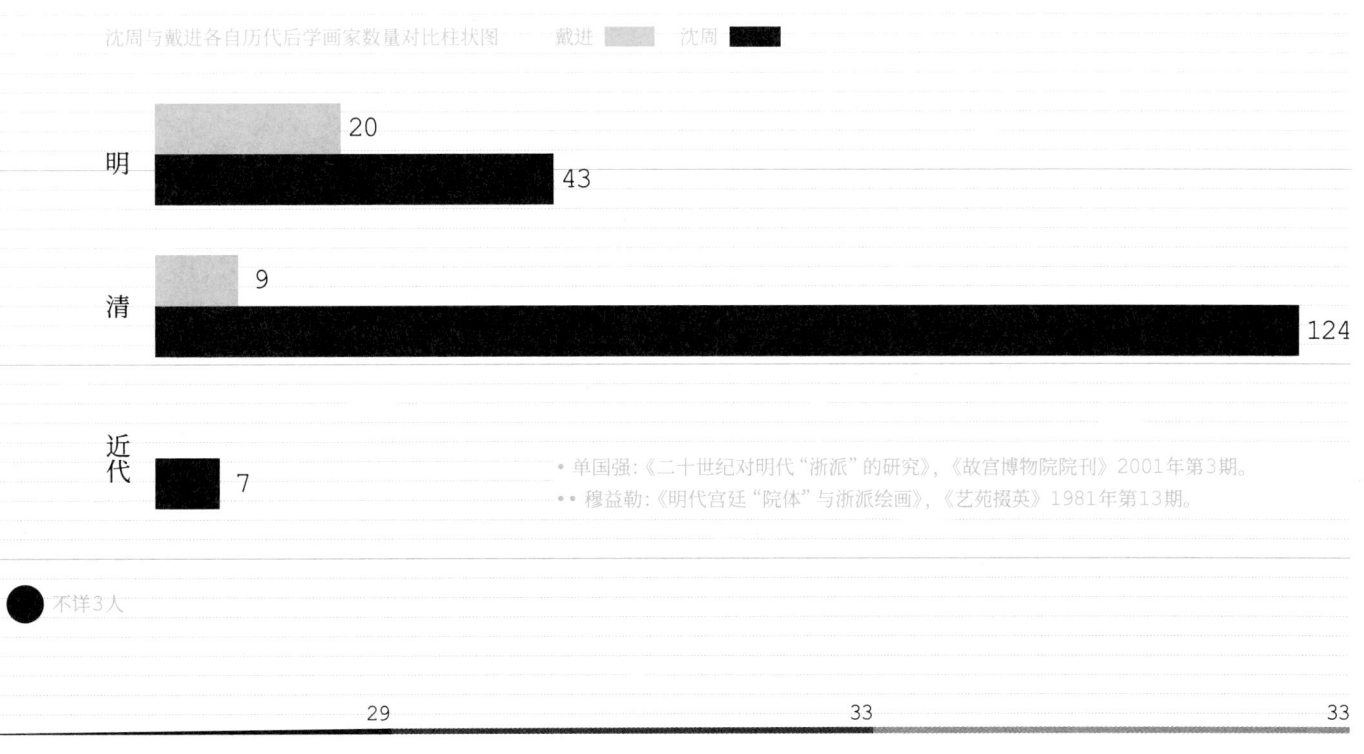

沈周与戴进各自历代后学画家数量对比柱状图　　戴进　　沈周

明　戴进 20　沈周 43
清　戴进 9　沈周 124
近代　沈周 7

- 单国强：《二十世纪对明代"浙派"的研究》，《故宫博物院院刊》2001年第3期。
- 穆益勒：《明代宫廷"院体"与浙派绘画》，《艺苑掇英》1981年第13期。

● 不详3人

附表：历代直接师承师法戴进的弟子与后学画家列表

序号	姓名	师承师法关系	时期或朝代
1	夏芷	弟子	明
2	王世祥	弟子	
3	戴氏	弟子	
4	戴泉	弟子	
5	吴伟	后学	
6	张路	后学	
7	谢时臣	后学	
8	陈景初	后学	
9	汪肇	后学	
10	夏葵	后学	
11	徐泰	后学	
12	朴中	后学	
13	仲昂	后学	
14	汪质	后学	
15	宋臣	后学	
16	吴珵	后学	
17	方钺	后学	
18	谢宾举	后学	
19	钟礼	后学	
20	戴实	后学	
21	仲升	后学	清
22	黄应谌	后学	
23	吕焕成	后学	
24	钮荣	后学	
25	何正位	后学	
26	吴元	后学	
27	吴宫	后学	
28	丁锡	后学	
29	徐琮	后学	

</戴熙>

No. 044

生卒年 · 1801—1860年
朝代 · 清代
字号 · 字醇士，号榆庵，又号苏溪、松屏，自称井东居士、鹿床居士
籍贯 · 钱塘（今浙江杭州）
艺术成就 · 诗、书、画均有造诣，山水师法王翚，其山水画名重一时。

以"度中心性"方式统计，有明确记载、在绘画方面直接师承师戴熙的弟子与后学共计29人，在数据库29843位画家中排名第44位。

若以时间维度为依据，清代28人，近代1人。

若以空间维度为依据，戴熙的后学们来自7个省市，除未有详细出生地、籍贯信息的画家1人外，其余分布如下：浙江18人、福建3人、吉林2人、江西2人、北京1人、山东1人、广东1人。

直接师承师法戴熙的后学画家地理分布图

- 长春1人
- 北京1人
- 德州1人
- 浙江杭州
- 杭州10人
- 嘉兴4人
- 绍兴3人
- 其他1人
- 九江1人
- 南昌1人
- 莆田2人
- 福州1人
- 广州1人

以"三度影响力"计算，戴熙的影响力值为33.75，在数据库29843位画家中排名第123位。一度后学画家为29人，二度后学画家为9人，三度后学画家为1人。

戴熙的后学画家中最有影响力的是林纾（后学画家4人）。

"林纾〔清〕……山水初灵秀似文徵明，继而浓厚近戴熙……〔福建画人传清画家诗史、陈衍林纾传、近代六十名家画传〕"

戴熙的绘画曾在清末至民国盛极一时。从师承师法数据看，他作为清末画家，其"度中心性"仍能位列清代第11位，也证实了戴熙"地位享配四王，甚而过之" 的民间说法。

• 周永良：《浅析戴熙绘画艺术的嬗变》，《故宫博物院院刊》2001年第4期。

● 不详1人

附表：历代直接师承师法戴熙的弟子与后学画家列表

序号	姓名	师承师法关系	时期或朝代
1	李嘉福	弟子	
2	戴之恒	弟子	
3	戴以恒	弟子	
4	戴有恒	弟子	
5	戴兆登	弟子	
6	戴煦	弟子	
7	何晋荣	后学	
8	钱鸿遇	后学	
9	杨咏沂	后学	
10	陈基	后学	
11	蔡鼎昌	后学	
12	吴允徕	后学	
13	万本惇	后学	
14	谢溶	后学	清
15	林纾	后学	
16	吴谷祥	后学	
17	张琴	后学	
18	惠年	后学	
19	樊熙	后学	
20	金石	后学	
21	勒深之	后学	
22	来焕文	后学	
23	崇勋	后学	
24	李清芬	后学	
25	许荣勋	后学	
26	许应锵	后学	
27	张尔康	后学	
28	林节	后学	
29	唐树崖	后学	近代

</赵伯驹>

No. 046

生卒年・不详
朝代・宋代
字号・字千里
艺术成就・宋太祖七世孙。继承发扬衰微已久之唐代李思训父子青绿山水画，独具面貌。

以"度中心性"方式统计，有明确记载、在绘画方面直接师承师赵伯驹的弟子与后学共计28人，在数据库29843位画家中排名第46位。
若以时间维度为依据，宋代4人，元代1人，明代11人，清代12人。

若以空间维度为依据，赵伯驹的后学们来自7个省市，除未有详细出生地、籍贯信息的画家2人外，其余分布如下：江苏14人、浙江5人、上海3人、安徽1人、广东1人、河南1人、福建1人。

直接师承师法赵伯驹的后学画家地理分布图

- 苏州12人
- 开封1人
- 镇江1人
- 无锡1人
- 上海3人
- 黄山1人
- 杭州1人
- 湖州1人
- 金华1人
- 嘉兴1人
- 宁波1人
- 南平1人
- 中山1人

以"三度影响力"计算,赵伯驹的影响力值为95.25,在数据库29843位画家中排名第72位。一度后学画家为28人,二度后学画家为68人,三度后学画家为133人。

赵伯驹的后学画家中较有影响力的是元代钱选(后学画家8人),明代仇英(后学画家37人)、文伯仁(后学画家15人)等。

"仇英〔明〕……仇实父是赵伯驹后身……〔图绘宝鉴续纂、无声诗史、丹青志、艺苑卮言〕"
"文伯仁〔明〕……工画山水,学"三赵"(令穰、伯驹、孟頫)……〔周振宇,《中国画名家大典》,人民日报出版社〕"
"钱选〔元〕……青绿山水师赵伯驹……〔图绘宝鉴续纂、无声诗史、丹青志、艺苑卮言〕"

赵伯驹几乎无确定为真迹的传世作品,在古代文献中积存大量对其风格的描述,特别是明清时期有大量"临赵千里""仿赵千里"等字样•。从师承师法数据上看,赵伯驹的后学画家数量在明清时期有较大增长,但其"三度影响力"排名第72位,相较"度中心性"的46位排名有一定差距。

• 史晨曦:《赵伯驹画风的嬗变与定型》,《美术》2020年第10期。

附表：历代直接师承师法赵伯驹的弟子与后学画家列表

序号	姓名	师承师法关系	时期或朝代
1	单邦显	弟子	宋
2	老戴	后学	
3	张训礼	后学	
4	赵大亨	后学	
5	钱选	后学	元
6	仇英	后学	明
7	文伯仁	后学	
8	宋懋晋	后学	
9	沈遇	后学	
10	陈裸	后学	
11	张宏儒	后学	
12	蒋守成	后学	
13	文从昌	后学	
14	谢道龄	后学	
15	陈言	后学	清
16	张涣	后学	
17	沈厚陈	后学	
18	沈挺	后学	
19	黄宗炎	后学	
20	邹黄涛	后学	
21	刘梦藜	后学	
22	顾天骏	后学	
23	郑重	后学	
24	何作干	后学	
25	金德鉴	后学	
26	陈毓枫	后学	
27	顾春福	后学	
28	许桂芳	后学	

</范宽>

No. 047

生卒年·不详
朝代·宋代
字号·本名中正,字仲立
籍贯·华原(今陕西铜川耀县)
艺术成就·画山水始师李成,又师荆浩,与两位师长并称"北宋三大家"。范宽自宋代开始,就是画家们学习和模仿的对象。

以"度中心性"方式统计,有明确记载、在绘画方面直接师承师范宽的弟子与后学共计27人,在数据库29843位画家中排名第47位。

若以时间维度为依据,宋代17人,元代1人,明代6人,清代3人。

若以空间维度为依据,范宽的后学们来自11个省市,除未有详细出生地、籍贯信息的画家5人外,其余分布如下:江苏6人、河南3人、陕西2人、四川2人、江西2人、浙江2人、湖南1人、北京1人、安徽1人、山东1人、河北1人。

直接师承师法范宽的后学画家地理分布图

- 北京1人
- 河北1人
- 山东1人
- 铜川耀县 陕西2人
- 开封2人
- 河南1人
- 苏州5人
- 无锡1人
- 安徽1人
- 四川2人
- 杭州1人
- 绍兴1人
- 江西2人
- 湖南1人

以"三度影响力"计算，范宽的影响力值为474，在数据库29843位画家中排名第24位。一度后学画家为27人，二度后学画家为338人，三度后学画家为1112人。

范宽有4位后学画家自身超过10位后学，分别是宋代的李唐（后学画家31人）、夏圭（后学画家52人），明代唐寅（后学画家39人）、清代王翚（后学画家213人）。

"李唐〔宋〕……擅画山水，宗法荆浩、关仝、范宽，又加以变化。……〔周振宇，《中国画名家大典》，人民日报出版社〕"
"夏圭〔宋〕……雪景全学范宽……〔杭州志、图绘宝鉴、格古要论、寓意编、东图玄览〕"
"唐寅〔明〕……深得李成、范宽，南宋李唐、刘松年及元代赵孟頫、王蒙、黄公望等诸大家笔法……〔周振宇，《中国画名家大典》，人民日报出版社〕"
"王翚〔清〕……将巨然、范宽的构图完美地结合起来，创造出一种华滋浑厚、气势勃发的山水画风格……〔周振宇，《中国画名家大典》，人民日报出版社〕"

李成、范宽在北宋被称为"一文一武"，是北宋初期最有影响的山水画家。米芾《画史》说范宽学荆浩，"固青于蓝"，且认为范宽在北宋是"无人出其右"的。• 从师承师法数据的角度看，其后学数量为27，位居宋代第12。李成的直接后学数量为63，两人的这一指标有不小的差距。

• 林树中：《论范宽》，《中国书画》2007年第1期。

附表：
历代直接师承师法范宽的弟子与后学画家列表

序号	姓名	师承师法关系	时期或朝代
1	黄怀玉	后学	
2	龙祥	后学	
3	龙章	后学	
4	纪真	后学	
5	王洪	后学	
6	杨安道	后学	
7	刘坚	后学	
8	刘翼	后学	
9	高洵	后学	宋
10	夏圭	后学	
11	李唐	后学	
12	田宗源	后学	
13	商训	后学	
14	李元崇	后学	
15	李昭	后学	
16	林谷成	后学	
17	林俊民	后学	
18	曾瑞	后学	元
19	唐寅	后学	
20	张复	后学	
21	成性	后学	明
22	朱自方	后学	
23	袁宏	后学	
24	赵澄	后学	
25	钱赞	后学	
26	王翚	后学	清
27	陆振宗	后学	

</曾鲸>

No. 047

生卒年・1564—1647年
朝代・明代
字号・字波臣
籍贯・福建莆田（今福建莆田）
艺术成就・工写照，所作风行一时，与江南画家全用粉彩渲染者不同，受西洋画影响，妙得神情。与其一众弟子称"波臣派"。

以"度中心性"方式统计，有明确记载、在绘画方面直接师承师曾鲸的弟子与后学共计27人，在数据库29843位画家中排名第47位。
若以时间维度为依据，明代2人，清代25人。

若以空间维度为依据，曾鲸的后学们来自5个省市，除未有详细出生地、籍贯信息的画家4人外，其余分布如下：浙江10人、江苏6人、福建4人、上海2人、广东1人。

直接师承师法曾鲸的后学画家地理分布图

● 苏州4人
● 无锡2人

● 松江1人
● 嘉定1人

● 杭州1人
● 嘉兴5人
● 绍兴3人
● 湖州1人

福建莆田
● 莆田2人
● 漳州1人
● 龙岩1人

● 广东1人

以"三度影响力"计算，曾鲸的影响力值为35.25，在数据库29843位画家中排名第120位。一度后学画家为27人，二度后学画家为14人，三度后学画家为5人。

曾鲸的弟子有沈韶、徐易、张远等称"波臣派"，而以上虞谢彬为第一。他们各自的后学画家人数分别为3名、1名、2名、3名。

"沈韶〔清〕……曾鲸弟子，工写真……〔宴县志〕"
"徐易〔清〕……传神妙手曾鲸弟子……〔国（清）朝画征录、图绘宝鉴续纂、画传编韵〕"
"张远〔清〕……曾鲸弟子……〔嘉兴府志、国（清）朝画征录、画传编韵〕"
"谢彬〔清〕……传神为曾鲸高弟……〔清画家诗史、曝书亭集、国（清）朝画征录〕"

曾鲸早年以绘制肖像谋生于江浙地区，这从其弟子、后学的地理分布也可看出其影响范围。曾鲸使肖像画在江浙地带掀起了一股学习、创作的热潮，师从者甚众，并最终形成了一个重要的肖像画艺术派别"波臣派"。从师承师法数据上看，曾鲸的"度中心性"是历代肖像画家之中最高的。但其"三度影响力"数值不高，说明其弟子、后学画家作为肖像画家的影响力非常有限，从某种角度上说明，明清时期的肖像画与山水、花鸟相比仍属"小众"画种。

不详4人

附表:
历代直接师承师法曾鲸的弟子与后学画家列表

序号	姓名	师承师法关系	时期或朝代
1	顾云仍	弟子	明
2	金谷生	弟子	
3	沈韶	弟子	
4	顾见龙	弟子	
5	沈纪	弟子	
6	顾企	弟子	
7	谢彬	弟子	
8	张远	弟子	
9	徐易	弟子	
10	廖大受	弟子	
11	郭巩	弟子	
12	陆英	弟子	
13	张琦	弟子	
14	徐泰	后学	清
15	王允京	后学	
16	鲍嘉	后学	
17	舒时贞	后学	
18	冯檀	后学	
19	蔡升	后学	
20	刘祥开	后学	
21	谢衮	后学	
22	王斌	后学	
23	曾镒	后学	
24	张永	后学	
25	余颖	后学	
26	瞿上	后学	
27	周杲	后学	

</陆治>

No. 049

生卒年・1496—1576年
朝代・明代
字号・字叔平,号包山、包山子、阳城居士
籍贯・吴县包山(今江苏苏州)
艺术成就・祝允明、文徵明弟子。他的山水既受吴门派影响,也吸取宋代院体和青绿山水之长,在吴门派画家中具有一定新意。

以"度中心性"方式统计,有明确记载、在绘画方面直接师承师陆治的弟子与后学共计25人,在数据库29843位画家中排名第49位。

若以时间维度为依据,明代5人,清代20人。

若以空间维度为依据,陆治的后学们来自7个省市,除未有详细出生地、籍贯信息的画家2人外,其余分布如下:江苏12人、浙江4人、上海3人、四川1人、广东1人、湖北1人、贵州1人。

直接师承师法陆治的后学画家地理分布图

江苏苏州
苏州9人
● 常州1人
● 镇江1人
● 无锡1人
● 松江2人
● 松江1人

● 湖北1人
● 泸州1人
● 嘉兴2人
● 台州1人
● 湖州1人

● 贵州1人

● 广东1人

以"三度影响力"计算，陆治的影响力值为57，在数据库29843位画家中排名第85位。一度后学画家为25人，二度后学画家为34人，三度后学画家为60人。

陆治后学画家中自身后学超过10人的分别为王武（后学画家18人）、马元驭（后学画家12人）。

"王武〔清〕……多取周之冕、陆治画法……〔周振宇，《中国画名家大典》，人民日报出版社〕"

"马元驭〔清〕……得沈周、陆治遗意……〔国（清）朝画征录、海虞画苑略、桐阴论画、琴川新志、在亭丛稿、昭代尺牍小传、读画辑略〕"

陆治被视作"吴门画派"在绘画传统中探寻转变的代表人物，从其后学来源分布看，来自苏州的多达9人，占后学总数的36%。钱穀是常被提及并同陆治比较的吴门画派第二代重要画家●，他基于师承师法数据的"度中心性"为7，位居第134位，"三度影响力"为9.25，位居第206位，均与陆治有一定差距。

● 孙欣：《从陆治钱谷与文徵明的关系看其画风演变》，《收藏家》2004年第4期。

● 不详2人

附表：
历代直接师承师法陆治的弟子与后学画家列表

序号	姓名	师承师法关系	时期或朝代
1	孙克弘	后学	明
2	王复元	后学	
3	朱统鐩	后学	
4	朱谋堇鸟	后学	
5	戴鹤	后学	
6	沈荣培	后学	清
7	杨鲲	后学	
8	孔传薪	后学	
9	程登衢	后学	
10	张贞	后学	
11	王武	后学	
12	马元驭	后学	
13	倪鸣时	后学	
14	潘恕	后学	
15	路瑄	后学	
16	陈起凤	后学	
17	莫汝涛	后学	
18	叶琬仪	后学	
19	朱雷	后学	
20	汤光启	后学	
21	孟邦栋	后学	
22	陆祐	后学	
23	陆远	后学	
24	张飖	后学	
25	邵湘永	后学	

</吴伟>

No. 049

生卒年・1459—1508年
朝代・明代
字号・字士英或世英,号鲁夫,更字次翁,又号小仙
籍贯・江夏(今湖北武昌)
艺术成就・为宫廷作画,为戴进之后"浙派健将",追随者众,亦为"江夏派"创导者。

以"度中心性"方式统计,有明确记载、在绘画方面直接师承师吴伟的弟子与后学共计25人,在数据库29843位画家中排名第49位。
若以时间维度为依据,明代19人,清代6人。

若以空间维度为依据,吴伟的后学们来自9个省市,除未有详细出生地、籍贯信息的画家4人外,其余分布如下:江苏9人、浙江3人、安徽2人、福建2人、上海1人、江西1人、河北1人、河南1人、辽宁1人。

直接师承师法吴伟的后学画家地理分布图

- 辽宁1人
- 河北1人
- 河南1人
- 南京4人
- 苏州2人
- 常州1人
- 扬州1人
- 无锡1人
- 上海1人
- 安徽2人
- 湖北武昌
- 嘉兴2人
- 绍兴1人
- 江西1人
- 南平1人
- 蒲城1人

以"三度影响力"计算，吴伟的影响力值为56，在数据库29843位画家中排名第86位。一度后学画家为25人，二度后学画家为33人，三度后学画家为58人。

吴伟后学画家中自身后学超过10人的为高其佩（后学画家23人）。

"高其佩〔明〕……形象塑造得吴伟神趣……〔周振宇，《中国画名家大典》，人民日报出版社〕"

吴伟在明代画坛上具有重要地位，从其后学来源地的分布可以看出他是"明代中期在金陵一带最受欢迎的画家"。学界对吴伟的研究通常会将其置于浙派视域，论吴伟而言及浙派。• 浙派的辉煌在于戴进、吴伟的成就。•• 从师承师法角度看，二位的"度中心性"分别为29、25，"三度影响力"分列第88位和第86位，数据上几乎不相上下。

• 徐晓庚：《明代画家吴伟研究述评》，《设计艺术研究》2016年第6期。
•• 徐卫：《戴进、吴伟艺术论》，《翠苑 民族美术》2015年第4期。

● 不详4人

附表：历代直接师承师法吴伟的弟子与后学画家列表

序号	姓名	师承师法关系	时期或朝代
1	宋登春	弟子	
2	邢国美	弟子	
3	蒋嵩	后学	
4	万邦治	后学	
5	张鹏	后学	
6	王舜国	后学	
7	蒋贵	后学	
8	吴世恩	后学	
9	罗素	后学	
10	张路	后学	明
11	谢时臣	后学	
12	陈子和	后学	
13	史文	后学	
14	汪肇	后学	
15	王仪	后学	
16	李著	后学	
17	宋臣	后学	
18	杭颐	后学	
19	薛仁	后学	
20	黄坚	后学	
21	吴昕	后学	
22	高其佩	后学	清
23	仲升	后学	
24	黄恩长	后学	
25	姚仔	后学	

</王冕>

No. 049

生卒年·？—1359年

朝代·元代

字号·字元章，号老村，又号竹堂、煮石山农、山农、饭牛翁及会稽外史、梅花屋主

籍贯·诸暨（今浙江绍兴诸暨）

艺术成就·工画墨梅，著有《梅谱》一书，并善画竹，名其斋为"竹斋"。

以"度中心性"方式统计，有明确记载、在绘画方面直接师承师王冕的弟子与后学共计25人，在数据库29843位画家中排名第49位。

若以时间维度为依据，明代8人，清代17人。

若以空间维度为依据，王冕的后学们来自7个省市，除未有详细出生地、籍贯信息的画家1人外，其余分布如下：浙江10人、江苏8人、福建2人、上海1人、安徽1人、山东1人、广东1人。

直接师承师法王冕的后学画家地理分布图

● 山东1人

江苏苏州
苏州7人
● 常州1人

● 上海1人

● 安徽1人

绍兴5人
杭州2人
嘉兴2人
● 宁波1人

● 福州1人
● 三明1人

● 广东1人

以"三度影响力"计算,王冕的影响力值为53.75,在数据库29843位画家中排名第87位。一度后学画家为25人,二度后学画家为32人,三度后学画家为51人。

王冕后学画家中自身后学超过10人为周之冕(后学画家18人)。

"周之冕〔明〕……仿王冕花鸟……〔弇州续稾、画史会要、图绘宝鉴续纂、无声诗史、明画录、海虞画苑略、吴门画史〕"

王冕被誉为"诗、书、画三绝"的画家。在十九届中央政治局常委同中外记者见面会上,习近平总书记援引一句王冕诗"不要人夸颜色好,只留清气满乾坤",来表明一贯欢迎客观的介绍和有益的建议。除诗书外,王冕的绘画对明代画家产生了深远影响。从师承师法数据看,王冕无愧是历代画梅第一人。

● 不详1人

附表：历代直接师承师法王冕的弟子与后学画家列表

序号	姓名	师承师法关系	时期或朝代
1	王周	弟子	明
2	刘世儒	后学	
3	袁子初	后学	
4	周之冕	后学	
5	邢侗	后学	
6	陆复	后学	
7	王人佐	后学	
8	林宏显	后学	
9	钱聚朝	后学	清
10	戈载	后学	
11	李贤喆	后学	
12	叶支大	后学	
13	顾春年	后学	
14	张莘	后学	
15	达曾	后学	
16	孙原湘	后学	
17	徐云路	后学	
18	陈经	后学	
19	胡大年	后学	
20	梁国琦	后学	
21	金炜	后学	
22	姚夔	后学	
23	徐宏位	后学	
24	张泉	后学	
25	张诰	后学	

</王学浩>

No. 049

生卒年・1754—1832年
朝代・清代
字号・字孟养,号椒畦
籍贯・昆山(今江苏苏州昆山)
艺术成就・初受业于李豫德,豫德父为宪,乃原祁之甥。山水得王原祁正传。

以"度中心性"方式统计,有明确记载、在绘画方面直接师承师王学浩的弟子与后学共计25人,在数据库29843位画家中排名第49位。
若以时间维度为依据,清代25人。

以空间维度为依据,王学浩的后学们来自5个省市:江苏14人、上海4人、四川3人、浙江3人、湖南1人。

直接师承师法王学浩的后学画家地理分布图

苏州昆山

苏州14人

松江2人
嘉定2人

德阳1人
成都1人
其他1人

嘉兴3人

湖南1人

以"三度影响力"计算,王学浩的影响力值为32.5,在数据库29843位画家中排名第127位。一度后学画家为25人,二度后学画家为9人,三度后学画家为12人。

王学浩后学画家中较有影响力的是颜炳(后学画家3人)、沈焯(后学画家2人)、陶琳(后学画家2人)、郎际昌(后学画家1人)、吴格(后学画家1人)。

"颜炳〔清〕……善山水,从王学浩游,颇得其用笔用墨之法……〔墨林今话续编、清朝野史大观、广印人传〕"
"沈焯〔清〕……初宗王学浩……〔周振宇,《中国画名家大典》,人民日报出版社〕"
"陶琳〔清〕……山水笔墨疏爽简澹,雅近王学浩……〔清画家诗史、墨林今话〕"
"郎际昌〔清〕……从同里王椒畦(学浩)游……〔墨香居画识、墨林今话、黟山卧游录〕"
"吴格〔清〕……近王学浩……〔海上墨林、寒松阁谈艺琐录〕"

作为清中晚期的山水画家,王学浩饮誉甚高,时有"南奚(冈)北王(学浩)"之谓。• 从师承师法角度上看,清代画家中王学浩的后学数量为25人,奚冈的后学数量为32人;在考量后学质量的"三度影响力"方面,王学浩居第29位,奚冈则位居第15位。二人在后学的数量与质量上均有一定的差距。

• 陆家衡:《王学浩艺事考略》,《中华书画家》2018年第11期。

附表：历代直接师承师法王学浩的弟子与后学画家列表

序号	姓名	师承师法关系	时期或朝代
1	颜炳	弟子	
2	张伯凤	弟子	
3	龚成章	弟子	
4	李汝华	弟子	
5	刘运铃	弟子	
6	顾国树	弟子	
7	严鄂	弟子	
8	谢宇澄	弟子	
9	钱元章	弟子	
10	郎际昌	弟子	
11	和亲仁	弟子	
12	俞大荣	弟子	
13	惠士昭	后学	清
14	刘芳藻	后学	
15	顾超	后学	
16	沈焊	后学	
17	陶琳	后学	
18	吴格	后学	
19	马锦	后学	
20	文福元	后学	
21	黄应泰	后学	
22	杨继昌	后学	
23	龚成玉	后学	
24	彭兆桢	后学	
25	俞岳	后学	

</管道昇>

No. 049

生卒年 • 1262—1319年
朝代 • 元代
字号 • 字仲姬
籍贯 • 吴兴（今浙江湖州）
艺术成就 • 赵孟頫妻。封魏国夫人，世称"管夫人"。工诗书，擅画墨竹梅兰，能山水，笔意清新。

以"度中心性"方式统计，有明确记载、在绘画方面直接师承师管道昇的弟子与后学共计25人，在数据库29843位画家中排名第49位。
若以时间维度为依据，元代1人，明代7人，清代17人。

若以空间维度为依据，管道昇的后学们来自6个省市，除未有详细出生地、籍贯信息的画家3人外，其余分布如下：江苏10人、浙江7人、福建2人、上海1人、山东1人、重庆1人。

直接师承师法管道升的后学画家地理分布图

德州1人

南京3人
苏州2人
无锡2人
南通1人
淮安1人
常州1人
松江1人

浙江湖州
湖州2人
杭州1人
嘉兴2人
绍兴2人

重庆1人

福州1人
龙岩1人

以"三度影响力"计算,管道昇的影响力值为29.75,在数据库29843位画家中排名第131位。一度后学画家为25人,二度后学画家为9人,三度后学画家为1人。

管道昇主要的后学画家有其子赵雍(后学画家5人)以及马守真(后学画家2人)、傅纯(后学画家1人)、许友(后学画家1人)。

"赵雍〔元〕……兰竹师其母……〔周振宇,《中国画名家大典》,人民日报出版社〕"
"马守真〔明〕……竹法管道昇……〔明画录、无声诗史、图绘宝鉴续纂、列朝诗集小传、书林纪事〕"
"傅纯〔清〕……善写管(道昇)竹……〔益州书画录附录〕"
"许友〔清〕……写竹仿管道昇……〔福建通志、梁园读画录、周亮工印人传、静志居诗话、桐阴论画、清画家诗史〕"

从师承师法角度上看,管道昇的"度中心性"在历代女画家中排名第一,其后学画家中女性比例高达60%。历代多位书画家曾对管夫人作品给予高度评价,如元代书法家杨维桢、"元四家"之一的倪瓒、画家王冕等都为管夫人的画写过画跋,明代董其昌认为管氏的人物画"与鸥波公在伯仲间"。作为赵孟頫夫人,管道昇在家族的影响下成为女性画家做出了杰出成就,这也是其后学人数为历代女画家第一的重要原因。

中国古代女性画家的研究学者多以20世纪60年代西方女权主义的结论,认为中国古代女性画家长久以来在封建社会受到压迫与忽视,以致其绘画的艺术价值受到了低估。但从考量后学传承质量的"三度影响力"看,以管道昇为首的女画家们数值偏低,而且其后学的再传弟子数量急剧萎缩,影响力有限。

● 不详3人

附表：历代直接师承师法管道升的弟子与后学画家列表

序号	姓名	师承师法关系	时期或朝代
1	赵雍	后学	元
2	马守真	后学	
3	邢慈静	后学	
4	陈道蕴	后学	
5	韩玥	后学	明
6	胡茂生	后学	
7	康范生妻	后学	
8	许氏	后学	
9	曹鉴冰	后学	
10	傅纯	后学	
11	许友	后学	
12	兰头陀	后学	
13	殳默	后学	
14	浦文潘	后学	
15	谷兰芳	后学	
16	沈芝卿	后学	
17	沈霖	后学	清
18	杨振昆	后学	
19	华铨	后学	
20	吴庚	后学	
21	刘衡	后学	
22	戴佩荃	后学	
23	康孝廉女	后学	
24	姜宜	后学	
25	廖淑筹	后学	

</ 高其佩 >

No. 054

生卒年 • 1660—1734年
朝代 • 清代
字号 • 字韦之，亦书韦三，号且园，或书且道人，又号南村
籍贯 • 辽宁铁岭（今辽宁铁岭）
艺术成就 • 工指画，凡花木、鸟兽、鱼龙、人物，靡不精妙。为清代"指头画派"创始人。

以"度中心性"方式统计，有明确记载、在绘画方面直接师承师法高其佩的弟子与后学共计24人，在数据库29843位画家中排名第54位。
若以时间维度为依据，清代24人。

若以空间维度为依据，高其佩的后学们来自12个省市，除未有详细出生地、籍贯信息的画家3人外，其余分布如下：浙江4人、江苏4人、辽宁3人、吉林2人、湖南1人、上海1人、内蒙古1人、北京1人、四川1人、山东1人、江西1人、河北1人。

直接师承师法高其佩的后学画家地理分布图

- 内蒙古1人
- 长春2人
- 辽宁铁岭
  - 铁岭1人
  - 辽阳1人
  - 沈阳1人
- 北京1人
- 秦皇岛1人
- 济南1人
- 泰州2人
- 苏州1人
- 常州1人
- 嘉定1人
- 雅安1人
- 嘉兴2人
- 绍兴1人
- 其他1人
- 上饶1人
- 长沙1人

以"三度影响力"计算，高其佩的影响力值为105.25，在数据库29843位画家中排名第65位。一度后学画家为24人，二度后学画家为58人，三度后学画家为209人。

高其佩后学画家中自身后学超过10人的为郑燮（后学画家33人）、李鱓（后学画家18人）。

"郑燮〔清〕……仿学徐渭、高其佩的墨竹……〔单国强，《郑燮生平与艺术》，《荣宝斋》，2005年〕"

"李鱓〔清〕……得高其佩传……〔郑板桥集、墨林今话、桐阴论画、国（清）朝画征录、清画家诗史、李鱓生年考〕"

自从高其佩创始指画以来，三百年间，出现了不少指画的知名人物，朱伦瀚、李世倬、高璥等都亲身受过指点。但几位指画弟子自身的"度中心性"与"三度影响力"数值均较低，对高其佩的"三度影响力"帮助有限。

附表：历代直接师承师法高其佩的弟子与后学画家列表

序号	姓名	师承师法关系	时期或朝代
1	朱伦瀚	弟子	清
2	傅雯	弟子	
3	自得居士	弟子	
4	甘士调	弟子	
5	李达	弟子	
6	高葳	弟子	
7	高璹	弟子	
8	李鱓	弟子	
9	赵成穆	弟子	
10	蔡兴祖	后学	
11	刘锡玲	后学	
12	程芝筠	后学	
13	郑燮	后学	
14	李世倬	后学	
15	如山	后学	
16	西密杨阿	后学	
17	李明智	后学	
18	高秉	后学	
19	顾安仁	后学	
20	胡玮	后学	
21	俞珽	后学	
22	查世燮	后学	
23	郭征芝	后学	
24	张鲤	后学	

</李流芳>

No. 054

生卒年・1575—约1629年
朝代・明代
字号・字茂宰,又字长蘅,号檀园,又号香海、泡庵,晚称慎娱居士
籍贯・歙县(今安徽黄山歙县)
艺术成就・侨居嘉定(今属上海嘉定)。与唐时升、娄坚、程嘉燧称"嘉定四君子"。

以"度中心性"方式统计,有明确记载、在绘画方面直接师承师李流芳的弟子与后学共计24人,在数据库29843位画家中排名第54。

若以时间维度为依据,明代2人,清代21人,近代1人。

若以空间维度为依据,李流芳的后学们来自5个省市,除未有详细出生地、籍贯信息的画家2人外,其余分布如下:上海9人、浙江6人、江苏4人、安徽2人、广东1人。

直接师承师法李流芳的后学画家地理分布图

苏州3人
常州1人

黄山歙县
黄山2人

嘉定7人
青浦1人
其他1人

杭州3人
舟山1人
嘉兴1人
湖州1人

广东1人

以"三度影响力"计算,李流芳的影响力值为59.5,在数据库29843位画家中排名第82。一度后学画家为24人,二度后学画家为51人,三度后学画家为40人。

李流芳后学画家中自身后学超过10人的为奚冈(后学画家33人),其他重要后学还包括清代程庭鹭(后学画家4人)、近代黄宾虹(后学画家4人)等。

"奚冈〔清〕……山水后得力于李流芳……〔周振宇,《中国画名家大典》,人民日报出版社〕"
"程庭鹭〔清〕……画山水逼近李流芳……〔周振宇,《中国画名家大典》,人民日报出版社〕"
"黄宾虹〔近代〕……受李流芳、程邃、程正揆及髡残等影响……〔枫园画友录〕"

清初戏曲家李渔将李流芳课徒稿摹刻成书,名《芥子园画传》,三百年来风行画坛。从师承师法角度出发,除李流芳外,"嘉定四君子"中的唐时升、娄坚、程嘉燧的后学数量分别为0、1、5,与李流芳的后学数量相差颇大。

● 不详2人

附表：历代直接师承师法李流芳的弟子与后学画家列表

序号	姓名	师承师法关系	时期或朝代
1	何适	弟子	明
2	李杭之	弟子	
3	严果	弟子	清
4	金可垛	弟子	
5	李宜之	后学	明
6	蒋敬	后学	
7	厉志	后学	
8	曹星泗	后学	
9	吴思缵	后学	
10	钱东塾	后学	
11	奚冈	后学	
12	程庭鹭	后学	
13	浦熙	后学	
14	施润春	后学	清
15	西门藻	后学	
16	莫绅	后学	
17	项惊	后学	
18	徐恒	后学	
19	郭础	后学	
20	张迥	后学	
21	张德芬	后学	
22	黄宾虹	后学	
23	汤涤	后学	近代
24	周庆云	后学	

</张熊>

No. 054

生卒年・1803—1886年
朝代・清代
字号・字子祥，别号鸳湖外史
籍贯・秀水（今浙江嘉兴）人。寓上海
艺术成就・与任熊、朱熊合称"沪上三熊"。

以"度中心性"方式统计，有明确记载、在绘画方面直接师承师张熊的弟子与后学共计24人，在数据库29843位画家中排名第54位。
若以时间维度为依据，清代23人，近代1人。

若以空间维度为依据，张熊的后学们来自3个省市，除未有详细出生地、籍贯信息的画家1人外，其余分布如下：浙江15人、上海4人、江苏4人。

直接师承师法张熊的后学画家地理分布图

苏州2人
无锡2人

其他2人
宝山2人

浙江嘉兴
嘉兴11人

绍兴1人
杭州1人
宁波1人
其他1人

以"三度影响力"计算，张熊的影响力值为42.25，在数据库29843位画家中排名第107位。一度后学画家为24人，二度后学画家为17人，三度后学画家为39人。

张熊后学画家中自身后学超过10人的为朱偁（后学画家14人）。

"朱偁〔清〕……工花鸟，初法张熊……〔海上墨林、桐阴复志、近代六十名家画传〕"

张熊以写实的花鸟画创作成为"海派"的第一代"掌门人"，以他为代表的花鸟画时称"鸳湖派"。从师承师法角度看，无论是"度中心性"还是"三度影响力"，张熊在"三熊"中的数值都是最高的。

● 不详1人

附表：历代直接师承师法张熊的弟子与后学画家列表

序号	姓名	师承师法关系	时期或朝代
1	夏华士	弟子	
2	潘琴生	弟子	
3	潘鸿	弟子	
4	沈景	弟子	
5	周佩笙	弟子	
6	李增禧	弟子	
7	葛同	弟子	
8	胡暄	弟子	
9	孙介石	弟子	
10	项耀	弟子	
11	巢勋	弟子	
12	李增禧	弟子	清
13	朱雷	弟子	
14	金镇	弟子	
15	周镛	弟子	
16	沈涛	后学	
17	王汝晋	后学	
18	袁天庚	后学	
19	朱偶	后学	
20	胡振	后学	
21	徐埙	后学	
22	张廉	后学	
23	邵承忻	后学	
24	张星枢	后学	近代

</黄慎>

No. 054

生卒年 • 1687—约1770年

朝代 • 清代

字号 • 初名盛,字躬懋,又字恭懋,一字恭寿,号瘿瓢

籍贯 • 福建宁化(今福建南平)

艺术成就 • 画人物,间作山水、花鸟。卖画为生,居扬州,为"扬州八怪"之一。

以"度中心性"方式统计,有明确记载、在绘画方面直接师承师黄慎的弟子与后学共计24人,在数据库29843位画家中排名第54位。

若以时间维度为依据,清代19人,近代5人。

若以空间维度为依据,黄慎的后学们来自7个省市:福建9人、江苏5人、浙江5人、四川2人、上海1人、广东1人、江西1人。

</ 421 >

直接师承师法黄慎的后学画家地理分布图

● 苏州2人
● 常州1人
● 盐城1人
● 扬州1人

● 上海1人

● 四川2人

● 杭州1人
● 绍兴1人
● 金华1人
● 嘉兴1人
● 湖州1人

● 南昌1人

福建南平
● 南平1人
● 三明2人
● 莆田2人
● 漳州1人
● 宁德1人
● 福州1人
● 龙岩1人

● 佛山1人

以"三度影响力"计算，黄慎的影响力值为41.25，在数据库29843位画家中排名第109位。一度后学画家为24人，二度后学画家为25人，三度后学画家为19人。

黄慎后学画家中自身后学超过10人为吴昌硕（后学画家20人）。

"吴昌硕〔清〕……从赵之谦上溯扬州八怪……〔广印人传、海上书画名家年鉴、寒松阁谈艺琐录、清画家诗史、海上墨林、王个簃所作传略〕"

在"扬州八怪"中，黄慎的门生是最多的。通过师承师法数据的对比，"扬州八怪"画家群体中，黄慎的直接后学数量仅位列金农和郑燮之后。

吴尔芬：《黄慎绘画艺术的风格及影响》，《美术界》2013年第4期。

附表：历代直接师承师法黄慎的弟子与后学画家列表

序号	姓名	师承师法关系	时期或朝代
1	罗绚	弟子	
2	王兆祥	后学	
3	李霞	后学	
4	苏六朋	后学	
5	黄恒	后学	
6	陈康	后学	
7	李志礼	后学	
8	汪铸	后学	
9	程登衢	后学	
10	吴昌硕	后学	清
11	李灿	后学	
12	郭梁	后学	
13	游光传	后学	
14	徐涵	后学	
15	徐显伦	后学	
16	张肇金	后学	
17	林云章	后学	
18	林丰年	后学	
19	邵玺	后学	
20	唐兆澜	后学	
21	王琦	后学	
22	黄炳麟	后学	近代
23	杨仲波	后学	
24	吴茀之	后学	

</吴历>

No. 054

生卒年 · 1632—1718年
朝代 · 清代
字号 · 字渔山,号墨井道人、桃溪居士
籍贯 · 江苏常熟(今江苏苏州常熟)
艺术成就 · 与王翚同为王时敏、王鉴弟子,清代有"四王吴恽"六大家之称。

以"度中心性"方式统计,有明确记载、在绘画方面直接师承师吴历的弟子与后学共计24人,在数据库29843位画家中排名第54。

若以时间维度为依据,清代23人,近代1人。

若以空间维度为依据,吴历的后学们来自5个省市,分布如下:江苏13人、上海5人、浙江3人、四川2人、湖南1人。

直接师承师法吴历的后学画家地理分布图

苏州常熟
苏州11人
无锡1人
镇江1人
嘉定2人
其他2人
青浦1人
成都2人
嘉兴3人
湘西1人

以"三度影响力"计算，吴历的影响力值为24，在数据库29843位画家中排名第144位。一度后学画家为24人，二度后学画家为2人，三度后学画家为0人。

吴历后学画家中仅有2位拥有自身后学，分别为顾沄（后学画家1人）、吕万（后学画家1人）。

"顾沄〔清〕……其画汇四王、吴、恽诸家之长……〔海上墨林、清画家诗史〕"
"吕万〔清〕……归宗于吴历……〔美术年鉴〕"

吴历的绘画创作也经历了不同的阶段，与其思想变化有由儒而佛而天主教有一定关系。吴历在画史上与"四王"和恽寿平并列，但他晚年由于要修道、学习拉丁文和管理多处教堂，画作数量大幅减少。● 或许这也是从师承师法角度看，吴历的各方面数据与"四王"、恽寿平的差距非常大的原因之一。

● 杨新：《但有岁寒心两三竿也足——吴历的人生于艺术》，《故宫博物院院刊》2002年第2期。

附表:
历代直接师承师法吴历的弟子与后学画家列表

序号	姓名	师承师法关系	时期或朝代
1	圣予	弟子	
2	王者佐	弟子	
3	金造士	弟子	
4	陆道淮	弟子	
5	谈廷芳	后学	
6	吴涛	后学	
7	顾沄	后学	
8	吉潮	后学	
9	张世准	后学	
10	本曜	后学	
11	王有仁	后学	
12	王恩隆	后学	清
13	王庆芝	后学	
14	范玑	后学	
15	程丕绩	后学	
16	戴公望	后学	
17	彭望谦	后学	
18	金容	后学	
19	徐大榘	后学	
20	徐锜	后学	
21	陈式金	后学	
22	廖纶	后学	
23	张涣文	后学	
24	吕万	后学	近代

</蒋廷锡>

No. 059

生卒年・1669—1732年
朝代・清代
字号・字扬孙,一字酉君,号西谷,一号南沙,又号青桐居士
籍贯・江苏常熟（今江苏苏州常熟）
艺术成就・其画大多为宫廷秘玩,绝少流落民间,故流传真迹甚少。"蒋派"花鸟画之开拓者。

以"度中心性"方式统计,有明确记载、在绘画方面直接师承师法蒋廷锡的弟子与后学共计23人,在数据库29843位画家中排名第59位。
若以时间维度为依据,清代22人,近代1人。

若以空间维度为依据,蒋廷锡的后学们来自7个省市,分布如下：浙江9人、江苏7人、上海3人、四川1人、广东1人、广西1人、湖南1人。

直接师承师法蒋廷锡的后学画家地理分布图

苏州常熟
苏州6人
泰州1人

松江2人
嘉定1人

德阳1人

嘉兴3人
杭州2人
温州2人
金华1人
其他1人

常德1人

桂林1人   广州1人

以"三度影响力"计算,蒋廷锡的影响力值为69,在数据库29843位画家中排名第77位。一度后学画家为23人,二度后学画家为23人,三度后学画家为138人。

蒋廷锡后学画家中自身后学超过10人的为李鱓(后学画家18人)。

"李鱓〔清〕……花鸟为蒋廷锡弟子……〔郑板桥集、墨林今话、桐阴论画、国(清)朝画征录、清画家诗史、李鱓生年考〕"

蒋廷锡绘画的影响很大,追随者众多。从师承师法数据中发现,追随者中包括其相当数量的子孙后代画家,如儿子蒋溥、女儿蒋淑、玄孙蒋培年等。

林姝:《康雍两朝的名臣蒋廷锡——兼论蒋廷锡非宫廷画家》,《美术观察》2000年第10期。

附表：历代直接师承师法蒋廷锡的弟子与后学画家列表

序号	姓名	师承师法关系	时期或朝代
1	蒋溥	弟子	
2	余省	弟子	
3	蒋淑	弟子	
4	曹琇	弟子	
5	邹元斗	弟子	
6	郑元斗	弟子	
7	李鱓	弟子	
8	蒋培年	后学	
9	沈相猷	后学	
10	钱元昌	后学	
11	张光	后学	清
12	张式玲	后学	
13	马元熙	后学	
14	蒋培年	后学	
15	洪锡畴	后学	
16	谢元麒	后学	
17	钟肇立	后学	
18	姚丙然	后学	
19	徐郙	后学	
20	周世彝	后学	
21	陆惠	后学	
22	许应锵	后学	
23	吴莃之	后学	近代

</任颐>

No. 059

生卒年・1840—1895年
朝代・清代
字号・字伯年，号小楼
籍贯・山阴（今浙江绍兴）

艺术成就・擅人物，尤精肖像画，流寓上海，为清末海派画坛巨匠，名重大江南北。任颐有很高的绘画天赋，人物、花鸟、走兽无一不精，绘画风格脱胎于陈洪绶，但尽失陈洪绶的生拙古硬精神与趣味，变为流丽洒脱，曾一度深得市民商贾等的喜爱及受到市场的追捧。

以"度中心性"方式统计，有明确记载、在绘画方面直接师承师任颐的弟子与后学共计23人，在数据库29843位画家中排名第59位。

若以时间维度为依据，清代19人，近代4人。

若以空间维度为依据，任颐的后学们来自7个省市，除未有详细出生地、籍贯信息的画家1人外，其余分布如下：浙江12人、上海4人、江苏2人、四川1人、江西1人、河北1人、福建1人。

直接师承师法任颐的后学画家地理分布图

- 衡水1人
- 扬州1人
- 无锡1人
- 其他3人
- 宝山1人
- 四川1人
- 浙江绍兴
- 绍兴5人
- 湖州3人
- 宁波2人
- 杭州1人
- 嘉兴1人
- 宜春1人
- 漳州1人

以"三度影响力"计算，任颐的影响力值为41.25，在数据库29843位画家中排名第108位。一度后学画家为23人，二度后学画家为27人，三度后学画家为19人。

任颐后学画家中自身后学超过10人的为吴昌硕（后学画家20人）。

"吴昌硕〔清〕……问道于任颐……〔周振宇，《中国画名家大典》，人民日报出版社〕"

任颐是清末由浙江山阴到上海卖画的一位职业画家，也是自上海开埠以来杰出的画家之一。就目前的师承师法数据而言，在清末画家中，任颐的"度中心性"和"三度影响力"已是名列前茅，由于他所处年代距今的时间跨度有限，学习任颐的画家绝非仅这23位。随着任颐后学画家被逐渐收录入籍，任颐的影响力会逐渐接近真实准确的数值。

● 不详1人

附表:
历代直接师承师法任颐的弟子与后学画家列表

序号	姓名	师承师法关系	时期或朝代
1	任霞	弟子	
2	段书雁	弟子	
3	李达	弟子	
4	李增禧	弟子	
5	罗文子	弟子	
6	任预	弟子	
7	张振锽	弟子	
8	郦馥	弟子	
9	俞礼	弟子	
10	倪田	后学	清
11	何煜	后学	
12	李芳园	后学	
13	朱念祖	后学	
14	吴昌硕	后学	
15	王云	后学	
16	胡振	后学	
17	俞明	后学	
18	徐祥	后学	
19	陆伯龙	后学	
20	张聿光	后学	
21	谢之光	后学	近代
22	周铁衡	后学	
23	林嘉	后学	

</扬无咎>

No. 061

生卒年・1097—1169年
朝代・宋代
字号・字补之，号逃禅老人，又号清夷长者
籍贯・清江（今江西宜春樟树）
艺术成就・擅书画，尤擅巨幅，别具"野逸"格调，创立了墨梅新派，推动了文人水墨画的新发展。

以"度中心性"方式统计，有明确记载、在绘画方面直接师承师法扬无咎的弟子与后学共计22人，在数据库29843位画家中排名第61位。

若以时间维度为依据，宋代5人，元代3人，明代3人，清代11人。

若以空间维度为依据，扬无咎的后学们来自5个省市，除未有详细出生地、籍贯信息的画家1人外，其余分布如下：江苏8人、浙江7人、江西4人、安徽1人、福建1人。

直接师承师法扬无咎的后学画家地理分布图

苏州4人
南京2人
常州1人
南通1人

巢湖1人

江西宜春
宜春1人
其他2人
南昌1人

嘉兴3人
绍兴2人
丽水1人
诸暨1人

福州1人

直接师承师法扬无咎的后学画家地理分布图

以"三度影响力"计算，扬无咎的影响力值为63.25，在数据库29843位画家中排名第80位。一度后学画家为22人，二度后学画家为49人，三度后学画家为67人。

扬无咎后学画家中自身后学超过10人的为王冕（后学画家25人）、赵孟坚（后学画家18人）。

"王冕〔元〕……工画墨梅，学扬无咎……〔沈柔坚，《中国美术辞典》，上海辞书出版社〕"

"赵孟坚〔宋〕……得扬、汤之妙……〔嘉兴县志、图绘宝鉴、画史会要、铁网珊瑚、珊瑚网、严氏书画记、容台集、宋诗纪事〕"

扬无咎为宋室南渡时期的画梅名家，宋徽宗称其所画梅为"村梅"。从师承师法数据看，扬无咎的"度中心性"稍低于其后学王冕，但"三度影响力"又稍高于王冕。在历代专以画梅的画家中，二人的数据列在前2位。

● 不详1人

附表：历代直接师承师法扬无咎的弟子与后学画家列表

序号	姓名	师承师法关系	时期或朝代
1	徐禹功	弟子	宋
2	扬季衡	弟子	
3	汤正仲	后学	
4	刘梦良	后学	
5	赵孟坚	后学	
6	吴瓘	后学	元
7	王冕	后学	
8	童仁济	后学	
9	钦义	后学	明
10	金琮	后学	
11	林宏显	后学	
12	童钰	后学	清
13	杨欲仁	后学	
14	陈桂金	后学	
15	朱焕	后学	
16	谢鹏	后学	
17	因成	后学	
18	顾纯	后学	
19	胡大年	后学	
20	管涛	后学	
21	徐达源	后学	
22	许徹	后学	

</王宸>

No. 061

生卒年・1720—1797年
朝代・清代
字号・字子凝,一字紫凝,一作子冰,号蓬心,一作蓬薪,又号蓬樵,晚署老蓬仙、蓬樵老、潇湘翁、柳东居士、莲柳居士,自称蒙叟、玉虎山樵、退官衲子
籍贯・江苏太仓(今江苏苏州太仓)
艺术成就・王原祁曾孙。山水承家学,以"元四家"为宗,仿王绂尤得神髓。

以"度中心性"方式统计,有明确记载、在绘画方面直接师承师法王宸的弟子与后学共计22人,在数据库29843位画家中排名第61位。

若以时间维度为依据,清代21人,近代1人。

若以空间维度为依据,王宸的后学们来自9个省市,除未有详细出生地、籍贯信息的画家6人外,其余分布如下:江苏6人、河北2人、湖南2人、四川1人、天津1人、安徽1人、广东1人、江西1人、浙江1人。

直接师承师法王宸的后学画家地理分布图

● 天津1人
● 保定1人
● 沧州1人

江苏苏州太仓
● 苏州4人
● 镇江1人
● 其他1人

● 安徽1人

● 成都1人　　　　　　　　　　　　　　　　● 浙江1人

● 江西1人

● 湖南2人

● 佛山1人

以"三度影响力"计算，王宸的影响力值为28.5，在数据库29843位画家中排名第134位。一度后学画家为22人，二度后学画家为13人，三度后学画家为0人。

王宸后学画家中自身拥有后学的包括弟子张赐宁（后学画家6人）、王溥（后学画家3人）、潘恭寿（后学画家2人）等。

"张赐宁〔清〕……王宸授以六法……〔墨林今话、艺舟双楫、扬州画苑录、墨香居画识、桐阴论画、清画家诗史〕"
"王溥〔清〕……从其叔王宸游……〔清朝书画家笔录、墨林今话、益州书画录〕"
"潘恭寿〔清〕……山水得王文治、王宸指授……〔周振宇，《中国画名家大典》，人民日报出版社〕"

王宸与王玖、王愫、王昱合称"小四王"，从师承师法角度看，无论是"度中心性"还是"三度影响力，"王宸都是4人中数值最高的。

附表：

历代直接师承师法王宸的弟子与后学画家列表

序号	姓名	师承师法关系	时期或朝代
1	王溥	弟子	
2	王子若	弟子	
3	王仲纯	弟子	
4	王映山	弟子	
5	王麟孙	弟子	
6	张赐宁	弟子	
7	潘恭寿	弟子	
8	沈瀚	弟子	
9	金束彡	弟子	
10	姚钟德	弟子	
11	胡雪渔	后学	清
12	李学莲	后学	
13	余香甫	后学	
14	万冈	后学	
15	朱景云	后学	
16	陈靖	后学	
17	胡雪渔	后学	
18	曾学承	后学	
19	招子庸	后学	
20	杨翰	后学	
21	赵鹤琴	后学	
22	葛子斐	后学	近代

</李思训>

No. 063

生卒年・651—716年
朝代・唐代
字号・字建
籍贯・陇西狄道（甘肃定西临洮）

艺术成就・曾任武卫大将军，世称"大李将军"。画山水树石，用金碧辉映为一家法，对后世山水画的发展产生了巨大而深远的影响。董其昌等人提出绘画上的南北宗论，将他列为"北宗"之祖。

以"度中心性"方式统计，有明确记载、在绘画方面直接师承师法李思训的弟子与后学共计21人，在数据库29843位画家中排名第61位。

若以时间维度为依据，唐代3人，五代3人，宋代6人，元代2人，清代7人。

若以空间维度为依据，李思训的后学们来自10个省市，除未有详细出生地、籍贯信息的画家4人外，其余分布如下：浙江4人、江西3人、重庆2人、山西2人、河南2人、上海1人、四川1人、安徽1人、江苏1人、贵州1人。

直接师承师法李思训的后学画家地理分布图

● 太原1人
● 运城1人

甘肃定西临洮

● 江苏1人

● 洛阳1人
● 焦作1人

● 上海1人

● 安徽1人

● 四川1人   ● 重庆2人   ● 杭州1人
                                         ● 湖州1人
                                         ● 嘉兴1人

                        ● 南昌1人
                        ● 吉安1人
                        ● 宜春1人

            ● 贵州1人

以"三度影响力"计算,李思训的影响力值为1062.25,在数据库29843位画家中排名第9位。一度后学画家为21人,二度后学画家为412人,三度后学画家为3337人。

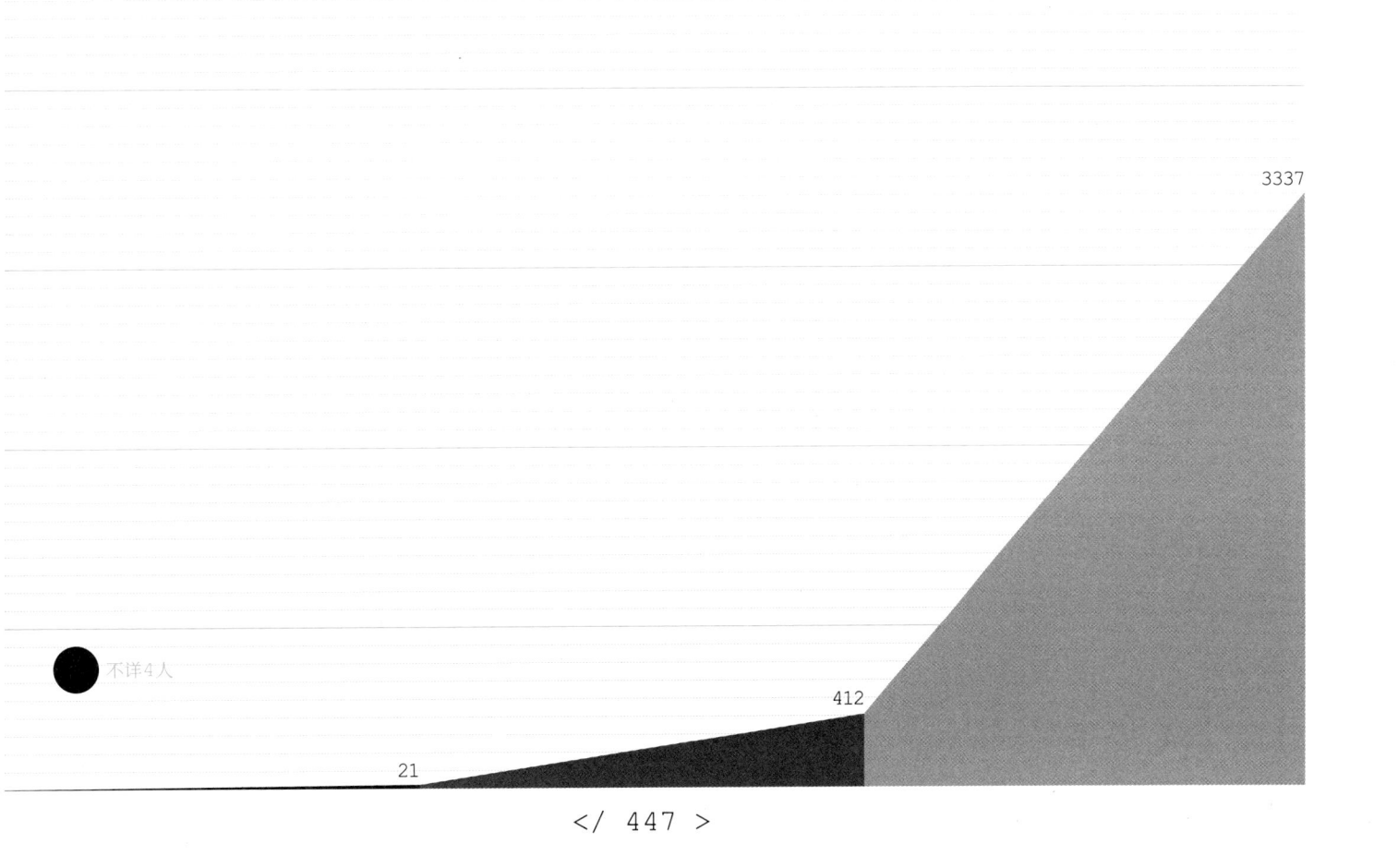

● 不详4人

李思训后学画家中自身后学超过10人的为董源（后学画家192人）、赵孟頫（后学画家78人）、李公麟（后学画家66人）、李唐（后学画家31人）、赵伯驹（后学画家28人）。

"董源〔五代〕……着色如李思训……〔沈柔坚，《中国美术辞典》，上海辞书出版社〕"

"李公麟〔宋〕……山水似李思训……〔宋史本传、画品、画鉴、画系、画史、画继、宣和画谱、广川画跋、避署录话、桯史、妮古录、寓意编、山谷集、东坡集、洞天清禄、画禅室随笔〕"

"赵孟頫〔元〕……步武李思训……〔元史本传、杨载撰翰林学士赵公状、湖州府志、书史会要、辍耕录、真迹日录、艺苑卮言、澹圆画品、容台集、主齐集、白云遗稿、六砚斋三笔、云烟过眼录、严氏书画记、潜溪集、困学斋集、书学传授、广印人传〕"

"李唐〔宋〕……山水初学李思训……〔画继、图绘宝鉴、画鉴、清河书画舫、广川画跋、澹圆画品、云烟过眼录、格古要论〕"

"赵伯驹〔宋〕……继承发扬衰微已久之唐代李思训父子青绿山水画……〔周振宇，《中国画名家大典》，人民日报出版社〕"

在中国画史中，李思训是一位非常重要的山水画家，朱景玄称其为"国朝山水第一"，《宣和画谱》将其列为"山水门"第一人，董其昌亦将其奉为画学北宗之祖。从师承师法角度看，直接师法李思训的历代后学画家人数与其声誉似乎并不相符。特别到明清时期其后学画家更是屈指可数。但李思训"为数不多"的后学中有董源、李公麟、赵孟頫、李唐、赵伯驹等高质量画家，直接导致其"三度影响力"上升至历史第9。

附表：
历代直接师承师法李思训的弟子与后学画家列表

序号	姓名	师承师法关系	时期或朝代
1	畅銎	后学	唐
2	王熊	后学	
3	李林甫	后学	
4	董源	后学	五代
5	郭忠恕	后学	
6	李升	后学	
7	李公麟	后学	宋
8	李唐	后学	
9	赵伯驹	后学	
10	王诜	后学	
11	司马光	后学	
12	周纯	后学	
13	赵孟頫	后学	元
14	陈汝秩	后学	
15	曹元植	后学	清
16	沈福泰	后学	
17	傅衡	后学	
18	刘度	后学	
19	饶其寅	后学	
20	潘冰蟾	后学	
21	王国栋	后学	

</钱载>

No. 063

生卒年 · 1708—1793年
朝代 · 清代
字号 · 字坤一,号箨石,又号匏尊,晚号万松居士、百福老人
籍贯 · 秀水（今浙江嘉兴）
艺术成就 · 画作设色花卉,尤擅兰石,晚年退官卖画。

以"度中心性"方式统计,有明确记载、在绘画方面直接师承师法钱载的弟子与后学共计21人,在数据库29843位画家中排名第64位。
若以时间维度为依据,清代21人。

若以空间维度为依据,钱载的后学们来自8个省市,除未有详细出生地、籍贯信息的画家1人外,其余分布如下:浙江11人、江苏2人、广东2人、上海1人、云南1人、江西1人、福建1人、重庆1人。

直接师承师法钱载的后学画家地理分布图

江苏2人

上海1人

浙江嘉兴
嘉兴10人
杭州1人

重庆1人

江西1人

福建1人

云南1人

广东2人

以"三度影响力"计算，钱载的影响力值为23.5，在数据库29843位画家中排名第147位。一度后学画家为21人，二度后学画家为5人，三度后学画家为0人。

钱载后学画家中自身拥有后学的均为其家族成员，包括其孙钱昌言（后学画家2人）、钱善扬（后学画家1人）及其曾孙钱聚朝（后学画家2人）。

"钱昌言〔清〕……载孙，画承家学……〔墨林今话、桐阴论画、清朝书画家笔录、益州书画录〕"

"钱善扬〔清〕……载孙，画竹石花卉渊源家学……〔清画家诗史、秀水县志、广印人传、墨香居画识、墨林今话、虞山画志〕"

"钱聚朝〔清〕……写花卉，善绳祖武……〔小蓬莱阁画鉴、墨林今话、艺林年鉴、清代画家生卒表〕"

钱载是女画家陈书曾孙,年轻时跟随陈书学习画法。江西人曾燠推钱载为三十年画手第一人,排在罗聘、潘恭寿之前。可见赏者虽少,也还是有知音人。[*] 从师承师法数据看,其"三度影响力"呈现逐级收敛的趋势。

---

[*] 潘中华:《钱载其人其画》,《南京艺术学院学报(美术与设计版)》2008年第2期。

附表：历代直接师承师法钱载的弟子与后学画家列表

序号	姓名	师承师法关系	时期或朝代
1	程坎孚	弟子	
2	钱昌龄	弟子	
3	钱善章	弟子	
4	钱昌言	弟子	
5	钱善扬	弟子	
6	钱与龄	弟子	
7	钱聚朝	后学	
8	潘佩芳	后学	
9	沈念椿	后学	
10	王懋中	后学	
11	杨焜	后学	清
12	叶应祺	后学	
13	钱青	后学	
14	钱庆恩	后学	
15	王润	后学	
16	李秉绶	后学	
17	吕翔	后学	
18	胡振翼	后学	
19	徐允临	后学	
20	徐煌	后学	
21	张问渠	后学	

</改琦>

No. 063

生卒年・1773—1828年
朝代・清代
字号・字伯蕴,号香白,又号七,别号玉壶外史
籍贯・松江(今上海松江)
艺术成就・善画人物,兼工山水、花卉。尝绘《红楼梦图咏》四十八幅,所作木刻流传广泛。

以"度中心性"方式统计,有明确记载、在绘画方面直接师承师法改琦的弟子与后学共计21人,在数据库29843位画家中排名第63位。
若以时间维度为依据,清代20人,近代1人。

若以空间维度为依据,改琦的后学们来自5个省市,除未有详细出生地、籍贯信息的画家2人外,其余分布如下:江苏8人、浙江6人、上海3人、广东1人、江西1人。

直接师承师法改琦的后学画家地理分布图

苏州8人

上海松江
松江3人

嘉兴3人
绍兴2人
丽水1人

上饶1人

广州1人

以"三度影响力"计算，改琦的影响力值为22.25，在数据库29843位画家中排名第151位。一度后学画家为21人，二度后学画家为2人，三度后学画家为1人。

改琦后学画家中自身拥有后学的分别为赵林（后学画家3人）、吴嘉猷（后学画家1人）、潘大临（后学画家1人）。

"赵林〔清〕……画人物坚凝之处如改琦……〔画录识余〕"
"吴嘉猷〔清〕……吸取钱杜、改琦、任熊等人技法……〔周振宇，《中国画名家大典》，人民日报出版社〕"
"潘大临〔清〕……善画仕女，学改琦……〔艺林悼友录〕"

作为以擅长仕女画的回族画家，改琦在清代中后期的画坛享有盛誉。改琦的代表作为《红楼梦图咏》，与曹雪芹人物气韵最为贴近，后世画家大多以其作品为原型而绘制，影响颇为深远。从师承师法角度而言，作为清中期的人物画家，改琦的弟子、后学人数不少，但质量不高，导致其"三度影响力"偏弱。

● 不详2人

附表:
历代直接师承师法改琦的弟子与后学画家列表

序号	姓名	师承师法关系	时期或朝代
1	改篯	弟子	
2	钱璞	弟子	
3	沈嘉珍	弟子	
4	汪镛	弟子	
5	郭桐	弟子	
6	张钧	弟子	
7	潘大临	后学	
8	汪晓棠	后学	
9	顾隽	后学	
10	范尔麟	后学	清
11	吴嘉猷	后学	
12	包栋	后学	
13	陈维湘	后学	
14	顾春福	后学	
15	管平	后学	
16	赵林	后学	
17	金之骏	后学	
18	金容	后学	
19	徐南	后学	
20	陈大龄	后学	
21	潘志云	后学	近代

</费丹旭>

No. 063

生卒年 · 1801—1850年
朝代 · 清代
字号 · 字子苕，号晓楼，晚号偶翁，又号环渚生
籍贯 · 乌程（今浙江湖州）
艺术成就 · 善画人物，兼工山水、花卉。曾为丁敬、金农、厉鹗等人画肖像，卖画于江浙沪一带。

以"度中心性"方式统计，有明确记载、在绘画方面直接师承师法费丹旭的弟子与后学共计21人，在数据库29843位画家中排名第62。
若以时间维度为依据，清代19人、近代2人。

若以空间维度为依据，费丹旭的后学们来自3个省市，除未有详细出生地、籍贯信息的画家1人外，其余分布如下：浙江16人、江苏3人、江西1人。

直接师承师法费丹旭的后学画家地理分布图

苏州3人

婺源1人

浙江湖州
嘉兴8人
绍兴4人
杭州3人
丽水1人

以"三度影响力"计算，费丹旭的影响力值为21.5，在数据库29843位画家中排名第152位。一度后学画家为21人，二度后学画家为1人，三度后学画家为0人。

费丹旭后学画家中自身拥有后学的仅有王缘（后学画家1人）一人。

"王缘〔清〕……工人物，似费丹旭……〔门越中历代画人传、姜丹书稿〕"

清朝高崇瑞的《松下清斋集》曾说："是极天下名山胜水，奇花异鸟，惟美人可以兼之。"从这句话中可以看出清朝仕女画的地位。清代嘉庆、道光时期，以改琦和费丹旭为代表的一批杰出仕女画家崛起，"改费"仕女画展现的正是晚清士人审美时尚。费丹旭与改琦齐名，从师承师法数据上，二人的"度中心性""三度影响力"数值也几乎一致，影响力相当。

● 不详1人

附表：
历代直接师承师法费丹旭的弟子与后学画家列表

序号	姓名	师承师法关系	时期或朝代
1	汪遹孙	弟子	
2	周积垣	弟子	
3	张洪九	弟子	
4	王缘	后学	
5	唐培华	后学	
6	沈锦	后学	
7	王芑	后学	
8	李壬安	后学	
9	汪晓棠	后学	
10	胡术	后学	清
11	潘振镛	后学	
12	包栋	后学	
13	蒋升旭	后学	
14	王云	后学	
15	项凤书	后学	
16	金容	后学	
17	徐南	后学	
18	陈士侃	后学	
19	盛坤	后学	
20	潘志云	后学	近代
21	陈小翠	后学	

</盛懋>

No. 067

生卒年・不详
朝代・元代
字号・字子昭
籍贯・嘉兴（今浙江嘉兴）
艺术成就・民间画工，山水、人物、花鸟俱精。

以"度中心性"方式统计，有明确记载、在绘画方面直接师承师法盛懋的弟子与后学共计20人，在数据库29843位画家中排名第67位。

若以时间维度为依据，元代1人，明代17人，清代2人。

若以空间维度为依据，盛懋的后学们来自3个省市，除未有详细出生地、籍贯信息的画家1人外，其余分布如下：江苏9人、浙江9人、上海1人。

直接师承师法盛懋的后学画家地理分布图

苏州9人

● 上海1人

浙江嘉兴
嘉兴5人
● 杭州2人
● 湖州1人
● 温州1人

以"三度影响力"计算，盛懋的影响力值为43.25，在数据库29843位画家中排名第105位。一度后学画家为20人，二度后学画家为7人，三度后学画家为79人。

盛懋后学画家中自身拥有后学的分别为周臣（后学画家4人）、陈公辅（后学画家2人）、陈暹（后学画家1人）、石锐（后学画家1人）等。

"周臣〔明〕……初学盛懋……〔李峰、汤钰林，《苏州历代人物大辞典》，上海辞书出版社〕"
"陈公辅〔明〕……画山水宗盛子昭（懋）……〔皇明书画史〕"
"陈暹〔明〕……山水宗盛懋……〔沈柔坚，《中国美术辞典》，上海辞书出版社〕"
"石锐〔明〕……画得盛懋法……〔图绘宝鉴续纂、杭州府志、无声诗史、明画录、四友斋丛说〕"

明代董其昌《容台集》有载："吴仲圭本与盛子昭比门而居，四方以金帛求子昭画者甚重。仲圭曰：'二十年后不复尔。'果如其言。"• 历代画论中，盛懋是作为与吴镇或其他文人画家的对比而存在的。从师承师法角度看，无论是"度中心性"还是"三度影响力"，盛懋与吴镇的数据相去甚远，影响广度与深度有限，其弟子、后学画家基本来自江浙地区，且集中于明代。

• 李介一：《盛懋研究》，中国美术学院博士学位论文。

● 不详1人

附表：历代直接师承师法盛懋的弟子与后学画家列表

序号	姓名	师承师法关系	时期或朝代
1	盛氏	弟子	元
2	陈遑	后学	
3	王继宗	后学	
4	祈守靖	后学	
5	吴子陵	后学	
6	顾文叙	后学	
7	顾叔润	后学	
8	周臣	后学	
9	陈公辅	后学	
10	石锐	后学	明
11	苏复	后学	
12	朱端	后学	
13	沈观	后学	
14	王立本	后学	
15	郭纯	后学	
16	许舟	后学	
17	张彦材	后学	
18	盛叔大	后学	
19	王守畊	后学	清
20	屠崖	后学	

</周昉>

No. 067

生卒年 · 不详
朝代 · 唐代
字号 · 字仲朗,历代名画记作景玄
籍贯 · 长安(今陕西西安)
艺术成就 · 善画道释、人物、仕女。

以"度中心性"方式统计,有明确记载、在绘画方面直接师承师法周昉的弟子与后学共计20人,在数据库29843位画家中排名第67位。

若以时间维度为依据,唐代7人,五代5人,宋代4人,元代1人,明代2人,清代1人。

若以空间维度为依据,周昉的后学们来自7个省市,除未有详细出生地、籍贯信息的画家8人外,其余分布如下:江苏3人、山西2人、河北2人、河南2人、四川1人、安徽1人、福建1人。

直接师承师法周昉的后学画家地理分布图

● 衡水2人

● 太原1人
● 永济1人

陕西西安

● 周口1人　　　　　　　● 常州1人
● 开封1人　　　　　　　● 徐州1人
　　　　　　　　　　　　● 镇江1人

● 黄山1人

● 四川1人

● 福建1人

以"三度影响力"计算，周昉的影响力值为37.25，在数据库29843位画家中排名第117位。一度后学画家为20人，二度后学画家为14人，三度后学画家为41人。

周昉后学画家中自身拥有后学的分别为苏汉臣（后学画家5人）、周文矩（后学画家4人）、万寿祺（后学画家2人）、高云（后学画家1人）、杜霄（后学画家1人）、王士元（后学画家1人）等。

"苏汉臣〔宋〕……师法刘宗古、张萱、周昉、杜霄、周文矩……〔周振宇，《中国画名家大典》，人民日报出版社〕"
"周文矩〔五代〕……画风近唐代周昉……〔沈柔坚，《中国美术辞典》，上海辞书出版社〕"
"万寿祺〔清〕……善画仕女，楷模周昉……〔邹之麟撰万年少传、今世说、无声诗史、国〔清〕朝画征录、桐阴论画、江西通志、广印人传、清画家诗史〕"
"高云〔唐〕……师周昉……〔唐朝名画录〕"
"杜霄〔五代〕……得周昉之旨……〔图画见闻志、宣和画谱〕"
"王士元〔宋〕……人物师周昉……〔宣和画谱、圣〔宋〕朝名画评、图画见闻志、五代名画补遗〕"

周昉的画作大多是对宫廷贵族女性的描绘。周昉的人物画在唐代中晚期固然有较大的影响，但影响深度与广度与唐代吴道子相比要小很多。从师承师法角度看，周昉的弟子后学集中在唐、五代，宋代亦有少量，明、清时期的后学人数相对较少。当然这也与唐代人物画，除石窟壁画外，大部分纸本、绢本均为清内府所秘也有一定的关系。

* 樊波：《周昉人物画"法度"特征及其内涵辨证》，《美术观察》2006年第2期。
** 谢稚柳：《唐周昉簪花仕女图的商榷》，《文物》1958年第6期。

附表：
历代直接师承师法周昉的弟子与后学画家列表

序号	姓名	师承师法关系	时期或朝代
1	高云	弟子	唐
2	王朏	弟子	
3	赵博文	弟子	
4	卫宪	后学	
5	郑寓	后学	
6	李贞	后学	
7	赵博宣	后学	
8	杜霄	后学	
9	燕筠	后学	
10	周文矩	后学	五代
11	竹梦松	后学	宋
12	王道求	后学	
13	王居正	后学	
14	苏汉臣	后学	
15	王士元	后学	
16	牟益	后学	
17	周朗	后学	元
18	万寿祺	后学	明
19	黄石符	后学	
20	方乾	后学	清

</吴昌硕>

No. 067

生卒年・1844—1927年

朝代・清代

字号・原名俊,后名俊卿,字昌硕,又字仓石,别号缶庐、苦铁,又署破荷、老缶、大聋

籍贯・浙江安吉(今浙江湖州安吉)

艺术成就・精研金石,擅摹石鼓文,兼有书、诗、画、印四绝。熔金石书画于一炉,其艺术风貌在我国和日本均有较大影响。

以"度中心性"方式统计,有明确记载、在绘画方面直接师承师法吴昌硕的弟子与后学共计20人,在数据库29843位画家中排名第67位。

若以时间维度为依据,清代11人,近代9人。

若以空间维度为依据,吴昌硕的后学们来自8个省市,除未有详细出生地、籍贯信息的画家2人外,其余分布如下:浙江9人、江苏3人、上海1人、四川1人、山东1人、江西1人、河北1人、湖南1人。

直接师承师法吴昌硕的后学画家地理分布图

● 衡水1人

● 烟台1人

● 苏州1人
● 扬州1人
● 宿迁1人

● 松江1人

浙江湖州安吉

● 湖州2人
● 杭州2人
● 金华1人
● 嘉兴1人
● 绍兴1人
● 宁波1人
● 其他1人

● 德阳1人

● 九江1人

● 湘潭1人

以"三度影响力"计算，吴昌硕的影响力值为30.25，在数据库29843位画家中排名第128位。一度后学画家为20人，二度后学画家为19人，三度后学画家为3人。

吴昌硕后学画家中自身拥有后学的分别为齐白石（后学画家7人）、王震（后学画家7人）、陈衡恪（后学画家5人）、吴澂（后学画家1人）等。

"齐璜〔清〕……写意花鸟以徐渭、八大、石涛为宗，兼及金农、吴昌硕……〔中国画、姜丹书稿、榆园画志〕"
"王震〔清〕……与吴昌硕相近……〔海上书画名家年鉴、枫园画友录〕"
"陈衡恪〔清〕……花卉，参以吴昌硕……〔俞剑华，《中国美术家人名辞典》，上海人民美术出版社〕"
"吴澂〔清〕……花卉师吴俊卿早年笔墨……〔海上书画名家年谱、广印人传〕"

吴昌硕被后人归为近现代百余年来的传统派大师，其影响超过近代任何一位画家。齐白石、陈师曾、黄宾虹、潘天寿、王个簃、吕凤子、朱屺瞻、来楚生、钱瘦铁、李苦禅、吴茀之、诸乐三、王一亭等诸位重要画家，莫不从他那里受到启示。从师承师法数据而言，吴昌硕大部分弟子与后学所活动的时间范围距今近，并未收录进数据库，导致其后学数据并不完整。相信随着时间的推移以及更多近代画家信息的完整补充，吴昌硕在"度中心性"上的数值将会大幅提升。

* 郎绍君：《近现代的传统派大师——论吴昌硕、齐白石、黄宾虹、潘天寿》，《新美术》1989年第3期。

● 不详2人

附表：历代直接师承师法吴昌硕的弟子与后学画家列表

序号	姓名	师承师法关系	时期或朝代
1	费砚	弟子	清
2	李祯	弟子	
3	方镐	弟子	
4	赵云壑	弟子	
5	吴东迈	弟子	近代
6	王震	后学	清
7	吴澂	后学	
8	陈衡恪	后学	
9	王铸九	后学	
10	陶晖	后学	
11	张龄	后学	
12	武曾保	后学	
13	齐璜	后学	近代
14	潘天寿	后学	
15	来楚生	后学	
16	王友石	后学	
17	吴茀之	后学	
18	刘葵中	后学	
19	周铁衡	后学	
20	林鹏	后学	

</朱耷>

No. 070

生卒年・1626—1705年

朝代・清代

字号・本名朱由桵，字雪个，又字个山、道朗、个山驴、朗月、传綮、破云樵者、人屋、驴屋和因是僧、八大山人等

籍贯・江西南昌（今江西南昌）

艺术成就・擅画山水、花鸟、竹木，对清代花鸟画影响极大，与原济、弘仁、髡残合称"清初四僧"。

以"度中心性"方式统计，有明确记载、在绘画方面直接师承师法朱耷的弟子与后学共计19人，在数据库29843位画家中排名第70位。

若以时间维度为依据，清代13人，近代6人。

若以空间维度为依据，朱耷的后学们来自10个省市，除未有详细出生地、籍贯信息的画家1人外，其余分布如下：浙江7人、四川2人、江西2人、福建1人、云南1人、安徽1人、广西1人、河南1人、湖北1人、湖南1人。

直接师承师法朱耷的后学画家地理分布图

● 开封1人

● 安徽1人

● 武汉1人

● 内江1人
● 德阳1人

江西南昌
● 江西2人

● 杭州2人
● 宁波2人
● 绍兴2人
● 金华1人

● 湘潭1人

● 福州1人

● 云南1人

● 桂林1人

以"三度影响力"计算，朱耷的影响力值为52.5，在数据库29843位画家中排名第91位。一度后学画家为19人，二度后学画家为36人，三度后学画家为62人。

朱耷后学画家中自身拥有后学的分别为任颐（后学画家23人）、齐白石（后学画家7人）、万个（后学画家1人）、朱树德（后学画家1人）。

"任颐〔清〕……吸收八大、华喦、朱偁技法……〔周振宇，《中国画名家大典》，人民日报出版社〕"
"齐璜〔清〕……以徐渭、八大、石涛为宗……〔中国画、姜丹书稿、榆园画志〕"
"万个〔清〕……朱耷（八大山人）弟子……〔郑板桥集、榆园画志〕"
"朱树德〔清〕……学石涛、八大……〔桂林名胜图序、粤西先哲书画集序〕"

无论是"度中心性"还是三度影响力，在师承师法数据的角度上，朱耷的后学画家人数在清代画家群体中并不突出。

其原因之一正如瑞典学者喜龙仁在他编著的《中国绘画史》中说："八大山人是中国绘画史上那些最具吸引力的特殊人物之一，这类人物是难以把握和明确地予以分析的，因为他们是被他们本人的怪癖和作品的鲜明特性所组成的令人眼花缭乱的传奇色彩包裹着，历代围绕这类人物编织出来的传说和故事，使他们显得更为扑朔迷离。"• 朱耷作品的个人特色过于鲜明，后学画家们难以直接借鉴。

此外，他出身于明宗室，为避祸，使他亦道亦僧，无正统的社会地位，在师承师法关系上必然受到影响。八大绘画艺术的成就至今有着超越历史局限的影响力，深受国内外艺术界的肯定与重视。其绘画作品的独特魅力被推崇为中国文人画的巅峰。八大的研究于20世纪形成热点，1986年、

• 郎绍君：《近现代的传统派大师——论吴昌硕、齐白石、黄宾虹、潘天寿》，《新美术》1989年第3期。

● 不详1人

1988年，先后两次在南昌召开八大山人学术研讨会，并成立了八大山人研究学会，促使学人对其研究的全面纵深。何平南《八大对二十世纪绘画之影响》一文中，列举了众多20世纪承受八大绘风与精神的重要画家，如齐白石、张大千、丁衍庸、潘天寿、李苦禅、来楚生等。本项目数据库收录画家以清代及之前历代画家为主，相信历经时间的验证与近代画家数据的补充，朱耷的艺术影响力排名会完全体现出来。

附表：
历代直接师承师法朱耷的弟子与后学画家列表

序号	姓名	师承师法关系	时期或朝代
1	万个	弟子	
2	牛石慧	弟子	
3	任颐	后学	
4	朱树德	后学	
5	马颀	后学	
6	蕴端	后学	
7	曹榜	后学	清
8	高邕	后学	
9	黄崇涛	后学	
10	陈度	后学	
11	萧梦馥	后学	
12	彭剑威	后学	
13	赵种青	后学	
14	齐璜	后学	
15	张大千	后学	
16	潘天寿	后学	近代
17	来楚生	后学	
18	吴茀之	后学	
19	谢之光	后学	

</李鱓>

No. 071

生卒年 • 1686—1756
朝代 • 清代
字号 • 字宗扬，号复堂，又有懊道人、木头老子、里善、中洋、中洋氏、墨磨人、苦李、滕薛大夫诸别号
籍贯 • 江苏兴化（今江苏泰州兴化）
艺术成就 • 明代状元宰相李春芳六世孙。曾为宫廷画家数年，后卖画扬州，为"扬州八怪"之一。

以"度中心性"方式统计，有明确记载、在绘画方面直接师承师法李鱓的弟子与后学共计18人，在数据库29843位画家中排名第70位。
若以时间维度为依据，清代15人，近代3人。

若以空间维度为依据，李鱓的后学们来自6个省市，分布如下：浙江9人、江苏4人、江西2人、北京1人、广东1人、福建1人。

直接师承师法李鱓的后学画家地理分布图

- 北京1人
- 江苏泰州兴化
- 泰州2人
- 苏州1人
- 扬州1人
- 嘉兴3人
- 绍兴3人
- 杭州1人
- 湖州1人
- 金华1人
- 九江1人
- 宜春1人
- 龙岩1人
- 中山1人

以"三度影响力"计算，李鱓的影响力值为103.5，在数据库29843位画家中排名第67位。一度后学画家为18人，二度后学画家为115人，三度后学画家为112人。

李鱓后学画家中自身后学超过10人的为华嵒（后学画家73人）、吴昌硕（后学画家20人）、赵之谦（后学画家10人）。

"华嵒〔清〕……近受陈洪绶、石涛、金农、高翔、李鱓、郑燮等影响……〔周振宇，《中国画名家大典》，人民日报出版社〕"

"吴昌硕〔清〕……上溯扬州八怪，运以金石书法入画……〔广印人传、海上书画名家年鉴、寒松阁谈艺琐录、清画家诗史、海上墨林、王个簃所作传略〕"

"赵之谦〔清〕……水墨交融，能合徐渭、石涛、李鱓……〔寒松阁谈艺琐录、清朝书画家笔录、近代六十名家画传、罗雅堂诗话、清画家诗史、榆园画志〕"

在"扬州八怪"中，李鱓是一个具有特殊经历的人物。他曾是宫廷画家，但画风"纵横驰骋，不拘绳墨"，发展了大写意花鸟画。从师承师法角度看，李鱓的"度中心性"和"三度影响力"均居"扬州八怪"众画家的中游。

附表：历代直接师承师法李鱓的弟子与后学画家列表

序号	姓名	师承师法关系	时期或朝代
1	黎哲	弟子	
2	李庆良	后学	
3	华喦	后学	
4	吴昌硕	后学	
5	赵之谦	后学	
6	陈衡恪	后学	
7	周闲	后学	
8	王云	后学	清
9	蒲华	后学	
10	何作干	后学	
11	梁焱	后学	
12	曹花尹	后学	
13	李祯	后学	
14	戴礼	后学	
15	赵石	后学	
16	商言志	后学	
17	来楚生	后学	近代
18	吴茀之	后学	

</李昭道>

No. 071

生卒年 · 生卒年不详
朝代 · 唐代
字号 · 字希俊
籍贯 · 甘肃天水（今甘肃天水）
艺术成就 · 李思训之子，擅长青绿山水，兼善鸟兽、楼台、人物，世称"小李将军"。

以"度中心性"方式统计，有明确记载、在绘画方面直接师承师法李昭道的弟子与后学共计18人，在数据库29843位画家中排名第71位。若以时间维度为依据，宋代3人，元代1人，明代1人，清代13人。

若以空间维度为依据，李昭道的后学们来自7个省市，除未有详细出生地、籍贯信息的画家3人外，其余分布如下：浙江5人、江苏4人、上海2人、北京1人、四川1人、江西1人、重庆1人。

直接师承师法李昭道的后学画家地理分布图

- 北京1人
- 甘肃天水
- 泰州2人
- 苏州1人
- 无锡1人
- 上海2人
- 德阳1人
- 重庆1人
- 嘉兴3人
- 杭州1人
- 宁波1人
- 抚州1人

以"三度影响力"计算，李昭道的影响力值为53.75，在数据库29843位画家中排名第87位。

一度后学画家为18人，二度后学画家为37人，三度后学画家为69人。

李昭道后学画家中自身后学超过10人的为赵伯驹（后学画家28人）。

"赵伯驹〔宋〕……继承发扬衰微已久之唐代李思训父子青绿山水画……〔周振宇，《中国画名家大典》，人民日报出版社〕"

李思训、李昭道父子被称作"大小李将军"，二人作品常常被后人作为一个整体风格来进行学习与论述。从师承师法数据看，二人的共同后学画家为刘度、赵伯驹、饶其寅3人，仅占李昭道所有后学的16.7%，该比例远低于"荆关""二米"等标签。这也从某种程度反映了"变父之势，妙又过之""画格本重大李，而举世只知有小李将军"等评论所表达的"大小李"的差异，表明二人的后学群体并不完全一致。

● 不详3人

18　　　　　　　37　　　　　　　69

附表:
历代直接师承师法李昭道的弟子与后学画家列表

序号	姓名	师承师法关系	时期或朝代
1	王安石	后学	宋
2	赵伯驹	后学	
3	赵士遵	后学	
4	李立	后学	元
5	张希黄	后学	明
6	蒋锦	后学	清
7	蒋太元	后学	
8	黄宗炎	后学	
9	杨芝茂	后学	
10	李调元	后学	
11	吴素闻	后学	
12	刘度	后学	
13	顾符稹	后学	
14	陆济	后学	
15	饶其寅	后学	
16	马咸	后学	
17	李栋	后学	
18	陆原	后学	

</周之冕>

No. 071

生卒年·生卒年不详
朝代·明代
字号·字服卿,号少谷
籍贯·长洲(今江苏苏州)
艺术成就·擅写意花鸟、草虫,自创"勾花点叶"法,为吴门画派重要画家。

以"度中心性"方式统计,有明确记载、在绘画方面直接师承师法周之冕的弟子与后学共计18人,在数据库29843位画家中排名第70位。
若以时间维度为依据,明代7人,清代11人。

若以空间维度为依据,周之冕的后学们来自6个省市,除未有详细出生地、籍贯信息的画家4人外,其余分布如下:浙江3人、江苏3人、上海3人、安徽3人、江西1人、湖北1人。

直接师承师法周之冕的后学画家地理分布图

江苏苏州
● 苏州2人
● 镇江1人

● 松江1人
● 嘉定1人
● 青浦1人

● 安庆2人
● 黄山1人

● 武汉1人

● 嘉兴2人
● 杭州1人

● 抚州1人

以"三度影响力"计算,周之冕的影响力值为52,在数据库29843位画家中排名第93位。一度后学画家为18人,二度后学画家为46人,三度后学画家为44人。

周之冕后学画家中自身后学超过10人的分别为张熊(后学画家24人)、王武(后学画家18人)。

"张熊〔清〕……工花卉,纵逸似周之冕……〔墨林今话续编、海上墨林、近代六十名家画传、广印人传〕"
"王武〔清〕……水墨没骨多取周之冕、陆治画法……〔周振宇,《中国画名家大典》,人民日报出版社〕"

明末,周之冕的花鸟画在社会上很受推崇。《图绘宝鉴续纂》提及:"(周之冕)擅花鸟,自成一家。后人师之者多。" 从师承师法角度看,其后学画家中有张熊、王武等重要画家,对其"三度影响力"数据的提高很有帮助。

• 林伯强:《周之冕"钩花点叶"花鸟画研究》,中国美术学院硕士论文.

附表:
历代直接师承师法周之冕的弟子与后学画家列表

序号	姓名	师承师法关系	时期或朝代
1	王维烈	弟子	明
2	郁乔枝	弟子	
3	胡崇道	弟子	
4	顾炳	后学	
5	朱谋墪	后学	
6	王醴	后学	
7	朱统鍡	后学	
8	朱谋䓨	后学	
9	黄松	后学	清
10	张若霭	后学	
11	沈玥	后学	
12	孔传薪	后学	
13	张熊	后学	
14	王武	后学	
15	廖云槎	后学	
16	倪鸣时	后学	
17	张若蔼	后学	
18	祁子瑞	后学	

</王武>

No. 071

生卒年・1632—1690年
朝代・清代
字号・字勤中,晚号忘庵,又号雪颠道人
籍贯・吴县(今江苏苏州)
艺术成就・精鉴赏,富收藏。善绘事,所作花鸟,能得生趣。

以"度中心性"方式统计,有明确记载、在绘画方面直接师承师法王武的弟子与后学共计18人,在数据库29843位画家中排名第71位。
若以时间维度为依据,清代18人。

若以空间维度为依据,王武的后学们来自5个省市,分布如下:江苏10人、浙江5人、安徽1人、山西1人、重庆1人。

直接师承师法王武的后学画家地理分布图

● 太原1人

江苏苏州
苏州8人
● 常州1人
● 无锡1人

● 安徽1人

● 重庆1人

● 嘉兴3人
● 宁波1人
● 绍兴1人

以"三度影响力"计算，王武的影响力值为35.75，在数据库29843位画家中排名第118位。一度后学画家为18人，二度后学画家为27人，三度后学画家为17人。

王武后学画家中自身后学超过10人的为张熊（后学画家24人）。

"张熊〔清〕……工花卉，古媚似王武……〔墨林今话续编、海上墨林、近代六十名家画传、广印人传〕"

花鸟画自明季开始豁然开朗。入清后，康熙、雍正年间恽寿平与王武是同时称誉画坛的大家。从师承师法角度而言，虽然王武曾与恽寿平齐名，但"度中心性"和"三度影响力"数据相去甚远。

• 郑为：《王武《百花图卷》及其他》，《美术观察》1997年第12期。

附表：历代直接师承师法王武的弟子与后学画家列表

序号	姓名	师承师法关系	时期或朝代
1	汪丙吉	弟子	清
2	汤光启	弟子	
3	姜廷干	弟子	
4	张画	弟子	
5	张学典	弟子	
6	周礼	弟子	
7	华文汇	后学	
8	王仲纯	后学	
9	王岩	后学	
10	汤虞封	后学	
11	张熊	后学	
12	陈峻	后学	
13	葛唐	后学	
14	鲍祖馨	后学	
15	沈福堃	后学	
16	王有仁	后学	
17	钱燿	后学	
18	张业	后学	

</赵孟坚>

No. 071

生卒年 • 1199—1264年
朝代 • 宋代
字号 • 字子固,号彝斋居士
籍贯 • 浙江海盐（浙江嘉兴海盐）
艺术成就 • 宋太祖十一世孙,赵孟頫堂兄。善画梅兰竹石,风格清高似其为人。

以"度中心性"方式统计,有明确记载、在绘画方面直接师承师法赵孟坚的弟子与后学共计18人,在数据库29843位画家中排名第71位。
若以时间维度为依据,宋代1人,元代2人,明代6人,清代9人。

若以空间维度为依据,赵孟坚的后学们来自6个省市,除未有详细出生地、籍贯信息的画家3人外,其余分布如下:浙江6人、江苏5人、上海1人、江西1人、河北1人、辽宁1人。

直接师承师法赵孟坚的后学画家地理分布图

● 锦州1人

● 邯郸1人

● 苏州4人
● 南京1人

● 松江1人

嘉兴海盐
● 嘉兴2人
● 湖州1人
● 绍兴1人
● 杭州1人
● 台州1人

● 抚州1人

以"三度影响力"计算，赵孟坚的影响力值为29.25，在数据库29843位画家中排名第133位。一度后学画家为18人，二度后学画家为17人，三度后学画家为11人。

赵孟坚后学画家中自身拥有后学的分别为钱杜（后学画15人）、马守真（后学画家2人）。

"钱杜〔清〕……画梅师赵孟坚……〔练川名人画像小传、墨香居画识、墨林今话、桐阴论画、清画家诗史〕"

"马守真〔明〕……兰仿赵孟坚……〔明画录、无声诗史、图绘宝鉴续纂、列朝诗集小传、书林纪事〕"

赵孟坚宗室身份的自我定位和认同，使他的诗文书画保持超拔众俗的精神品质。● 从师承师法角度看，赵孟坚在各朝代、时期均有弟子、后学，但数量不多，以今天的话来说更偏"小众"。其"三度影响力"排名较"度中心性"排名下滑较多，也源于高质量后学数量较少。

● 刘成纪：《宋代宗室、宗室画与赵孟坚》，《艺术评论》2020年第10期。

附表：
历代直接师承师法赵孟坚的弟子与后学画家列表

序号	姓名	师承师法关系	时期或朝代
1	皇甫子昌	弟子	宋
2	道隐	后学	元
3	卢益修	后学	
4	马守真	后学	
5	普大云	后学	
6	张元士	后学	明
7	照菴	后学	
8	李佗那	后学	
9	吴治	后学	
10	钱杜	后学	
11	申涵煜	后学	
12	年英	后学	
13	王涑	后学	
14	李秉铨	后学	清
15	顾纯	后学	
16	方䎽	后学	
17	钱世征	后学	
18	戴肇先	后学	

</郑思肖>

No. 071

生卒年・1241—1318年
朝代・元代
字号・字皮南,一作字忆翁,号所南,自称三外野人,又号一是居士
籍贯・连江(今福建连江)人
艺术成就・擅画水墨兰竹。

以"度中心性"方式统计,有明确记载、在绘画方面直接师承师法郑思肖的弟子与后学共计18人,在数据库29843位画家中排名第71位。
若以时间维度为依据,明代2人,清代15人,近代1人。

若以空间维度为依据,郑思肖的后学们来自6个省市,分布如下:浙江8人、上海4人、江苏3人、安徽1人、湖南1人、福建1人。

直接师承师法郑思肖的后学画家地理分布图

● 苏州2人
● 南通1人

● 松江2人
● 青浦1人
● 其他1人

● 安徽1人

● 嘉兴4人
● 绍兴2人
● 湖州1人
● 其他1人

● 湖南1人

福建连江
● 福建1人

以"三度影响力"计算，郑思肖的影响力值为21.25，在数据库29843位画家中排名第154位。一度后学画家为18人，二度后学画家为6人，三度后学画家为1人。

郑思肖后学画家中拥有自身后学的为孙克弘（后学画家4人）、周天球（后学画家2人）。

"孙克弘〔明〕……兰仿郑思肖……〔明书录、无声诗史、画史会要、桐阴论画、莫廷韩集、陈眉公集、松江志〕"
"周天球〔明〕……得郑思肖法……〔李峰、汤钰林，《苏州历代人物大辞典》，上海辞书出版社〕"

作为南宋"遗民"画家，郑思肖画"无根兰"寄托着他的抱负。明末1638年，据说被郑思肖藏在深井中的《心史》奇迹般地被重新发现。这之后，郑思肖就在成为一位典范遗民或者是一位"民族英雄"的路上绝尘而去。从师承师法角度看，郑思肖弟子后学数量从清代开始陡然激增，与《心史》的重新发现以及他被树立成爱国诗人、画家的典范存在或多或少的联系。

• 黄小峰：《拯救郑思肖：一位南宋"遗民"的绘画与个人生活》，《美术研究》2020年第4期。

附表：历代直接师承师法郑思肖的弟子与后学画家列表

序号	姓名	师承师法关系	时期或朝代
1	孙克弘	后学	明
2	周天球	后学	
3	沈奕藻	后学	清
4	董洵	后学	
5	刘璧	后学	
6	方观	后学	
7	崔冕	后学	
8	兰头陀	后学	
9	尹际昌	后学	
10	王涑	后学	
11	虞光祖	后学	
12	郑湘	后学	
13	汪日宾	后学	
14	周拔	后学	
15	钱世征	后学	
16	俞芳	后学	
17	周峻	后学	
18	姚虞琴	后学	近代

</徐崇嗣>

No. 077

生卒年・不详
朝代・宋代
籍贯・金陵（今江苏南京）
艺术成就・徐熙孙。初承家学，改效黄筌、黄居寀父子画法。自创新体"没骨法"。

以"度中心性"方式统计，有明确记载、在绘画方面直接师承师徐崇嗣的弟子与后学共计16人，在数据库29843位画家中排名第78位。
若以时间维度为依据，宋代3人、明代2人、清代11人。

若以空间维度为依据，徐崇嗣的后学们来自5个省市，除未有详细出生地、籍贯信息的画家2人外，其余分布如下：江苏9人、浙江2人、上海1人、北京1人、四川1人。

直接师承师法徐崇嗣的后学画家地理分布图

● 北京1人

江苏南京
● 苏州4人
● 常州3人
● 无锡2人

● 上海1人

● 德阳1人

● 杭州1人
● 嘉兴1人

以"三度影响力"计算，徐崇嗣的影响力值为238，在数据库29843位画家中排名第39位。一度后学画家为16人，二度后学画家为328人，三度后学画家为232人。

自身后学人数超过10人的徐崇嗣弟子或后学画家共计2人，分别是恽寿平（后学画家310人）、赵昌（后学画家13人）。

"恽寿平〔清〕……以徐崇嗣没骨为归……〔恽敬南田先生家传、江南通志、常州府志、昭代尺牍小传、国（清）朝别裁诗小传、熙朝名画录、国（清）朝画征录、瓯香馆集附录、桐阴论画〕"

"赵昌〔宋〕……效徐崇嗣"没骨"法……〔沈柔坚，《中国美术辞典》，上海辞书出版社〕"

"没骨花"流传了数百年，至明后期遭遇冷落，几乎失传。经清初恽寿平继承、变革后，在清代画坛又兴盛起来。• 从徐崇嗣的师承师法数据看，其"三度影响力"排名第39位，较"度中心性"的78位而言几乎是飙升。这个剧烈变化，与作为其后学的恽寿平拥有310位弟子后学画家有着直接关系，从数据上证实了徐崇嗣画风的传承过程。

• 谢丽君：《开宗立派的徐崇嗣"没骨花"》，《南京艺术学院学报》2003年第1期。

● 不详2人

附表:
历代直接师承师法徐崇嗣的弟子与后学画家列表

序号	姓名	师承师法关系	时期或朝代
1	赵昌	后学	宋
2	吴遵路	后学	宋
3	林椿	后学	宋
4	孙隆	后学	明
5	孙艾	后学	明
6	王瑀	后学	清
7	恽寿平	后学	清
8	许仪	后学	清
9	堵霞	后学	清
10	唐培	后学	清
11	沈焕	后学	清
12	黄恩长	后学	清
13	于钰	后学	清
14	孙宝珊	后学	清
15	陆锡贞	后学	清
16	张学广	后学	清

</罗聘>

No. 077

生卒年・1733—1799年
朝代・清代
字号・字遁夫，号两峰，自号花之寺僧
籍贯・安徽歙县（安徽黄山歙县）
艺术成就・金农入室弟子。工诗，擅画道释、人物、山水、花卉，为"扬州八怪"之一。

以"度中心性"方式统计，有明确记载、在绘画方面直接师承师法罗聘的弟子与后学共计16人，在数据库29843位画家中排名第77位。
若以时间维度为依据，清代15人，近代1人。

若以空间维度为依据，罗聘的后学们来自6个省市，除未有详细出生地、籍贯信息的画家2人外，其余分布如下：江苏7人、浙江3人、内蒙古1人、四川1人、江西1人、湖南1人。

直接师承师法罗聘的后学画家地理分布图

● 内蒙古1人

● 扬州4人
● 苏州2人
● 常州1人

安徽歙县

● 德阳1人

● 金华1人
● 湖州1人
● 绍兴1人

● 九江1人

● 衡阳1人

以"三度影响力"计算，罗聘的影响力值为45，在数据库29843位画家中排名第101位。一度后学画家为16人，二度后学画家为35人，三度后学画家为40人。

罗聘后学画家中自身后学超过10人的为吴昌硕（后学画家20人）、赵之谦（后学画家10人）。

"吴昌硕〔清〕……从赵之谦上溯扬州八怪……〔广印人传、海上书画名家年鉴、寒松阁谈艺琐录、清画家诗史、海上墨林、王个簃所作传略〕"

"赵之谦〔清〕……人物画清新冷隽，与罗聘相近……〔周振宇，《中国画名家大典》，人民日报出版社〕"

作为金农的衣钵传人，罗聘是"扬州八怪"的主体画家之一，也是其中为数不多的扬州籍画家。从师承师法数据而言，其"度中心性"和"三度影响力"均位居"扬州八怪"画家群体第5位。

● 不详2人

附表：历代直接师承师法罗聘的弟子与后学画家列表

序号	姓名	师承师法关系	时期或朝代
1	罗芳淑	弟子	
2	罗允绍	弟子	
3	罗允缵	弟子	
4	罗世昌	后学	
5	吴昌硕	后学	
6	赵之谦	后学	
7	陈衡恪	后学	
8	焦春	后学	清
9	王庆芝	后学	
10	冯有光	后学	
11	钱履坦	后学	
12	孙坤	后学	
13	许善	后学	
14	法式善	后学	
15	芮道源	后学	
16	吴䒢之	后学	近代

</弘仁>

No. 077

生卒年・1610—1664年
朝代・清代
字号・本名江韬，字六奇，后改名舫，字鸥盟。僧名弘仁，字无智，号渐江，别号梅花古衲
籍贯・安徽歙县（今安徽黄山歙县）
艺术成就・明亡后于武夷山落发出家。以山水绘画名重于世，为"新安画派"的领袖。与髡残、八大山人、石涛并称"清四僧"。

以"度中心性"方式统计，有明确记载、在绘画方面直接师承师法弘仁的弟子与后学共计16人，在数据库29843位画家中排名第78位。
若以时间维度为依据，清代14人，近代2人。

若以空间维度为依据，弘仁的后学们来自6个省市，除未有详细出生地、籍贯信息的画家2人外，其余分布如下：安徽8人、广东2人、上海1人、四川1人、江苏1人、湖南1人。

直接师承师法弘仁的后学画家地理分布图

安徽黄山歙县
黄山7人

● 嘉定1人

● 六安1人

● 内江1人

● 扬州1人

● 湘西1人

● 佛山1人
● 江门1人

以"三度影响力"计算，弘仁的影响力值为42.75，在数据库29843位画家中排名第106位。一度后学画家为16人，二度后学画家为7人，三度后学画家为93人。

弘仁的自身后学中拥有后学画家的为高翔（后学画家3人）、张大千（后学画家3人）、潘龢（后学画家1人）。

"高翔〔清〕……山水摹法渐江（弘仁）……〔国（清）朝画征录、墨林今话、桐阴论画、广印人传、广陵诗事、清画家诗史、清朝书画家笔录〕"

"张大千〔近代〕……吸收和消化石涛、八大、渐江、张风……〔黄苗子，《张大千的艺术修养》，《文艺研究》1983年6月〕"

"潘龢〔近代〕……好写石涛（源济）、渐江（弘仁）一派……〔国画特刊、广印人传补遗〕"

作为以安徽黄山地区为中心的"新安画派"的核心画家，弘仁在清初画坛的声名与地位，乃是无与伦比的。周亮工评弘仁的画："江南人以有无定俗雅，如昔人之重云林然，咸谓得渐江足当云林。" 弘仁的后学画家全部来自南方地区，而且来自安徽后学的高达50%。从师承师法数据上完全印证了上述说法。

● 不详2人

陈传席：《明清中国画大师研究丛书——弘仁》，吉林美术出版社1996年5月。

附表：历代直接师承师法弘仁的弟子与后学画家列表

序号	姓名	师承师法关系	时期或朝代
1	江注	弟子	清
2	姚宋	弟子	清
3	汪洪度	后学	清
4	吴定	后学	清
5	童啸秋	后学	清
6	高翔	后学	清
7	祝昌	后学	清
8	张世准	后学	清
9	鲍锡麟	后学	清
10	文信	后学	清
11	李居端	后学	清
12	秦涵	后学	清
13	张泉	后学	清
14	意喆	后学	清
15	张大千	后学	近代
16	潘龢	后学	近代

</钱慧安>

No. 077

生卒年·1833—1911年
朝代·清代
字号·初名贵昌,字吉生,号双管楼,一号清谿樵子
籍贯·宝山(今上海宝山)
艺术成就·擅人物、仕女,间作花卉、山水。

以"度中心性"方式统计,有明确记载、在绘画方面直接师承师钱慧安的弟子与后学共计16人,在数据库29843位画家中排名第78位。
若以时间维度为依据,清代15人,近代1人。

若以空间维度为依据,钱慧安的后学们来自4个省市,除未有详细出生地、籍贯信息的画家3人外,其余分布如下:上海8人、浙江2人、福建2人、江苏1人。

直接师承师法钱慧安的后学画家地理分布图

● 苏州1人

上海宝山
● 宝山1人
● 嘉定1人
其他6人

● 嘉兴2人

● 福州2人

以"三度影响力"计算，钱慧安的影响力值为17.5，在数据库29843位画家中排名第164位。一度后学画家为16人，二度后学画家为3人，三度后学画家为0人。

钱慧安后学画家中自身拥有后学的为沈心海（后学画家1人）、周湘（后学画家1人）。

"沈心海〔清〕……钱慧安嫡传弟子有沈心海、谢闲鸥等……〔周振宇，《中国画名家大典》，人民日报出版社〕"
"周湘〔清〕……幼从杨伯润学山水，钱吉生学人物……〔马琳，《周湘与上海早期美术教育》，南京师范大学博士论文〕"

作为清末民初"海派"代表画家之一的钱慧安，其作品风行促成了上海画坛学钱的风气。他的学生很多，其中较著名的有沈兆涵、曹华、陆子万等。从师承师法角度看，与同时期重要画家相比，钱慧安的弟子、后学画家数量排名靠前。但钱慧安弟子后学自身质量不高，导致其"三度影响力"急剧下降。上述数据与学者评价"钱慧安的弟子们以模仿老师的粉本为能事，绝少自出心机。这一画派，尽管盛极一时，等到钱氏去世以后，便烟消云散了"•相吻合。

• 叶浅予：《钱慧安与清末人物画》，《美术研究》2006年第1期。

附表：
历代直接师承师法钱慧安的弟子与后学画家列表

序号	姓名	师承师法关系	时期或朝代
1	沈心海	弟子	清
2	朱良材	弟子	
3	周湘	弟子	
4	潘赟	弟子	
5	曹华	弟子	
6	陆子万	弟子	
7	曹钟秀	弟子	
8	钱书城	弟子	
9	石钟屿	弟子	
10	陆鹏	弟子	
11	施桢	后学	
12	徐祥	后学	
13	徐砚	后学	
14	林大椿	后学	
15	林镛	后学	
16	谢闲鸥	后学	近代

</吕纪>

No. 077

生卒年 · 1439—1505
朝代 · 明代
字号 · 字廷振,一作廷孙,号乐愚,一作乐渔
籍贯 · 鄞(今浙江宁波)
艺术成就 · 擅长画花鸟,间作山水、人物。与当时宫廷画家吕文英并称为"大小吕"。

以"度中心性"方式统计,有明确记载、在绘画方面直接师承师法吕纪的弟子与后学共计16人,在数据库29843位画家中排名第78位。
若以时间维度为依据,明代11人,清代5人。

若以空间维度为依据,吕纪的后学们来自4个省市,除未有详细出生地、籍贯信息的画家2人外,其余分布如下:浙江6人、江苏4人、江西2人、福建2人。

直接师承师法吕纪的后学画家地理分布图

● 南京2人
● 苏州1人
● 扬州1人

浙江宁波
● 宁波1人
● 嘉兴3人
● 杭州1人
● 衢州1人

● 南昌1人
● 抚州1人

● 三明1人
● 莆田1人

直接师承师法吕纪的后学画家地理分布图

以"三度影响力"计算，吕纪的影响力值为17，在数据库29843位画家中排名第165位。一度后学画家为16人，二度后学画家为2人，三度后学画家为0人。

吕纪后学画家中自身拥有后学的为唐志尹（后学画家1人）、殷善（后学画家1人）。

"唐志尹〔清〕……花鸟得吕纪、王偕之传……〔泰州志、无声诗史、图绘 宝鉴续纂、画史会要〕"
"殷善〔清〕……花木翔毛从林良、吕纪两派中来……〔周振宇，《中国画名家大典》，人民日报出版社〕"

作为明代院体花鸟画风格的开派性代表人物，吕纪是继林良之后声名最为显赫的花鸟画家。从师承师法角度看，吕纪的后学人数较林良多4人；但吕纪的"三度影响力"数值仅为17，与林良的数值（一度后学12人、二度后学101人、三度后学198人）有较大的差距。

● 不详2人

附表：历代直接师承师法吕纪的弟子与后学画家列表

序号	姓名	师承师法关系	时期或朝代
1	吕棠	后学	
2	纪镇	后学	
3	江孔殷	后学	
4	童珮	后学	
5	罗素	后学	
6	殷善	后学	明
7	殷偕	后学	
8	朱端	后学	
9	殷宏	后学	
10	陆锡	后学	
11	张钧月	后学	
12	凌恒	后学	
13	尤萃	后学	
14	胡毓奇	后学	清
15	唐志尹	后学	
16	徐邦	后学	

</夏昶>

No. 077

生卒年・1388—1470年
朝代・明代
字号・字仲昭，号玉峰、自在居士，后更名夏昺
籍贯・昆山（今江苏苏州昆山）
艺术成就・能画山水、人物，曾画猫，尤精墨竹。

以"度中心性"方式统计，有明确记载、在绘画方面直接师承师法夏昶的弟子与后学共计16人，在数据库29843位画家中排名第78位。

若以时间维度为依据，明代7人，清代9人。

若以空间维度为依据，夏昶的后学们来自5个省市，除未有详细出生地、籍贯信息的画家2人外，其余分布如下：江苏6人、浙江4人、上海2人、四川1人、湖北1人。

直接师承师法夏昶的后学画家地理分布图

江苏苏州昆山
苏州5人
泰州1人
嘉定2人
武汉1人
四川1人
嘉兴2人
湖州1人
宁波1人

以"三度影响力"计算,夏昶的影响力值为16.5,在数据库29843位画家中排名第168位。一度后学画家为16人,二度后学画家为1人,三度后学画家为0人。

夏昶后学画家中自身拥有后学的为郎际昌(后学画家1人)。

"郎际昌〔清〕……工墨竹,师其乡夏昶法……〔周振宇,《中国画名家大典》,人民日报出版社〕"

夏昶画竹师承王绂兼学陈继,其墨竹"时称天下第一"并传播海外,有"夏卿一个竹,西凉十锭金"。从师承师法角度看,夏昶后学画家质量不高,且二度、三度后学人数呈衰减趋势,导致其"三度影响力"数值仅位居168位。

● 不详2人

附表：历代直接师承师法夏昶的弟子与后学画家列表

序号	姓名	师承师法关系	时期或朝代
1	卢瑛	弟子	明
2	任材	后学	
3	吴璛	后学	
4	吕端俊	后学	
5	朱端	后学	
6	王仪	后学	
7	魏天骥	后学	
8	童士蔚	后学	
9	方国圻	后学	
10	毛大鹏	后学	
11	江春	后学	清
12	郎际昌	后学	
13	马辰	后学	
14	黄泰	后学	
15	戴镐	后学	
16	陈一道	后学	

</张僧繇>

No. 083

生卒年·生卒年不详
朝代·南朝梁
籍贯·吴（今江苏苏州）
艺术成就·擅写真、释道人物，亦善画龙、鹰、花卉、山水等。相传僧繇兼擅绘凹凸画，运用西方传来之晕染法。所绘佛像，被称为"张家样"。

以"度中心性"方式统计，有明确记载、在绘画方面直接师承师张僧繇的弟子与后学共计15人，在数据库29843位画家中排名第83位。

若以时间维度为依据，南北朝2人，隋唐9人，宋代1人，明代1人，清代2人。

若以空间维度为依据，张僧繇的后学们来自6个省市，除未有详细出生地、籍贯信息的画家4人外，其余分布如下：江苏4人、浙江2人、陕西2人、北京1人、安徽1人、河南1人。

直接师承师法张僧繇的后学画家地理分布图

● 北京1人

江苏苏州
● 苏州3人
● 西安1人　　　● 许昌1人　　　● 南京1人
● 渭南1人

● 六安1人

● 杭州2人

以"三度影响力"计算，张僧繇的影响力值为264.75，在数据库29843位画家中排名第33位。一度后学画家为15人，二度后学画家为177人，三度后学画家为645人。

自身后学人数超过10人的张僧繇弟子或后学画家为唐代吴道子（后学画家62人），宋代李公麟（后学画家66人），清代蓝瑛（后学画家30人），其他重要后学画家包括隋代郑法士（后学画家7人），唐代阎立本（后学画家8人）等。

"郑法士〔隋〕……善画，师张僧繇……〔历代名画记、画后品、宣和画谱〕"
"吴道子〔唐〕……远师南朝张僧繇……〔周振宇，《中国画名家大典》，人民日报出版社〕"
"阎立本〔唐〕……师于张僧繇……〔唐朝名画录、续画品、一后画录、历代名画记、唐书本传、唐书、艺文志、图画见闻志、广川画跋、云烟过眼录〕"
"李公麟〔宋〕……绘事集顾恺之、陆探微、张僧繇、吴道子……〔宋史本传、画品、画鉴、画系、画史、画继、宣和画谱、广川画跋、避暑录话、桯史、妮古录、寓意编、山谷集、东坡集、洞天清禄、画禅室随笔〕"
"蓝瑛〔清〕……青绿山水仿张僧繇没骨法……〔周振宇，《中国画名家大典》，人民日报出版社〕"

张僧繇在顾恺之的基础上向书法用笔借鉴，丰富了中国画线条的表现能力，一变传统的密体而为疏体。虽存一些疑义，但张僧繇一般被认为是"没骨山水"的开创者。• 从师承师法角度看，张僧繇的多位后学自身拥有很多后学画家，直接拉升了张僧繇的"三度影响力"排名。

• 杨惠东：《张僧繇"没骨山水"试析》，《南京艺术学院学报》2005年第3期。

附表：历代直接师承师法张僧繇的弟子与后学画家列表

序号	姓名	师承师法关系	时期或朝代
1	张儒童	弟子	南北朝
2	郑法士	弟子	隋
3	焦宝愿	后学	南北朝
4	孙尚子	后学	隋
5	阎立本	后学	唐
6	何长寿	后学	唐
7	杨升	后学	唐
8	杨惠之	后学	唐
9	范长寿	后学	唐
10	阎立德	后学	唐
11	吴道子	后学	唐
12	李公麟	后学	宋
13	蓝瑛	后学	明
14	刘度	后学	清
15	陈卓	后学	清

</宋旭>

No. 083

生卒年・1525—不详

朝代・明代

字号・字初旸，号石门、石门山人，后为僧，法名祖玄，又号天池发僧、景西居士

籍贯・崇德（今浙江桐乡），居松江

艺术成就・擅山水，兼长人物

以"度中心性"方式统计，有明确记载、在绘画方面直接师承师法宋旭的弟子与后学共计15人，在数据库29843位画家中排名第83位。

若以时间维度为依据，明代6人，清代9人。

若以空间维度为依据，宋旭的后学们来自4个省市，除未有详细出生地、籍贯信息的画家1人外，其余分布如下：上海5人、江苏4人、浙江3人、四川2人。

直接师承师法宋旭的后学画家地理分布图

● 苏州2人
● 无锡1人
● 南通1人

● 松江4人
● 嘉定1人

浙江嘉兴桐乡
● 嘉兴1人
● 湖州1人
● 绍兴1人

● 成都2人

以"三度影响力"计算，宋旭的影响力值为28.25，在数据库29843位画家中排名第135位。一度后学画家为15人，二度后学画家为19人，三度后学画家为15人。

宋旭后学画家中自身拥有后学的为赵左（后学画家9人）、沈士充（后学画家7人）、宋懋晋（后学画家2人）、张炜（后学画家1人）。

"赵左〔明〕……与宋懋晋具学于宋旭……〔图绘宝鉴续纂、松江志、无声诗史、桐阴论画、明画录〕"
"沈士充〔明〕……宋懋晋、赵左、沈士充均出宋旭之门……〔周振宇，《中国画名家大典》，人民日报出版社〕"
"宋懋晋〔明〕……从宋旭受业…〔明画录、无声诗史、松江府志〕"
"张炜〔清〕……善山水，笔法近宋旭……〔嘉定县志、南翔志、练水画征录、墨林今话、墨香居画识、画囊、清画家诗史、榆园画志〕"

浙江人宋旭在明末松江画坛起着功不可没的作用，在《明画录》中被列为华亭派代表画家。从师承师法角度看，其弟子后学中包括苏松派的赵左和云间派的沈士充。从空间分布看，除来自成都的王崇德和侯兆熊外，宋旭的后学基本来自江浙地区。

● 不详1人

15　　　　　　　　19　　　　　　　　15

附表:
历代直接师承师法宋旭的弟子与后学画家列表

序号	姓名	师承师法关系	时期或朝代
1	沈士充	弟子	明
2	赵左	弟子	
3	宋懋晋	弟子	
4	黄炅	后学	
5	董嗣昕	后学	
6	文石	后学	
7	王崇德	后学	清
8	吕莐	后学	
9	朱鲸	后学	
10	钱棠	后学	
11	张炜	后学	
12	王时翼	后学	
13	侯兆熊	后学	
14	陆二龙	后学	
15	张宿	后学	

</文伯仁>

No. 083

生卒年・1502—1575年
朝代・明代
字号・字德承,号五峰,又号葆生、摄山老农
籍贯・长洲(今江苏苏州)
艺术成就・文徵明侄子。擅画山水、人物。

以"度中心性"方式统计,有明确记载、在绘画方面直接师承师文伯仁的弟子与后学共计15人,在数据库29843位画家中排名第83位。
若以时间维度为依据,明代3人,清代12人。

若以空间维度为依据,文伯仁的后学们来自6个省市,除未有详细出生地、籍贯信息的画家2人外,其余分布如下:江苏6人、安徽2人、浙江2人、上海1人、湖北1人、湖南1人。

直接师承师法文伯仁的后学画家地理分布图

江苏苏州
苏州5人
无锡1人
上海1人
黄山2人
黄冈1人
杭州2人
湘西1人

以"三度影响力"计算，文伯仁的影响力值为26，在数据库29843位画家中排名第140位。一度后学画家为15人，二度后学画家为17人，三度后学画家为10人。

自身后学人数超过10人的文伯仁弟子或后学画家为钱杜（后学画家15人）。

"钱杜〔清〕……山水师法文徵明、文伯仁……〔周振宇，《中国画名家大典》，人民日报出版社〕"

文伯仁是吴派山水画家和文氏家族中的重要成员，也是明代中期吴门山水的代表画家之一。从师承师法角度看，除钱杜、汪恭二人兼学文徵明、文伯仁外，其余专学文伯仁的后学自身后学较少，导致文伯仁的"三度影响力"呈萎缩趋势。

● 不详2人

附表：
历代直接师承师法文伯仁的弟子与后学画家列表

序号	姓名	师承师法关系	时期或朝代
1	吴一桂	弟子	明
2	文从昌	弟子	
3	金震	后学	清
4	浦远	后学	
5	王令寿	后学	
6	吕茝	后学	
7	程东	后学	
8	钱燕诒	后学	
9	钱杜	后学	
10	张祥河	后学	
11	仙槎	后学	
12	李瑶	后学	
13	汪恭	后学	
14	严寅	后学	
15	徐大桊	后学	

</钱杜>

No. 083

生卒年 • 1764—1845年

朝代 • 清代

字号 • 初名榆，字叔枚，更名杜，字叔美，号松壶，又号壶公、元素先生、松壶小隐、小道人

籍贯 • 钱塘（今浙江杭州）

艺术成就 • 擅书、画。山水得力于文徵明，风格秀雅静远，间作金碧山水。花卉法恽寿平，明净细秀。画梅花师赵孟坚。

以"度中心性"方式统计，有明确记载、在绘画方面直接师承师法钱杜的弟子与后学共计15人，在数据库29843位画家中排名第83位。

若以时间维度为依据，清代15人。

若以空间维度为依据，钱杜的后学们来自3个省市，除未有详细出生地、籍贯信息的画家1人外，其余分布如下：江苏8人、浙江5人、上海1人。

直接师承师法钱杜的后学画家地理分布图

苏州8人

● 上海1人

浙江杭州
杭州3人
嘉兴2人

以"三度影响力"计算，钱杜的影响力值为20.75，在数据库29843位画家中排名第156位。一度后学画家为15人，二度后学画家为10人，三度后学画家为3人。

钱杜后学画家中自身拥有后学的为程庭鹭（后学画家4人）、蒋宝龄（后学画家3人）、蒋茝生（后学画家2人）、吴嘉猷（后学画家1人）。

"程庭鹭〔清〕……画山水得钱杜指授……〔梦盦居士自编年谱、墨林今话、蝶隐园书画杂缀、桐阴论画、广印人传、清画家诗史、吴门画史〕"

"蒋宝龄〔清〕……从钱杜游，始得其指授……〔畊砚田斋笔记、桐阴论画、练水画征录〕"

"蒋茝生〔清〕……得钱杜、汤贻汾薰陶……〔寒松阁谈艺琐录、桐阴论画、清朝书画家笔录〕"

"吴嘉猷〔清〕……吸取钱杜、改琦、任熊等人技法……〔周振宇，《中国画名家大典》，人民日报出版社〕"

钱杜是清中期不可多得的全才，画艺三科，他都擅长，其门生弟子称"松壶派"。从师承师法角度看，钱杜的弟子后学数量不少，但大多局限于江浙地区，且高质量后学画家数量较少，导致其"三度影响力"呈衰减趋势。

● 不详1人

附表：历代直接师承师法钱杜的弟子与后学画家列表

序号	姓名	师承师法关系	时期或朝代
1	陈泉	弟子	
2	程东	弟子	
3	钱辰吉	弟子	
4	钱林	弟子	
5	程庭鹭	弟子	
6	蒋宝龄	弟子	
7	沈嘉珍	弟子	
8	郭桐	弟子	清
9	蒋茝生	后学	
10	陈鸣庆	后学	
11	陈鸿庆	后学	
12	李馥	后学	
13	吴嘉猷	后学	
14	宋恭敬	后学	
15	张钧	后学	

</顾恺之>

No. 087

生卒年 • 346—407年

朝代 • 东晋

字号 • 字长康

籍贯 • 晋陵无锡（今江苏无锡）

艺术成就 • 擅肖像，画人物主张传神，重视点睛，认为"传神写照，正在阿堵（指眼睛）中"。顾恺之流传至今的《女史箴图》《洛神赋图》《列女仁智图》等均为唐宋摹本。

以"度中心性"方式统计，有明确记载、在绘画方面直接师承师顾恺之的弟子与后学共计14人，在数据库29843位画家中排名第87位。

若以时间维度为依据，南北朝2人，隋唐2人，五代1人，宋代5人，明代2人，清代2人。

若以空间维度为依据，顾恺之的后学们来自9个省市，分布如下：江苏2人、河南2人、浙江2人、福建2人、陕西2人、安徽1人、山东1人、湖北1人、重庆1人。

以"三度影响力"计算，顾恺之的影响力值为160.5，在数据库29843位画家中排名第53位。一度后学画家为14人，二度后学画家为85人，三度后学画家为416人。

直接师承师法顾恺之的后学画家地理分布图

● 烟台1人

江苏无锡
● 苏州2人

● 宝鸡1人　　　● 开封1人
● 西安1人　　　● 郑州1人

● 六安1人

● 武汉1人
● 重庆1人　　　　　　　　　　　● 嘉兴1人
　　　　　　　　　　　　　　　　● 绍兴1人

● 南平1人
● 泉州1人

自身后学人数超过10人的顾恺之弟子或后学画家为李公麟（后学画家66人）、陆探微（后学画家11人），其他重要后学画家还包括韩滉（后学画家3人）、崔子忠（后学画家3人）等。

"陆探微〔南朝〕……学东晋顾恺之……〔沈柔坚，《中国美术辞典》，上海辞书出版社〕"
"韩滉〔唐〕……画人物宗顾、陆……〔唐书本传、唐朝名画录、历代名画记、图画见闻志、宣和画谱、图绘宝鉴、画史、画鉴、画谱拾遗、清河书画舫、东图玄览、壁书飞白萧字记、书史会要、松雪斋集〕"
"李公麟〔宋〕……绘事集顾恺之、陆探微、张僧繇、吴道子……〔宋史本传、画品、画鉴、画系、画史、画继、宣和画谱、广川画跋、避署录话、桯史、妮古录、寓意编、山谷集、东坡集、洞天清禄、画禅室随笔〕"
"崔子忠〔明〕……取法高古，宗顾（恺之）……〔周振宇，《中国画名家大典》，人民日报出版社〕"

顾恺之是现存卷轴人物画的最早一个作者，也是现存专篇画论的最早一个作者。• 他在绘画创作上，主张"以形写神"。相传为顾恺之存世作品仅为《女史箴图》《洛神赋图》《列女传图》和《斫琴图》等四卷，宋朝的鉴藏家已经很难见到顾恺之的真迹，因此从作品的角度已经无法准确地建立顾恺之的概念。•• 基于上述原因，从历史著述所统计的师承师法数据看，直接师法顾恺之的历代后学画家数量并不多。但从南朝到唐、宋、明，均存在质量较高的后学画家，使顾恺之的"三度影响力"排名较"度中心性"排名有明显提升。

因年代久远，古代资料的缺失，师承师法数据难以充分呈现顾恺之影响力的原貌。魏晋时期是中国传统文化的重大转折阶段，魏晋名士"但求得意，非关形迹"，为追求心神的超然无累从而导出了极为高妙的美学精神并因此奠定了1600多年中国书画审美与发展的基本趋势。顾恺之则为最重要的画家之一，他的出现为中国美学、中国绘画史留下了极其光辉的一页。

• 温肇桐：《顾恺之研究五十年》，《南京艺术学院学报》1986年第1期。
•• 尹吉男：《明代后期鉴藏家关于六朝绘画知识的生成与作用——以"顾恺之"的概念为线索》，《文物》2002年第7期。

附表:
历代直接师承师法顾恺之的弟子与后学画家列表

序号	姓名	师承师法关系	时期或朝代
1	毛惠远	后学	南北朝
2	陆探微	后学	
3	孙尚子	后学	隋
4	韩滉	后学	唐
5	支仲元	后学	五代
6	李公麟	后学	宋
7	黄休复	后学	
8	黄伯思	后学	
9	周纯	后学	
10	张敦礼	后学	
11	崔子忠	后学	明
12	庄心贤	后学	
13	夏杲	后学	清
14	徐予臣	后学	

</上官周>

No. 087

生卒年・1665—1749年
朝代・清代
字号・字文佐,号竹庄
籍贯・长汀(今福建长汀)
艺术成就・擅画山水,工人物,所画古今名人功夫老到,各具神态。

以"度中心性"方式统计,有明确记载、在绘画方面直接师承师上官周的弟子与后学共计14人,在数据库29843位画家中排名第87位。
若以时间维度为依据,清代14人。

若以空间维度为依据,上官周的后学们来自2个省市,分布如下:福建13人、江西1人。

直接师承师法上官周的后学画家地理分布图

● 南昌1人

福建长汀

龙岩7人

● 福州2人
● 南平2人
● 宁化1人
● 漳州1人

以"三度影响力"计算,上官周的影响力值为38.75,在数据库29843位画家中排名第114位。一度后学画家为14人,二度后学画家为25人,三度后学画家为49人。

上官周后学画家中自身后学超过10人的为黄慎(后学画家24人)。

"黄慎〔清〕……初学上官周……〔汀州府志、闽游诗话、全闽诗录、已山文集、板桥集、桐阴论画、扬州八家史料〕"

上官周是清代福建闽西地区涌现出的一批卓有建树的画家代表之一,他在人物画和山水画上的造诣都很高。从师承师法角度看,上官周的后学画家们92.9%都来自福建,表明其影响力在一定的区域范围内颇高。

附表:
历代直接师承师法上官周的弟子与后学画家列表

序号	姓名	师承师法关系	时期或朝代
1	曾霭	弟子	
2	蓝元琛	弟子	
3	王昉	弟子	
4	郑心水	弟子	
5	周禧	弟子	
6	黄慎	弟子	
7	张于栻	弟子	清
8	周超	弟子	
9	王元潜	后学	
10	郑开源	后学	
11	翁光祖	后学	
12	陈公信	后学	
13	张观鹏	后学	
14	林丰年	后学	

</王绂>

No. 087

生卒年 • 1362—1416年

朝代 • 明代

字号 • 一作芾,又作黻,字孟端,后以字行,号友石,又号九龙山人、青城山人

籍贯 • 无锡(今江苏无锡)

艺术成就 • 能书擅画,工山水,以墨竹名天下。

以"度中心性"方式统计,有明确记载、在绘画方面直接师承师王绂的弟子与后学共计14人,在数据库29843位画家中排名第87位。

若以时间维度为依据,明代8人,清代6人。

若以空间维度为依据,王绂的后学们来自4个省市,除未有详细出生地、籍贯信息的画家3人外,其余分布如下:江苏7人、浙江2人、天津1人、广东1人。

直接师承师法王绂的后学画家地理分布图

● 天津1人

江苏无锡
● 无锡4人
● 苏州3人

● 杭州1人
● 台州1人

● 中山1人

直接师承师法王绂的后学画家地理分布图

以"三度影响力"计算，王绂的影响力值为38，在数据库29843位画家中排名第116位。一度后学画家为14人，二度后学画家为41人，三度后学画家为14人。

自身后学人数超过10人的王绂弟子或后学画家为王宸（后学画家22人）、夏昶（后学画家16人）。

"王宸〔清〕……仿王绂尤得神髓……〔墨香居画识、南野堂笔记、墨林今话、桐阴论画、芝庭诗稿、画人补遗、清朝书画家笔录、清画家诗史〕"

"夏昶〔清〕……尤精墨竹，师从王绂……〔李峰、汤钰林，《苏州历代人物大辞典》，上海辞书出版社〕"

王绂的墨竹在明代影响很大。王世贞评"孟端竹为国朝第一手"，董其昌称"国朝画竹王中秘为开山手"。• 从师承师法角度看，王绂的后学画家除吴人骥（天津人，一作浙江湖州人）外都以南方地区为主。王绂的"三度影响力"排名较"度中心性"偏低，主要原因是除王宸、夏昶外，其余后学画家的成就不高。

• 王永波、崔子庆：《明初文人画风意蕴——初探王绂的艺术价值及意义》，《内蒙古民族大学学报》2007年第3期。

附表：
历代直接师承师法王绂的弟子与后学画家列表

序号	姓名	师承师法关系	时期或朝代
1	夏昶	弟子	明
2	陈宗渊	弟子	
3	吕端俊	后学	
4	可庵老人	后学	
5	过仪	后学	
6	李政	后学	
7	陈勉	后学	
8	张泰	后学	
9	陈昷湖	后学	清
10	黄培芳	后学	
11	吴人骥	后学	
12	王宸	后学	
13	鲍汀	后学	
14	邵荣	后学	

</朱偁>

No. 087

生卒年・1826—1900年
朝代・清代
字号・原名朱琛，字梦庐，号觉未
籍贯・浙江嘉兴（今浙江嘉兴）
艺术成就・其兄为清代画家朱熊。擅画花卉、翎毛、草虫，驰誉上海。

以"度中心性"方式统计，有明确记载、在绘画方面直接师承师朱偁的弟子与后学共计14人，在数据库29843位画家中排名第87位。

若以时间维度为依据，清代13人，近代1人。

若以空间维度为依据，朱偁的后学们来自4个省市，分布如下：上海5人、江苏3人、浙江3人、福建3人。

直接师承师法朱偁的后学画家地理分布图

苏州3人

上海5人

浙江嘉兴
嘉兴2人
绍兴1人

福州3人

以"三度影响力"计算，朱偁的影响力值为33.25，在数据库29843位画家中排名第125位。一度后学画家为14人，二度后学画家为25人，三度后学画家为27人。

朱偁后学画家中自身后学超过10人的为任颐（后学画家23人）。

"任颐〔清〕……承接陈洪绶、任熊画风，后吸收八大、华喦、朱偁技法……〔周振宇，《中国画名家大典》，人民日报出版社〕"

清末上门跟随朱偁学画的人很多，他与王秋言同为海上写意花鸟画的大家，引领那个时代花鸟的潮流。从师承师法角度看，朱偁的"度中心性"和"三度影响力"与王礼（后学画家7人，"三度影响力"值38.5，位列第115位）不相上下。由于朱偁及其后学画家距今的时间跨度太近，就目前的数据而言，其后学已包括了任颐等清末民初的重要画家，因此随着近现代画家数据的完善，其"度中心性"和"三度影响力"数值仍有进一步增加的可能。

• 冯春术：《青妍高华入人眼——浅谈朱偁与他的花鸟画》，《广西艺术学院学报（艺术探索）》2006年第1期。

附表:
历代直接师承师法朱偁
的弟子与后学画家列表

序号	姓名	师承师法关系	时期或朝代
1	宋海	弟子	
2	何煜	弟子	
3	丘良勋	弟子	
4	王荃	弟子	
5	陈善昌	弟子	
6	吴椿	弟子	
7	赵履中	弟子	清
8	邱良勋	弟子	
9	赵如虎	弟子	
10	周容	弟子	
11	任颐	后学	
12	郭曾亶	后学	
13	林葵	后学	
14	郑滋稑	后学	近代

</黄鼎>

No. 087

生卒年・1660—1730年
朝代・清代
字号・字尊古,一字旷亭,号闲浦,又号独往客,晚号净垢老人
籍贯・江苏常熟(今江苏苏州常熟)
艺术成就・擅山水,少随邱园学画,后学画于王原祁,同时私淑王翚。

以"度中心性"方式统计,有明确记载、在绘画方面直接师承师黄鼎的弟子与后学共计14人,在数据库29843位画家中排名第87位。
若以时间维度为依据,清代14人。

若以空间维度为依据,黄鼎的后学们来自5个省市,分布如下:江苏9人、浙江2人、上海1人、吉林1人、安徽1人。

直接师承师法黄鼎的后学画家地理分布图

● 长春1人

江苏苏州常熟
苏州6人
● 无锡1人
● 扬州1人
● 其他1人
● 上海1人
● 黄山1人

● 杭州1人
● 湖州1人

以"三度影响力"计算，黄鼎的影响力值为30.25，在数据库29843位画家中排名第128位。一度后学画家为14人，二度后学画家为29人，三度后学画家为7人。

黄鼎后学画家中自身拥有后学的为张宗苍（后学画家9人）、王玖（后学画家7人）、姜渔（后学画家4人）、周笠（后学画家3人）、方士庶（后学画家3人）等。

"张宗苍〔清〕……山水出黄鼎之门……〔熙朝名画录、国（清）朝画征录、桐阴论画、墨林今话、甦叟养疴闲记、画传编韵〕"

"王玖〔清〕……少尝游黄鼎门，亲受秘法……〔墨香居画识、墨林今话、桐阴论画、清画家诗史〕"

"姜渔〔清〕……尝师黄鼎……〔国（清）朝画征续录、虞山画志、墨林今话〕"

"周笠〔清〕……少师黄鼎……〔墨林今话、墨香居画识、嘉定三艺人传、竹人录〕"

"方士庶〔清〕……受学于黄鼎……〔方南塘集、冬心印识、桐阴论画、画传编韵、墨林今话、国（清）朝画征续录〕"

作为"娄东画派"的代表人物之一，清代名士沈德潜将黄鼎与王原祁、王翚、吴历、恽寿平并论。无论是"度中心性"还是"三度影响力"，黄鼎的数值与前几位相比有较大的差距，从师承师法角度看显然是过誉了。

• 黄亮亮：《黄鼎〈借园八境册页〉浅析》，《书画艺术》2020年第3期。

附表：历代直接师承师法黄鼎的弟子与后学画家列表

序号	姓名	师承师法关系	时期或朝代
1	方士庶	弟子	
2	张宗苍	弟子	
3	王玖	弟子	
4	周笠	弟子	
5	赫奕	弟子	
6	许颖	弟子	
7	姜渔	后学	清
8	袁瑛	后学	
9	钱葆昂	后学	
10	魏成	后学	
11	黄均	后学	
12	屠璇	后学	
13	王岑	后学	
14	陆日藻	后学	

</梁楷>

No. 092

生卒年・不详
朝代・宋代
字号・"梁疯子"
籍贯・东平（今山东泰安东平）
艺术成就・善画人物、山水，道释、鬼神，开创"减笔"写意人物画新天地。

以"度中心性"方式统计，有明确记载、在绘画方面直接师承师法梁楷的弟子与后学共计13人，在数据库29843位画家中排名第92位。
若以时间维度为依据，宋代5人，元代3人，明代5人。

若以空间维度为依据，梁楷的后学们来自5个省市，除未有详细出生地、籍贯信息的画家2人外，其余分布如下：浙江7人、上海1人、四川1人、广东1人、福建1人。

直接师承师法梁楷的后学画家地理分布图

山东泰安东平

● 松江1人

● 四川1人

● 杭州4人
● 衢州1人
● 嘉兴1人
● 绍兴1人

● 福建1人

● 佛山1人

以"三度影响力"计算,梁楷的影响力值为134.25,在数据库29843位画家中排名第56。一度后学画家为13人,二度后学画家为103人,三度后学画家为279人。

梁楷后学中自身后学超过10人的为徐渭(后学画家79人)、林良(后学画家12人)。

"徐渭〔明〕……继承梁楷简笔……〔周振宇,《中国画名家大典》,人民日报出版社〕"
"林良〔明〕……水墨禽鸟、树石继承南宋梁楷……〔周振宇,《中国画名家大典》,人民日报出版社〕"

梁楷吸收了唐、五代以来的写意画技法而又有所发展变化,其风格在很大程度上影响了南宋及元代以后的禅宗绘画。从师承师法角度看,其"三度影响力"排名较高,说明梁楷的后学画家成就较高。

附表:
历代直接师承师法梁楷的弟子与后学画家列表

序号	姓名	师承师法关系	时期或朝代
1	李权	后学	宋
2	刘朴	后学	
3	法常	后学	
4	李确	后学	
5	俞珙	后学	
6	颜辉	后学	元
7	张渥	后学	
8	因陀罗	后学	
9	徐渭	后学	明
10	林良	后学	
11	孙克弘	后学	
12	李在	后学	
13	王立本	后学	

</边文进>

No. 092

生卒年·不详
朝代·明代
字号·字景昭
籍贯·福建沙县（今福建三明沙县）
艺术成就·擅绘事，尤精于禽鸟花果。与当时同在宫廷画家赵廉、蒋子成被称为"禁中三绝"。

以"度中心性"方式统计，有明确记载、在绘画方面直接师承师法边文进的弟子与后学共计13人，在数据库29843位画家中排名第92位。
若以时间维度为依据，明代13人。

若以空间维度为依据，边文进的后学们来自3个省市，除未有详细出生地、籍贯信息的画家2人外，其余分布如下：福建9人、广东1人、浙江1人。

直接师承师法边文进的后学画家地理分布图

● 宁波1人

福建 三明沙县
三明9人

● 佛山1人

以"三度影响力"计算，边文进的影响力值为53.25，在数据库29843位画家中排名第90位。一度后学画家为13人，二度后学画家为29人，三度后学画家为103人。

边文进后学中自身后学超过10人的为吕纪（后学画家16人）、林良（后学画家12人）。

"吕纪〔明〕……花鸟初学边文进……〔图绘宝鉴续纂，无声诗史、艺苑卮言、名山藏〕"
"林良〔明〕……其设色花鸟精巧，祖黄筌、边景昭……〔周振宇，《中国画名家大典》，人民日报出版社〕"

边景昭是明代院体花鸟画的代表人物，在明代绘画史上起到了承前启后的作用，对当时院体花鸟画的风格影响极深。从师承师法角度看，边景昭的"三度影响力"与"度中心性"排名基本相符，其弟子后学主要来自福建，占比高达69.2%。

● 不详2人

附表：历代直接师承师法边文进的弟子与后学画家列表

序号	姓名	师承师法关系	时期或朝代
1	俞存胜	弟子	
2	边楚芳	弟子	
3	边楚善	弟子	
4	张克信	弟子	
5	卢朝阳	后学	
6	刘琦	后学	
7	邓文明	后学	明
8	江孔殷	后学	
9	罗绩	后学	
10	钱永善	后学	
11	吕纪	后学	
12	林良	后学	
13	殷宏	后学	

</赵昌>

No. 092

生卒年·不详
朝代·宋代
字号·字昌之
籍贯·广汉（今四川德阳广汉）
艺术成就·擅画花果，兼工草虫。自号"写生赵昌"。

以"度中心性"方式统计，有明确记载、在绘画方面直接师承师法赵昌的弟子与后学共计13人，在数据库29843位画家中排名第92位。

若以时间维度为依据，宋代4人，元代2人，明代3人，清代4人。

若以空间维度为依据，赵昌的后学们来自5个省市，除未有详细出生地、籍贯信息的画家2人外，其余分布如下：江苏4人、浙江3人、四川2人、上海1人、山东1人。

直接师承师法赵昌的后学画家地理分布图

● 日照1人

● 苏州2人
● 扬州1人
● 常州1人

● 松江1人

四川德阳广汉
● 德阳2人

● 杭州2人
● 湖州1人

以"三度影响力"计算,赵昌的影响力值为46.25,在数据库29843位画家中排名第97位。一度后学画家为13人,二度后学画家为22人,三度后学画家为89人。

赵昌后学中自身拥有后学的为钱选(后学画家8人)、孙克弘(后学画家4人)、林椿(后学画家3人)、孙杕(后学画家3人)等。

"钱选〔元〕……花木、翎毛师法赵昌……〔沈柔坚,《中国美术辞典》,上海辞书出版社〕"

"孙克弘〔元〕……花鸟似徐熙、赵昌……〔明书录、无声诗史、画史会要、桐阴论画、莫廷韩集、陈眉公集、松江志〕"

"林椿〔宋〕……工花草、翎毛、瓜果,皆师赵昌……〔浙江通志、盛京故宫书画录〕"

"孙杕〔宋〕……画写生花鸟直逼黄筌、赵昌……〔明画录、图绘宝鉴续纂、中国版画史图录、清画家诗史〕"

赵昌是北宋初期较为特殊的花鸟画家,过着闲云野鹤般的隐逸生活,其作品更是深藏不市。从师承师法数据看,赵昌的"度中心性"与"三度影响力"排名接近,其后学人数不多,但在各朝代分布均匀,与后人对其的评价相一致。

● 不详2人

附表：历代直接师承师法赵昌的弟子与后学画家列表

序号	姓名	师承师法关系	时期或朝代
1	张希颜	弟子	宋
2	林椿	弟子	
3	王友	后学	
4	宋纯	后学	
5	谢佑之	后学	元
6	钱选	后学	
7	孙克弘	后学	明
8	孙隆	后学	
9	郑本	后学	
10	孙杕	后学	清
11	顾廉	后学	
12	汤光启	后学	
13	钟泰来	后学	

</林良>

No. 095

生卒年・1416—1480年
朝代・明代
字号・字以善
籍贯・南海（今广东佛山南海）
艺术成就・擅画花果、翎毛。为明代院体花鸟画的代表作家，也是近代岭南画派的先驱者。

以"度中心性"方式统计，有明确记载、在绘画方面直接师承师法林良的弟子与后学共计12人，在数据库29843位画家中排名第95位。
若以时间维度为依据，明代9人，清代3人。

若以空间维度为依据，林良的后学们来自5个省市，除未有详细出生地、籍贯信息的画家2人外，其余分布如下：浙江4人、江苏3人、广东1人、江西1人、河南1人。

直接师承师法林良的后学画家地理分布图

● 南京2人
● 苏州1人
● 商丘1人

● 绍兴1人
● 嘉兴1人
● 宁波1人
● 其他1人

● 南昌1人

广东佛山南海
● 佛山1人

以"三度影响力"计算,林良的影响力值为112.25,在数据库29843位画家中排名第61位。一度后学画家为12人,二度后学画家为101人,三度后学画家为199人。

林良后学中自身后学超过10人的为徐渭(后学画家79人)、朱耷(后学画家19人)。

"徐渭〔明〕……继承梁楷简笔和林良、沈周写意花卉画法……〔周振宇,《中国画名家大典》,人民日报出版社〕"
"朱耷〔清〕……花鸟画源自林良……〔"四僧书画展",故宫博物院,2017年〕"

作为明代宫廷中最杰出的水墨写意花鸟画家,林良的花鸟在当时就自成一派,宗其法者众多。从师承师法角度而言,林良后学人数不算多,但"三度影响力"位居明代画家第12位,原因在于其后学包括徐渭、朱耷等画坛大家,直接提升了林良的数值。

• 丁勤:《谁遣图画留人间——林良及其绘画研究》,《艺术百家》2005年第1期。

● 不详2人

附表：
历代直接师承师法林良的弟子与后学画家列表

序号	姓名	师承师法关系	时期或朝代
1	瞿杲	弟子	
2	林郊	弟子	
3	任材	后学	
4	韩旭	后学	
5	胡龄	后学	明
6	徐渭	后学	
7	殷善	后学	
8	殷偕	后学	
9	邵节	后学	
10	胡毓奇	后学	
11	朱耷	后学	清
12	王土	后学	

</马元驭>

No. 095

生卒年 • 1669—1722年
朝代 • 清代
字号 • 字扶羲,号霞,又号天虞山人
籍贯 • 江苏常熟(江苏苏州常熟)
艺术成就 • 精于花鸟写生,尤工芦雁。

以"度中心性"方式统计,有明确记载、在绘画方面直接师承师法马元驭的弟子与后学共计12人,在数据库29843位画家中排名第95位。

若以时间维度为依据,清代12人。

若以空间维度为依据,马元驭的后学们来自2个省市,分布如下:江苏11人、上海1人。

直接师承师法马元驭的后学画家地理分布图

江苏苏州常熟
苏州11人

● 嘉定1人

以"三度影响力"计算，马元驭的影响力值为34.25，在数据库29843位画家中排名第121位。一度后学画家为12人，二度后学画家为32人，三度后学画家为25人。

马元驭后学中自身后学超过10人的为蒋廷锡（后学画家23人）。

"蒋廷锡〔清〕……与马元驭、顾雪坡游，为马元驭、马逸父子代笔……〔苏州府志、海虞诗苑、海虞画苑略、国〔清〕朝画征录、清画家诗史〕"

马元驭出身绘画世家，为恽寿平的得力弟子，又曾与宫廷花鸟画的重要人物蒋廷锡探讨六法，甚至在一定程度上影响了蒋廷锡的花鸟画风。马元驭对当时及以后的清代花鸟画坛影响颇深。但马元驭在当时和后世都没有蒋廷锡的名望。[•] 从师承师法角度看，马元驭的"度中心性"与"三度影响力"数值较蒋廷锡的"度中心性"（后学23人）及"三度影响力"（一度后学23人、二度后学23人、三度后学168人）数值有一定的差距。另外，马元驭的另一位重要弟子是其女马荃，她的"度中心性"为9，在历代女画家中位居第3，稍高于同时期的恽寿平之女恽冰（后学画家为7人）。

[•] 赵燕青：《笔底繁华 神韵飞动——解读马元驭花鸟画风》，《南方文坛》2010年第6期

附表：
历代直接师承师法马元驭的弟子与后学画家列表

序号	姓名	师承师法关系	时期或朝代
1	卢璘	弟子	
2	马荃	弟子	
3	潘林	弟子	
4	张景	弟子	
5	薛周翰	弟子	
6	陈金卓	后学	清
7	吴一麟	后学	
8	苏国士	后学	
9	蒋廷锡	后学	
10	马栟	后学	
11	陈培	后学	
12	陈汝鳌	后学	

</任熊>

No. 095

生卒年・1823—1857年
朝代・清代
字号・字渭长,号湘浦
籍贯・浙江萧山(浙江杭州萧山)
艺术成就・擅山水、花卉、翎毛、虫鱼、走兽,尤擅长人物。与任薰、任颐合称"三任",又与朱熊、张熊合称"沪上三熊"。

以"度中心性"方式统计,有明确记载、在绘画方面直接师承师法任熊的弟子与后学共计12人,在数据库29843位画家中排名第95位。
若以时间维度为依据,清代12人。

若以空间维度为依据,任熊的后学们来自4个省市,除未有详细出生地、籍贯信息的画家1人外,其余分布如下:浙江7人、安徽2人、江苏1人、福建1人。

直接师承师法任熊的后学画家地理分布图

● 苏州1人

● 安徽2人

浙江杭州萧山
● 杭州3人
● 绍兴3人
● 嘉兴1人

● 福州1人

以"三度影响力"计算,任熊的影响力值为32.75,在数据库29843位画家中排名第126位。一度后学画家为12人,二度后学画家为27人,三度后学画家为29人。

任熊后学中自身后学超过10人的为任颐(后学画家23人)。

"任颐〔清〕……承接陈洪绶、任熊画风……〔周振宇,《中国画名家大典》,人民日报出版社〕"

作为"上海画派"创始人的任熊,其绘画融合了民间艺术和文人画的优良素质。但他短暂的一生,流传下来的作品有限。后人曾评价"假使任熊活到六七十岁,其艺术成就将远不止此"。从师承师法角度看,虽然任熊的后学画家距今的时间跨度较近,但其一度、二度、三度后学数量仍呈现一个缓慢增长的趋势。

• 周金冠:《任熊与海派绘画世俗性的发展》,《故宫博物院院刊》2000年第2期。

● 不详1人

附表：
历代直接师承师法任熊的弟子与后学画家列表

序号	姓名	师承师法关系	时期或朝代
1	潘岚	弟子	清
2	任庆延	后学	
3	陈雄	后学	
4	虞湘	后学	
5	汪谦	后学	
6	任颐	后学	
7	周闲	后学	
8	吴嘉猷	后学	
9	叶范	后学	
10	胡术	后学	
11	穆寅	后学	
12	王耕	后学	

</髡残>

No. 095

生卒年・1612—1673年
朝代・清代
字号・俗姓刘，字石谿，一字介丘，号石秀、白秀、残道者、残道人、电住道人、壤残道者、天壤残者，晚署石道人，二十岁削发为僧，法名智杲、大杲。
籍贯・湖南武陵（今湖南常德）
艺术成就・能诗工书，长于山水画，与渐江、朱耷、石涛合称清初四僧。

以"度中心性"方式统计，有明确记载、在绘画方面直接师承师法髡残的弟子与后学共计12人，在数据库29843位画家中排名第101位。
若以时间维度为依据，清代11人，近代1人。

若以空间维度为依据，髡残的后学们来自6个省市，分布如下：江苏4人、浙江4人、安徽1人、广东1人、江西1人、辽宁1人。

直接师承师法髡残的后学画家地理分布图

● 锦州1人

● 苏州1人
● 常州1人
● 南京1人
● 无锡1人

● 黄山1人

● 嘉兴2人
● 宁波1人
● 绍兴1人

● 九江1人

湖南常德

● 江门1人

以"三度影响力"计算，髡残的影响力值为18.75，在数据库29843位画家中排名第162位。一度后学画家为12人，二度后学画家为12人，三度后学画家为3人。

髡残弟后学中拥有自身后学的为陈衡恪（后学画家5人）、道存（后学画家4人）、吴观岱（后学画家2人）、蒲华（后学画家1人）。

"陈衡恪〔清〕……画山水得力于沈周、道济、髡残、石溪、蓝瑛……〔俞剑华，《中国美术家人名辞典》，上海人民美术出版社〕"

"道存〔清〕……山水师石溪（髡残）……〔扬州画舫录、墨香居画识、清朝书画家笔录〕""吴观岱〔清〕……致力于石涛、石谿……〔梁溪小志、姜丹书稿〕"

"蒲华〔清〕……取法石涛、石谿而加以变化……〔海上墨林、寒松阁谈艺琐录、韬养斋笔记、近代六十名家画传、桐阴复志、沈汝瑾撰蒲君墓志铭〕"

清"四僧"是当今画坛的研究热点，从师承师法角度看，髡残的"度中心性"位居第99，"三度影响力"更是百名开外，似乎与声誉不符。作为"四僧"之一的髡残不是一位高产的画家，作品流传极有限。在崇古摹古之风盛行的清代，"四僧"具有强烈个性特色和革新精神的绘画在清代中后期的影响均不如被推为正宗的"四王"。因此清代后学数量不多，相信随着时间的推移及近现代画家数据的补充完善，髡残和其他四僧画家的数值会有更大的提升。

附表：历代直接师承师法髡残的弟子与后学画家列表

序号	姓名	师承师法关系	时期或朝代
1	刘景栻	后学	清
2	陈衡恪	后学	清
3	道存	后学	清
4	吴观岱	后学	清
5	蒲华	后学	清
6	相润	后学	清
7	年王臣	后学	清
8	杨让渔	后学	清
9	胡钁	后学	清
10	周棠	后学	清
11	许湘	后学	清
12	潘天寿	后学	近代

</汤贻汾>

No. 095

生卒年・1778—1853年
朝代・清代
字号・字岩仪,号雨生,晚号粥翁
籍贯・武进(今江苏常州)
艺术成就・所画山水得明代吴门派遗意。

以"度中心性"方式统计,有明确记载、在绘画方面直接师承师法汤贻汾的弟子与后学共计12人,在数据库29843位画家中排名第95位。

若以时间维度为依据,清代12人。

若以空间维度为依据,汤贻汾的后学们来自5个省市,除未有详细出生地、籍贯信息的画家1人外,其余分布如下:江苏7人、四川1人、广西1人、河北1人、浙江1人。

直接师承师法汤贻汾的后学画家地理分布图

● 河北1人

江苏常州
常州5人
● 苏州1人
● 扬州1人

● 成都1人

● 金华1人

● 广西1人

以"三度影响力"计算，汤贻汾的影响力值为16.75，在数据库29843位画家中排名第166位。一度后学画家为12人，二度后学画家为9人，三度后学画家为1人。

汤贻汾后学中拥有自身后学的为蒋茞生（后学画家2人）、汤禄名（后学画家1人）。

汤贻汾是清代后期常州画家中最有影响力的人物。他擅山水，亦能花卉松柳，与同时代杭州的著名画家戴熙并称"汤戴"。汤贻汾与妻子董婉贞及三子二女均喜书擅画，在恽寿平开创常州画派百年之后，汤氏一派开始走上画坛。从师承师法角度看，汤贻汾的"度中心性"数值为11，距离戴熙后学人数为28有一定差距，单就后学数量而言，二人在当时都较有影响力；"汤戴"的"三度影响力"数值相对接近，且二度、三度后学数量都呈现急剧减少的趋势，说明二人的后学成就均不高，影响力在后世呈衰减的趋势。

● 不详1人

附表：历代直接师承师法汤贻汾的弟子与后学画家列表

序号	姓名	师承师法关系	时期或朝代
1	汤禄名	弟子	
2	任春琪	弟子	
3	李锡光	弟子	
4	汪昉	弟子	
5	胡中玉	弟子	
6	汤寅	弟子	清
7	赵骦	弟子	
8	蒋茝生	后学	
9	潘宝鐄	后学	
10	童雪苔	后学	
11	汤世澍	后学	
12	蒋志明	后学	

</方薰>

No. 095

生卒年・1736—1799年
朝代・清代
字号・字兰坻,一字孋儒,号兰士,又号兰如、兰生、樗盦生、长青、语儿乡农
籍贯・浙江石门(今浙江嘉兴桐乡)
艺术成就・诗、书、画皆妙,尤工写生,与奚冈齐名,称"方奚"。

以"度中心性"方式统计,有明确记载、在绘画方面直接师承师法方薰的弟子与后学共计12人,在数据库29843位画家中排名第95位。
若以时间维度为依据,清代12人。

若以空间维度为依据,方薰的后学们来自2个省市,分布如下:浙江11人、江西1人。

直接师承师法方薰的后学画家地理分布图

浙江嘉兴桐乡
嘉兴8人

杭州2人
湖州1人

景德镇1人

以"三度影响力"计算,方薰的影响力值为14.5,在数据库29843位画家中排名第176。一度后学画家为12人,二度后学画家为4人,三度后学画家为两人。

方薰后学中自身拥有后学的为董棨(后学画家2人)、石渠(后学画家2人)。

"董棨〔清〕……花卉翎毛得方薰传……〔清画家诗史、秀水县志、墨林今话〕"

"石渠〔清〕……尝摹方薰……〔迟鸿轩所见书画录、墨林今话、广印人传、南画大成、知鱼堂书画录〕"

作为浙江石门地区的一名布衣文人,方薰修养全面,诗、文、书、印各方面成就斐然。从师承师法角度看,方薰的弟子后学主要来自石门(今浙江嘉兴桐乡)地区,这也与他大部分时间待在桐乡金德舆的桐华馆进行临摹、鉴赏、品评活动有一定的关系。

附表：
历代直接师承师法方薰的弟子与后学画家列表

序号	姓名	师承师法关系	时期或朝代
1	潘鸿	弟子	清
2	杨培立	弟子	
3	董棨	弟子	
4	倪耘	弟子	
5	蔡载福	后学	
6	吴玖	后学	
7	石渠	后学	
8	计楠	后学	
9	高树程	后学	
10	项绅	后学	
11	金械	后学	
12	施嵩	后学	

</龚贤>

No. 095

生卒年・1618—1689年

朝代・清代

字号・又名岂贤,字半千,号野遗、半亩、柴丈、野遗生、柴僧、半山野人、扫落叶僧、钟山野老、柴丈人

籍贯・江苏昆山(今江苏苏州昆山),居金陵清凉山

艺术成就・专工山水,被誉为"金陵八家"之首。

以"度中心性"方式统计,有明确记载、在绘画方面直接师承师法龚贤的弟子与后学共计12人,在数据库29843位画家中排名第95位。

若以时间维度为依据,清代12人。

若以空间维度为依据,龚贤的后学们来自8个省市,除未有详细出生地、籍贯信息的画家1人外,其余分布如下:浙江3人、江苏2人、云南1人、四川1人、山西1人、广东1人、湖北1人、福建1人。

直接师承师法龚贤的后学画家地理分布图

● 太原1人

江苏苏州昆山
● 南京2人

● 武汉1人

● 遂宁1人

● 杭州1人
● 嘉兴2人

● 福州1人

● 云南1人

● 广东1人

以"三度影响力"计算，龚贤的影响力值为12.5，在数据库29843位画家中排名第185位。一度后学画家为12人，二度后学画家为1人，三度后学画家为0人。

龚贤后学中自身拥有后学的为吴玫（后学画家1人）。

"吴玫〔清〕……工山水，摹龚贤……〔海上墨林〕"

龚半千，其山水作品有极高的品质，其艺术主张有"安"与"奇"之说，认为既要独特又不失法度，不可平庸又要妥帖自然。龚氏长年课徒以为生计之一，其徒必多。• 从师承师法数据上看，龚贤的"度中心性"排名清代画家第36位，数量上并不突出。其"三度影响力"排名则在历代画家中位居第184名，说明其后学画家成就也不高。明末清初，以董其昌为首的松江派和"四王"为首的娄东派、虞山派，统治着当时的画坛，和这种复古主义美学思想相对立的是龚贤、石涛等人的现实主义美学思想。•• 这种说法也许是龚贤师承师法数据不高的一种解释。

• 林树中：《龚贤年谱》，《东南文化》1990年第5期。
•• 周积寅：《龚贤绘画美学思想》，《东南文化》1990年第5期。

● 不详1人

附表：历代直接师承师法龚贤的弟子与后学画家列表

序号	姓名	师承师法关系	时期或朝代
1	龚柱	弟子	清
2	王概	后学	
3	王槩	后学	
4	陈铨	后学	
5	汪笺	后学	
6	吕潜	后学	
7	钱伯猷	后学	
8	吴玫	后学	
9	大汕	后学	
10	项湘	后学	
11	彭湘怀	后学	
12	张汤铭	后学	

</王庭筠>

No. 102

生卒年·1151—1202年

朝代·金代

字号·字子端,号黄华山主、黄华老人、黄华老子等,别号雪溪

籍贯·河东(今山西运城永济)

艺术成就·传为米芾甥,能诗擅画,善山水古木竹石,重视笔墨情趣。

以"度中心性"方式统计,有明确记载、在绘画方面直接师承师法王庭筠的弟子与后学共计11人,在数据库29843位画家中排名第102位。

若以时间维度为依据,金代5人,元代6人。

若以空间维度为依据,陆探微的后学们来自5个省市,除未有详细出生地、籍贯信息的画家3人外,其余分布如下:北京2人、河南2人、辽宁2人、吉林1人、河北1人。

直接师承师法王庭筠的后学画家地理分布图

● 长春1人

● 辽阳1人
● 沈阳1人

● 北京2人

● 河北1人

山西运城永济

● 安阳1人
● 其他1人

以"三度影响力"计算，王庭筠的影响力值为163.5，在数据库29843位画家中排名第51位。

一度后学画家为11人，二度后学画家48人，三度后学画家为514人。

王庭筠后学中自身后学超过10人的为高克恭（后学画家40人）。

"高克恭〔元〕……墨竹学黄华（王庭筠）……〔杭州府志、松雪斋集、柳待制集、巴西集、梧溪集、云林集、图绘宝鉴、艺苑卮言、容台集、清河书画舫〕"

由于元初的北方文人基本继承金代文化，而作为整个金代最著名的画家，王庭筠对元代文人产生过极为深远的影响。从地理数据看，王庭筠的后学主要来自中国北方地区。到了明初，王庭筠已多不为人所知。[*] 从师承师法数据看，其弟子后学均在金、元时期，明清时期竟无一人。

[*] 谈生广：《从王庭筠〈墨竹枯槎图〉看宋金及元初苏轼体系墨竹的传承》，南京师范大学硕士论文2003年。

附表：历代直接师承师法王庭筠的弟子与后学画家列表

序号	姓名	师承师法关系	时期或朝代
1	王曼庆	弟子	金
2	高宪	弟子	
3	张汝霖	弟子	
4	李澥	弟子	
5	萧鹏搏	弟子	元
6	李衎	弟子	
7	谢宜休妻	后学	金
8	张孔孙	后学	
9	高克恭	后学	元
10	溥圆	后学	
11	乔达	后学	

</陆探微>

No. 102

生卒年·不详
朝代·南朝宋
籍贯·吴（今江苏苏州）
艺术成就·以擅画人物得名，作一笔画，连绵不断。后人把他和顾恺之并称"顾陆"。

以"度中心性"方式统计，有明确记载、在绘画方面直接师承师法陆探微的弟子与后学共计11人，在数据库29843位画家中排名第102位。

若以时间维度为依据，南北朝4人，隋唐2人，宋代3人，明代1人，清代1人。

若以空间维度为依据，陆探微的后学们来自7个省市，除未有详细出生地、籍贯信息的画家1人外，其余分布如下：江苏3人、河南2人、吉林1人、安徽1人、山东1人、湖北1人、陕西1人。

直接师承师法陆探微的后学画家地理分布图

● 长春1人

● 烟台1人

江苏苏州
苏州3人

● 西安1人　　● 南阳1人
　　　　　　● 开封1人

● 六安1人

● 武汉1人

以"三度影响力"计算，陆探微的影响力值为133.75，在数据库29843位画家中排名第57位。一度后学画家为11人，二度后学画家75人，三度后学画家为341人。

陆探微后学中自身后学超过10人的为李公麟（后学画家66人），其他重要后学画家包括韩滉（后学画家3人）、崔子忠（后学画家3人）等。

"韩滉〔唐〕……画人物宗顾、陆……〔唐书本传、唐朝名画录、历代名画记、图画见闻志、宣和画谱、图绘宝鉴、画史、画鉴、画谱拾遗、清河书画舫、东图玄览、壁书飞白萧字记、书史会要、松雪斋集〕"

"李公麟〔宋〕……师承顾恺之、陆探微、张僧繇、吴道子等前人画家……〔周振宇，《中国画名家大典》，人民日报出版社〕"

"崔子忠〔明〕……规摹顾、陆、阎、吴遗迹……〔畿辅人物志、沈光裕响谆、明画录、无声诗史、国（清）朝画征录、图绘宝鉴续纂、清朝书画家笔录、桐阴论画〕"

历代对陆探微的绘画成就评价极高。南齐谢赫把陆探微列为第一品第一人，仅把顾恺之列为第二品第二人。从师承师法角度看，顾、陆二人的"度中心性"分列第87和102位，"三度影响力"分列53和57位，陆探微在数值上稍逊一筹。

附表：
历代直接师承师法陆探微的弟子与后学画家列表

序号	姓名	师承师法关系	时期或朝代
1	袁倩	弟子	南北朝
2	陆弘肃	弟子	南北朝
3	顾宝光	后学	南北朝
4	宗炳	后学	南北朝
5	孙尚子	后学	隋
6	韩滉	后学	唐
7	李公麟	后学	宋
8	黄休复	后学	宋
9	张敦礼	后学	宋
10	崔子忠	后学	明
11	弘昈	后学	清

</赵令穰>

No. 102

生卒年・不详
朝代・宋代
籍贯・汴京（今河南开封市）
艺术成就・宋太祖赵匡胤五世孙。擅画设色平远小景，兼能墨竹、禽鸟。

以"度中心性"方式统计，有明确记载、在绘画方面直接师承师法赵令穰的弟子与后学共计11人，在数据库29843位画家中排名第102位。
若以时间维度为依据，宋代1人，元代1人，明代3人，清代6人。

若以空间维度为依据，赵令穰的后学们来自3个省市，除未有详细出生地、籍贯信息的画家2人外，其余分布如下：江苏6人、上海2人、浙江1人。

直接师承师法赵令穰的后学画家地理分布图

河南开封

苏州5人
扬州1人

松江1人
嘉定1人

湖州1人

以"三度影响力"计算，赵令穰的影响力值为61.5，在数据库29843位画家中排名第81位。一度后学画家为11人，二度后学画家为48人，三度后学画家为106人。

赵令穰后学中自身后学超过10人的为吴历（后学画家24人）、文伯仁（后学画家15人）。

"吴历〔清〕……兼仿赵令穰……〔张云章墨井道人传、李问渔所作状、陈垣所作年谱、东方杂志姚大荣辩画征录记王石谷与吴渔山绝交事之诬、国（清）朝画征录、青霞馆论画绝句注、竹人续录、书林藻鉴、桐阴论画、榆园画志〕"

"文伯仁〔明〕……学"三赵"（令穰、伯驹、孟頫）……〔周振宇，《中国画名家大典》，人民日报出版社〕"

赵令穰是北宋中后期江湖小景画的代表画家。全景式山水为当时画坛的主流。赵令穰因身处皇族之列，不能远游，《画继》记载其"每作一图，必出新意。人或戏之曰：'此必朝陵一番回矣。'盖讥其不能远适，所见止京洛间景，不出五百里内故也"。从师承师法角度看，赵令穰在宋、元时期的后学人数较少，到明、清时期逐渐增加。由于明代文伯仁、清代吴历等成就较高的后学画家的加入，提升了赵令穰的"三度影响力"数值。

● 不详2人

附表：
历代直接师承师法赵令穰的弟子与后学画家列表

序号	姓名	师承师法关系	时期或朝代
1	周曾	后学	宋
2	钱选	后学	元
3	文伯仁	后学	明
4	张希黄	后学	
5	徐智	后学	
6	叶欣	后学	清
7	王翚	后学	
8	吴历	后学	
9	李庆	后学	
10	金莹	后学	
11	张德芬	后学	

</吴博垕>

No. 102

生卒年・不详
朝代・清代
籍贯・松陵（今江苏苏州吴江）
艺术成就・专攻花鸟，有荒野之趣。

以"度中心性"方式统计，有明确记载、在绘画方面直接师承师法吴博垕的弟子与后学共计11人，在数据库29843位画家中排名第102位。

若以时间维度为依据，清代11人。

若以空间维度为依据，吴博垕的后学们来自2个省市，分布如下：江苏10人、安徽1人。

直接师承师法吴博垕的后学画家地理分布图

江苏苏州吴江
苏州10人

● 黄山1人

以"三度影响力"计算，吴博垕的影响力值为12.5，在数据库29843位画家中排名第185位。一度后学画家为11人，二度后学画家3人，三度后学画家为0人。

吴博垕后学中自身拥有后学的为谈友仁（后学画家2人），石廷辉（后学画家1人）。

从师承师法角度看，吴博垕的弟子后学中91%来自苏州，唯一来自休宁的吴点也侨居苏州，得吴博垕指授。可见吴博垕在当时苏州地区的影响力很大，但后学总体成就不高，导致其"三度影响力"呈衰减趋势。

附表：历代直接师承师法吴博垕的弟子与后学画家列表

序号	姓名	师承师法关系	时期或朝代
1	吴九思	弟子	清
2	吴点	弟子	
3	谈中行	弟子	
4	顾崧	弟子	
5	朱康	弟子	
6	谢士珍	弟子	
7	石廷辉	弟子	
8	吴德	后学	
9	吕德	后学	
10	谈友仁	后学	
11	霍泰然	后学	

</边寿民>

No. 102

生卒年・1684—1752年
朝代・清代
字号・原名维祺,字寿民,后更字颐公,号渐僧、苇间居上、绰绰老人
籍贯・江苏山阳(今江苏淮安)
艺术成就・工词、书画,尤擅泼墨芦雁,间作山水,被认为扬州画派之一。

以"度中心性"方式统计,有明确记载、在绘画方面直接师承师法边寿民的弟子与后学共计11人,在数据库29843位画家中排名第102位。
若以时间维度为依据,清代10人,近代1人。

若以空间维度为依据,边寿民的后学们来自3个省市,除未有详细出生地、籍贯信息的画家1人外,其余分布如下:浙江5人、四川3人、江苏2人。

直接师承师法边寿民的后学画家地理分布图

江苏淮安
● 常州1人
● 宿迁1人

● 成都1人　　　　　　　　　　　　　● 嘉兴1人
● 内江2人　　　　　　　　　　　　　● 绍兴1人
　　　　　　　　　　　　　　　　　　● 温州1人
　　　　　　　　　　　　　　　　　　● 宁波2人

以"三度影响力"计算,边寿民的影响力值为11,在数据库29843位画家中排名第195。一度后学画家为11人,二度后学画家为0人,三度后学画家为0人。

凌霞《天隐堂集》、黄宾虹《古画微》将边寿民列为"扬州八怪"之一。• 从师承师法角度看,边寿民弟子或后学中暂时未有记载的再传弟子或后学画家,缺少高质量的后学画家,导致其二度后学与三度后学画家数量为0,"三度影响力"在"扬州八怪"画家整体影响力中偏低。

• 金建荣:《边寿民绘画艺术研究》,《艺术百家》2005年第3期。

● 不详1人

11　　　　　　　　0　　　　　　　　0

附表：历代直接师承师法边寿民的弟子与后学画家列表

序号	姓名	师承师法关系	时期或朝代
1	薛怀	弟子	清
2	潘大同	后学	清
3	崇绮	后学	清
4	杨南衡	后学	清
5	严信厚	后学	清
6	严恒	后学	清
7	梅雪舟	后学	清
8	柯薰	后学	清
9	周栻	后学	清
10	张度	后学	清
11	王枏	后学	近代

</陈书>

No. 107

生卒年・1660—1736年
朝代・清代
字号・字南楼,号上元弟子,晚号南楼老人
籍贯・秀水(今浙江嘉兴)
艺术成就・擅长山水、人物,成为历史上作品入藏宫廷最多的女画家。

以"度中心性"方式统计,有明确记载、在绘画方面直接师承师法陈书的弟子与后学共计10人,在数据库29843位画家中排名第107位。
若以时间维度为依据,清代10人。

若以空间维度为依据,陈书的后学们来自3个省市,除未有详细出生地、籍贯信息的画家1人外,其余分布如下:浙江7人、北京1人、江苏1人。

直接师承师法陈书的后学画家地理分布图

● 北京1人

● 常州1人

浙江嘉兴
嘉兴7人

以"三度影响力"计算,陈书的影响力值为30,在数据库29843位画家中排名第130位。一度后学画家为10人,二度后学画家为36人,三度后学画家为8人。

陈书后学中自身后学超过10人的为钱载(后学画家21人)。

"钱载〔清〕……从学于陈书……〔国(清)朝画征续录、桐阴论画、墨林今话、清画家史〕"

能进入中国绘画史的女性画家并不多,陈书是作品被清朝皇室收藏最多的女画家,乾隆时期宫中收藏女画家作品共计59件,而陈书作品就占24件。乾隆对陈书画作的赏识和收藏行为代表了官方对陈书书画作品的认可,之后,众文人雅士纷纷对陈书绘画作品给予关注。从师承师法角度,陈书的后学人数在历代女画家中位居第二,但后学中大部分与其都存有一定的亲缘关系。

• 肖甜甜、简圣宇:《论清代女画家陈述名留画史之故》,《常州工学院学报》2018年第5期。

附表：
历代直接师承师法陈书的弟子与后学画家列表

序号	姓名	师承师法关系	时期或朝代
1	张庚	弟子	清
2	钱载	弟子	
3	钱维城	弟子	
4	钱界	弟子	
5	钱陈群	弟子	
6	俞光蕙	弟子	
7	钱聚瀛	后学	
8	刘玟	后学	
9	钱与龄	后学	
10	钱韫素	后学	

</赵之谦>

No. 107

生卒年 • 1829—1884年

朝代 • 清代

字号 • 字益甫，号㧑叔，铁三、冷君、憨寮、悲盦、无闷、梅盦，皆其别字

籍贯 • 会稽（今浙江绍兴）

艺术成就 • 碑刻考证、诗文、书法、绘画和篆刻均有独特风格。

以"度中心性"方式统计，有明确记载、在绘画方面直接师承师法赵之谦的弟子与后学共计10人，在数据库29843位画家中排名第107位。

若以时间维度为依据，清代7人，近代3人。

若以空间维度为依据，赵之谦的后学们来于3个省市，分布如下：浙江8人、江苏1人、陕西1人。

直接师承师法赵之谦的后学画家地理分布图

● 无锡1人

● 渭南1人

浙江绍兴
● 绍兴3人
● 杭州3人
● 湖州1人
● 其他1人

以"三度影响力"计算，赵之谦的影响力值24.75，在数据库29843位画家中排名第145位。一度后学画家为10人，二度后学画家为20人，三度后学画家为19人。

赵之谦后学中自身后学超过10人的为吴昌硕（后学画家20人）。

"吴昌硕〔清〕……初从赵之谦……〔广印人传、海上书画名家年鉴、寒松阁谈艺琐录、清画家诗史、海上墨林、王个簃所作传略〕"

赵之谦能诗、能文、能书、能画、尤精篆刻，为清末写意花卉之开山。从师承师法角度看，与同时期的张熊、任颐等画家相比，赵之谦绘画方面的弟子后学数量稍弱，与百名开外的"度中心性"和"三度影响力"排名基本相匹配。

附表：历代直接师承师法赵之谦的弟子与后学画家列表

序号	姓名	师承师法关系	时期或朝代
1	朱志复	弟子	清
2	魏本存	弟子	
3	赵士鸿	后学	
4	吴昌硕	后学	
5	车书	后学	
6	赵瞳	后学	
7	陶晖	后学	
8	商言志	后学	近代
9	蒙树培	后学	
10	来楚生	后学	

</方从义>

No. 107

生卒年・约1302—1393年
朝代・元代
字号・字无隅,号方壶
籍贯・贵溪（今江西鹰潭贵溪）
艺术成就・工诗文,擅山水,多为云山墨戏。作品传世不多。

以"度中心性"方式统计,有明确记载、在绘画方面直接师承师法方从义的弟子与后学共计10人,在数据库29843位画家中排名第107位。
若以时间维度为依据,元代1人,明代5人,清代4人。

若以空间维度为依据,方从义的后学们来自3个省市,除未有详细出生地、籍贯信息的画家2人外,其余分布如下:江苏5人、江西2人、浙江1人。

直接师承师法方从义的后学画家地理分布图

苏州3人
南京2人
温州1人
江西鹰潭贵溪
鹰潭1人
九江1人

以"三度影响力"计算，方从义的影响力值15.5，在数据库29843位画家中排名第171位。一度后学画家为10人，二度后学画家为8人，三度后学画家为6人。

方从义后学中自身拥有后学的为王昱（后学画家5人）、史忠（后学画家2人）、文从简（后学画家1人）。

"王昱〔清〕……笔意在倪瓒、方从义之间……〔国〔清〕朝画征录、今画偶记、书画记略、桐阴论画、在亭丛稿、烟霞阁诗稿〕"

"史忠〔明〕……善画，似方从义……〔江宁志、画史会要、金陵琐事、无声诗史、明画录、图绘宝鉴续纂〕"

"文从简〔明〕……画作方从义笔法……〔文氏族谱续集、国〔清〕朝画征续录、画史会要、无声诗史、桐阴论画、画传编韵〕"

《清河书画舫》中"高彦敬倪元镇方方壶品之逸者也，盛懋钱选其次也"记录方从义地位与"元四家"的倪瓒同属逸品。从师承师法角度看，作为元代画家，方从义的"度中心性"和"三度影响力"排名都在百名以外，与倪瓒的弟子后学数据相去甚远。在元、明、清，均有其后学，但数量较少，影响力有限。

• 谭耀林：《从俊秀苍润到粗旷放逸》，南京艺术学院硕士论文，2015年。

● 不详2人

附表:
历代直接师承师法方从义的弟子与后学画家列表

序号	姓名	师承师法关系	时期或朝代
1	林子奂	弟子	元
2	何白	后学	
3	史忠	后学	
4	文从简	后学	明
5	金润	后学	
6	张羽	后学	
7	江炯	后学	
8	王昱	后学	清
9	顾杞	后学	
10	彭珊	后学	

</丁云鹏>

No. 107

生卒年·1547—1628年
朝代·明代
字号·字南羽,别字文举,号圣华居士、黄山老樵
籍贯·休宁(今安徽黄山休宁)
艺术成就·擅画白描人物、山水、佛像,宫廷画家。

以"度中心性"方式统计,有明确记载、在绘画方面直接师承师法丁云鹏的弟子与后学共计10人,在数据库29843位画家中排名第107位。
若以时间维度为依据,明代5人,清代5人。

若以空间维度为依据,丁云鹏的后学们来自6个省市,除未有详细出生地、籍贯信息的画家2人外,其余分布如下:安徽2人、浙江2人、上海1人、北京1人、江苏1人、江西1人。

直接师承师法丁云鹏的后学画家地理分布图

● 北京1人

● 镇江1人

安徽黄山休宁
● 黄山2人   ● 松江1人

● 嘉兴1人
● 宁波1人

● 宜春1人

以"三度影响力"计算，丁云鹏的影响力值为12.5，在数据库29843位画家中排名第185位。一度后学画家为10人，二度后学画家为5人，三度后学画家为0人。

丁云鹏后学中自身拥有后学的为李麟（后学画家3人）、潘恭寿（后学画家2人）。

"李麟〔明〕……师丁南羽（云鹏）……〔无声诗史、画髓元诠、图绘宝鉴续纂、宁波志、中国名画集〕"

"潘恭寿〔清〕……佛像则出入丁云鹏、吴文中之间……〔墨香居画识、墨林今话、桐阴论画〕"

从师承师法角度看，作为明末杰出的人物画家之一，除与陈洪绶的数据相差较远外，丁云鹏在"度中心性"和"三度影响力"排名上较同时代的吴彬、崔子忠等人物画家拉开了较大的差距。

● 不详2人

附表：历代直接师承师法丁云鹏的弟子与后学画家列表

序号	姓名	师承师法关系	时期或朝代
1	何濂	弟子	明
2	李麟	弟子	
3	吴羽	弟子	
4	吴远	弟子	清
5	王僧	后学	明
6	熊茂松	后学	
7	丁观鹏	后学	清
8	潘恭寿	后学	
9	苏遯	后学	
10	祝志袤	后学	

</杨晋>

No. 107

生卒年・1644—1728年
朝代・清代
字号・字子和,一字子鹤,号西亭,自号谷林樵客、鹤道人,又署野鹤
籍贯・江苏常熟(今江苏苏州常熟)
艺术成就・王翚入室弟子。尤长画牛,兼及人物写真,花鸟草虫。

以"度中心性"方式统计,有明确记载、在绘画方面直接师承师法杨晋的弟子与后学共计10人,在数据库29843位画家中排名第107位。
若以时间维度为依据,清代10人。

若以空间维度为依据,杨晋的后学们全部来自江苏苏州。

直接师承师法杨晋的后学画家地理分布图

江苏苏州常熟

苏州10人

以"三度影响力"计算，杨晋的影响力值为11.5，在数据库29843位画家中排名第193位。一度后学画家为10人，二度后学画家为3人，三度后学画家为0人。

杨晋后学中自身拥有后学的为袁溥（后学画家1人）、顾晟（后学画家1人）。

"袁溥〔清〕……杨晋弟子……〔虞山画志〕"
"顾晟〔清〕……水墨花卉，在杨子鹤、余省三之间……〔清画家诗史、虞山画志、墨林今话〕"

在王翚的入室弟子中，杨晋是早期"虞山派"的佼佼者，常为王翚代笔。从师承师法角度看，杨晋弟子后学全部来自常熟，其在当地的影响力可见一斑。

附表：历代直接师承师法杨晋的弟子与后学画家列表

序号	姓名	师承师法关系	时期或朝代
1	袁溥	弟子	清
2	刘桢	弟子	
3	钱湄	弟子	
4	胡照	弟子	
5	孙崖	弟子	
6	顾晟	后学	
7	鱼俊	后学	
8	刘坤	后学	
9	顾周瀚	后学	
10	盛以清	后学	

</谭铭>

No. 107

生卒年 · 不详

朝代 · 清代

字号 · 华阳(今四川成都)人。作画署名西园,五十后,更号石门,被称为"谭石门"

籍贯 · 四川华阳(今四川成都)

以"度中心性"方式统计,有明确记载、在绘画方面直接师承师法谭铭的弟子与后学共计10人,在数据库29843位画家中排名第107位。

若以时间维度为依据,清代8人,近代2人。

若以空间维度为依据,谭铭的后学们来自3个省市,分布如下:四川8人、安徽1人、江苏1人。

直接师承师法谭铭的后学画家地理分布图

苏州1人

安徽1人

四川成都
成都7人
德阳1人

以"三度影响力"计算,谭铭的影响力值11,在数据库29843位画家中排名第198位。一度后学画家为10人,二度后学画家为2人,三度后学画家为0人。

谭铭后学中自身拥有后学的为李秾(后学画家1人)、胡雪渔(后学画家1人)。

"李秾〔清〕……华阳谭石门高弟……〔益州书画录〕"
"胡雪渔〔清〕……铭弟子传业者,有怀宁胡寿椿(雪渔)……〔蜀画史稿、益州书画录〕"

谭铭的知名度不高,但艺术造诣却不低。五十岁后因有所恨,不再作画,故作品传世极少。从师承师法角度看,谭铭的弟子后学主要来自成都附近,占所有后学的80%。与晚清其他知名画家相比,谭铭的后学"度中心性"数值不高,"三度影响力"排名亦不高且呈逐句衰减到零的趋势。

• 古元忠:《清代蜀中书画家谭铭其人其书》,《成都大学学报(社科版)》1992年第3期。

附表：历代直接师承师法谭铭的弟子与后学画家列表

序号	姓名	师承师法关系	时期或朝代
1	李秋	弟子	清
2	胡雪渔	弟子	清
3	王猷	弟子	清
4	刘芳藻	弟子	清
5	刘肇湘	弟子	清
6	侯兆熊	弟子	清
7	王少怀	弟子	清
8	辜云若	弟子	近代
9	李正	弟子	近代
10	蔡锡年	后学	清

</4. 后记>

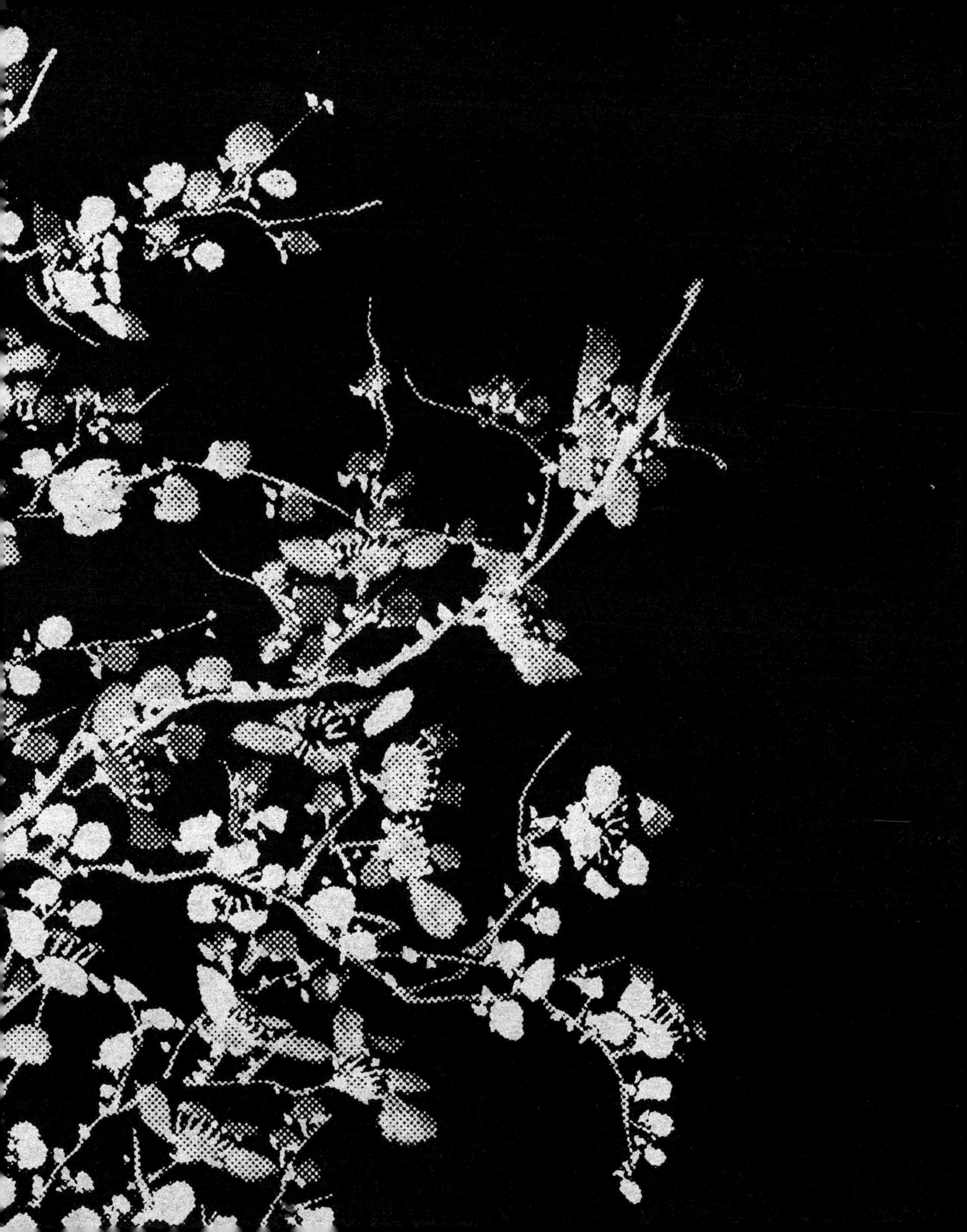

/ "横看成岭侧成峰",不同的角度则会呈现不同的风景。本书是以"中国历代美术家信息数据库"为基础,基于大数据分析的当代研究方法,首次从师承师法数据的角度来排列历代中国画家。中国画古代师承师法关系深刻影响着中国绘画史的发展走向,就某种意义而言,其本身几乎就是一部中国绘画史,这是我们首先选取该研究角度的重要原因。也许有人会质疑这种量化方法存在某些局限性,但师承师法的历史跨越性令其在相当程度上综合与包含着社会文化生态,朝代更迭等多重因素对画派、画家及个体风格的影响,通过文献数据的量化,令我们得以一窥在师承师法关系上的历代中国画家全貌。

/ 中国画师承的重要性非现代教育或当下教学模式所能完全理解。传统的传承方式既无院校亦无大量的印刷品,更无所谓的公开展览,不管"师古人"还是"师造化",师徒关系是无法逾越的环节。

/ 师古人要求"求用笔明各家法度""论章法知各家胸臆",用古人之规矩抒写自己之性灵,谓之"心领神会"。到明清之际,士人之间多了些藏品交流的便利,得见名家前贤的原作也是极难得的机会,不在士人圈子中混出些名堂则是无法得到这种机缘的,"师古人"岂是轻而易举的事?

/ 因此,无论在民间还是在士人之间,师徒授受几乎是唯一的教学传承方式。求师不易,故拜师极为郑重,一旦师徒关系既成,或传以技法粉本、或授道解惑,技艺之外兼以人品、学问、修养知见卓著者则可称名师。"一日为师,终身为父""名师出高徒"等对这类师承关系的重要性强调到无以复加的程度,恐怕是并不过分的。

/ 所谓"名师"并非一定是手授,如陈洪绶之师刘宗周则为明末"心学"蕺山学派的著名学者。有了哲学思想的引领、学问大家的耳提面命,才成就了陈洪绶在绘画上的文化与精神高度,而远非凡庸画手所能比拟。"师"之重要可见一斑。

/ 本书中所列的师承师法数据历经采集、整理、分析等过程,历时超过7年,但面对数千年的中国画发展史仍然微不足道。本书中所采纳之数据的精确性、全面性受文献来源数量、采集整理过程中的错漏所限,但此项研究将会是一个长期过程。由于中国历代画家的数据库基础构建已经完成,随着今后5年、10年甚至更长久的未来对更多文献进行数字化、结构化并补充相应内容,期待能够推出更多基于量化数据的中国绘画史相关成果。

2021年5月于北京高粱居

图书在版编目(CIP)数据

犹言一瓣香:中国画师承师法关系数据谱/王征,陈风明著. —北京:中国社会科学出版社,2022.3
ISBN 978-7-5203-9498-7

Ⅰ.①犹⋯ Ⅱ.①王⋯②陈⋯ Ⅲ.①书画家—人物研究—中国 Ⅳ.①K825.72

中国版本图书馆 CIP 数据核字(2021)第 271993 号

出 版 人	赵剑英
责任编辑	陈肖静
特约编辑	孙婷筠
责任校对	刘艳蕾
责任印制	戴 宽
出 版	中国社会科学出版社
社 址	北京鼓楼西大街甲 158 号
邮 编	100720
网 址	http://www.csspw.cn
发 行 部	010-84083685
门 市 部	010-84029450
经 销	新华书店及其他书店
印刷装订	北京君升印刷有限公司
版 次	2022 年 3 月第 1 版
印 次	2022 年 3 月第 1 次印刷
开 本	880×1230 1/16
印 张	41.5
字 数	904 千字
定 价	498.00 元

凡购买中国社会科学出版社图书,如有质量问题请与本社营销中心联系调换
电话:010-84083683
版权所有 侵权必究